Zu diesem Buch

«Unser Land ist mehr wert als dein Geld. Es wird ewig bleiben. Es wird nicht in Flammen vergehen. Solange die Sonne scheint und das Wasser fließt, wird dieses Land hier sein und wird Menschen und Tieren Leben spenden. Wir können nicht das Leben von Menschen und Tieren verkaufen. Darum können wir nicht dieses Land verkaufen. Der Große Geist schuf es für uns, wir können es nicht verkaufen, weil es uns nicht gehört.»
(Buffalo Child Long Lance)

Claus Biegert hat in diesem Lesebuch Texte nordamerikanischer Indianer zusammengestellt. «Der Erde eine Stimme geben» – dieses Motto entstand bei einer Delegationsreise amerikanischer Ureinwohner in die Bundesrepublik Deutschland. Damals hatte der Herausgeber Begegnungen mit Vertretern bedeutender indianischer Nationen organisiert, hier stellt er den deutschen Lesern Texte wichtiger Autoren vor. Sie zeigen die eigene Welt und die besondere Weltsicht der Ureinwohner Nordamerikas.

Neben Texten aus der Zeit der Eroberungs- und Vernichtungskriege gegen die Indianer vermittelt der Band Zeugnisse der anderen indianischen Wirklichkeit ihres Naturverständnisses. Er enthält «Botschaften an die weiße Welt», Texte, mit denen Indianer Warnungen an die zerstörerische Zivilisation der Weißen richten. Der Band enthält aber auch literarische Texte indianischer Autoren, Stücke aus Erzählungen und Romanen dieser eigenen, bei uns noch kaum bekannten amerikanischen Literatur, die den Untergang kündet und von der Kraft der Natur, dem Menschen zu widerstehen.

CLAUS BIEGERT, geb. 1947, Mitarbeit bei der «Gesellschaft für bedrohte Völker» seit 1975, freier Journalist und Autor, Filme und Essays über die amerikanischen Indianer. Buchveröffentlichungen: «Seit 200 Jahren ohne Verfassung. 1976: Indianer im Widerstand», rororo aktuell Nr. 4056 (1976), «Der große Fluß ertrinkt im Wasser. James Bay: Reise in einen sterbenden Teil der Erde», mit Rainer Wittenborn, Reinbek 1983.

Zum Thema bei Rowohlt erschienen:

Claus Biegert / Rainer Wittenborn: Der große Fluß ertrinkt im Wasser. James Bay: Reise in einen sterbenden Teil der Erde, Reinbek 1983

Louise Erdrich: Liebeszauber. Roman. Deutsch von Helga Pfetsch, Reinbek 1986

Indianische Welten

Der Erde
eine Stimme geben

Texte von Indianern aus Nordamerika

Herausgegeben von Claus Biegert

Lesebuch

Rowohlt

rororo aktuell – Herausgegeben von Freimut Duve

Originalausgabe
Redaktion Barbara Neinass

11.–15. Tausend März 1988

Veröffentlicht im Rowohlt Taschenbuch Verlag GmbH,
Reinbek bei Hamburg, Juni 1987
Copyright © 1987 by Rowohlt Taschenbuch Verlag GmbH,
Reinbek bei Hamburg
Die Quellenhinweise auf die Publikationen, denen die Texte
dieser Sammlung entnommen wurden, befinden sich
am Ende des Bandes
Umschlagentwurf: Jürgen Kaffer/Peter Wippermann
(Foto: Dick Bancroft – es zeigt den Lakota-Medizinmann
John Fire Lame Deer)
Fotos und Graphiken im Innenteil: Claus Biegert
Satz Times (Linotron 202)
Gesamtherstellung Clausen & Bosse, Leck
Printed in Germany
980-ISBN 3 499 15219 3

Inhalt

III. Fiktionen
Schreiben als Ritual der Gegenwart

IV. Botschaften
Gerichtet an die weiße Welt

Für Bruno,
Lore, Dalassi

Vorwort

Im Herbst 1983 besuchte eine indianische Delegation aus den USA die Bundesrepublik. Es war der Herbst der Raketen, und die amerikanischen Ureinwohner kamen als Botschafter des Überlebens und des Friedens.

Sie kamen aus dem Land der Raketen und reisten durch das Land, dessen Auswanderer einst ihr Land mit besiedelt hatten. Sie kamen aus dem Land, in dem die Nachfahren der deutschen Auswanderer an der Entwicklung der Raketen mitgearbeitet hatten.

Sie reisten durch Deutschland und sprachen von der Verwandtschaft mit der Erde, von der Verantwortung gegenüber den Ungeborenen und vom Frieden mit der Natur, ohne den politischer Friede nicht machbar ist.

Sie ehrten jene Bürgermeister, die ihre Stadt, ihr Dorf zur atomwaffenfreien Zone erklärt hatten, mit einer Zeremonie und einem kleinen Dokument, dem «Consensus of Peace and Friendship».

Dies war der Wortlaut:

«We the delegates of indigenous nations of Turtle Island: Anishinabe, Haudenoshaunee, Lakota, Menominee – came to this country to reinforce diplomatic, cultural and human bonds with the people of Germany. Our ‹Journey of Peace› is dedicated to the seventh generation to come. We, the earth people are responsible for the survival of the unborn and the well-being of the earth. The earth is our mother and we should keep our mother nuclear and pollution free. We have to resist the destruction of our future. This duty is given to us by the Creator and no man-made law can change this. The earth follows the laws of nature and we are part of the earth. May this ‹Consensus of Peace and Friendship› bring our minds together so we may treat all living creatures as our relatives. Honor the earth – and peace until there is!»

«Der Erde eine Stimme geben» lautete die Botschaft der zwanzigtägigen Friedensreise. Die Autoren, die sich unter diesem Titel in dem vorliegenden Buch vereinen, verfügen über eine Weltsicht, auf die wir nicht verzichten können. They talk, we listen.

Februar 1987   Claus Biegert

ERFAHRUNGEN
LEBENSBERICHTE AUS DEM INDIANISCHEN AMERIKA

Geronimo *

Der letzte Kampf

Der ganze Stamm schickte sich an, mit General Crook zurück in die Vereinigten Staaten zu gehen. Ich aber befürchtete Verrat und beschloß in Mexiko zu bleiben. Zu dieser Zeit waren wir völlig unbewacht. Die U. S.-Truppen marschierten vor uns her, die Indianer folgten. Als wir mißtrauisch wurden, drehten wir um. Ich habe keine Ahnung, wie weit die Armee der Vereinigten Staaten mir nachstellte. Einige Krieger kehrten um bevor wir vermißt wurden, aber es machte mir nichts aus.

Ich habe viel unter solch ungerechten Befehlen wie jenen von General Crook gelitten. Derartige Handlungen haben meinem Volk sehr viel Leid gebracht. Ich glaube, daß der Tod von General Crook vom Allmächtigen geschickt wurde, um ihn für die vielen Missetaten zu bestrafen, die er begangen hat.

Bald darauf wurde General Miles Kommandeur aller westlichen Posten. Seine Truppen verfolgten uns ständig. Diese wurden von Hauptmann Lawton angeführt, der sehr gute Späher hatte. Auch die mexikanischen Soldaten wurden aktiver und wurden verstärkt. Beinahe jeden Tag verwickelten sie uns in kleinere Gefechte. Deshalb entschieden wir schließlich, uns in kleinere Gruppen aufzuteilen. Mit sechs Männern und vier Frauen machte ich mich zum Gebirgsgebiet nahe Hot Springs auf. Wir kamen an vielen Rinderfarmen vorbei, hatten jedoch keine Schwierigkeiten mit den Cowboys. Wann immer wir etwas zu Essen benötigten, töteten wir Rinder. Des öfteren litten wir jedoch unter großem Durst. Einmal waren wir zwei Tage und

* Hinweise auf die Autoren oder auf den indianischen Text stehen jeweils am Ende des Beitrages.

Nächte ohne Wasser, und unsere Pferde starben fast vor Durst. Einige Zeit lagerten wir in den Bergen von New Mexico, dann, als wir dachten, daß die Truppen sich aus Mexico zurückgezogen haben könnten, kehrten wir dorthin zurück. Auf unserer Rückkehr töteten wir jeden Mexikaner, den wir finden konnten, und sei es nur um zu töten. Wir waren davon überzeugt, daß sie die U. S.-Truppen gebeten hatten nach Mexiko zu kommen, um uns zu bekämpfen.

Südlich von Casa Grande, in der Nähe eines Ortes, den die Indianer Gosoda nannten, gab es eine Straße, die stadtauswärts führte. Auf dieser Straße wurden von den Mexikanern viele Frachtgüter transportiert. Dort, wo die Straße durch einen Gebirgspaß verlief, versteckten wir uns. Immer wenn mexikanische Frachtzüge durchkamen, töteten wir die Leute, eigneten uns alle ihre Vorräte an, die wir haben wollten und zerstörten die restlichen. Wir scherten uns nicht viel um unser Leben, da wir spürten, daß jedermann gegen uns war. Wenn wir in das Reservat zurückgekehrt wären, hätte man uns ins Gefängnis geworfen und getötet; wenn wir in Mexiko blieben, hetzten sie weiterhin Soldaten auf uns; deshalb gaben wir kein Pardon und baten auch um keinen Gefallen.

Nach einiger Zeit verließen wir Gosoda und schlossen uns bald darauf in den Sierra de Antunez Bergen unserem Stamm wieder an.

Im Gegensatz zu unseren Erwartungen hatten die U. S.-Soldaten die Berge von Mexiko nicht verlassen, und bald waren sie uns wieder auf der Spur und lieferten uns beinahe jeden Tag kleinere Gefechte. Vier- oder fünfmal überraschten sie unser Lager. Bei einem dieser Überraschungsangriffe, den sie eines Tages gegen neun Uhr vormittags unternahmen, erbeuteten sie alle unsere Pferde, neunzehn an der Zahl und unseren ganzen Vorrat an getrocknetem Fleisch. Bei diesem Zusammenstoß verloren wir auch drei Krieger. Um die Mitte des Nachmittags desselben Tages griffen wir sie von hinten an, als sie gerade durch die Prärie zogen, und töteten einen Soldaten, verloren aber selbst keinen einzigen. Bei diesem Scharmützel eroberten wir alle unsere Pferde zurück außer dreien, die mir gehörten. Diese drei Pferde waren die besten Reitpferde, die wir besessen hatten.

Bald darauf schlossen wir einen Vertrag mit den mexikanischen Truppen. Sie erzählten uns, daß die U. S.-Truppen der wahre Grund für diesen Krieg seien und sie sagten zu, nicht mehr gegen uns zu kämpfen, vorausgesetzt wir kehrten in die Vereinigten Staaten zurück. Dem stimmten wir auch zu und setzten unseren Marsch in der

Erwartung fort, auch einen Vertrag mit den Soldaten der Vereinigten Staaten machen und nach Arizona zurückkehren zu können. Es schien keinen anderen Weg für uns zu geben.

Kurz darauf teilten uns Kundschafter von Hauptmann Lawtons Truppen mit, daß er einen Vertrag mit uns abschließen wollte. Da ich aber wußte, daß General Miles der Anführer der amerikanischen Truppen war, beschloß ich, mit ihm zu verhandeln.

Auch in der Folgezeit verlagerten wir unser Lager weiter nach Norden, was aber die amerikanischen Truppen auch taten, wobei sie nicht sehr weit von uns entfernt waren, uns jedoch nicht angriffen.

Ich schickte meinen Bruder Porico (White Horse) mit Mr. George Wratton nach Fort Bowie um mit General Miles zu sprechen und ihm zu übermitteln, daß wir den Wunsch hatten nach Arizona zurückzukehren. Noch ehe diese Boten zurückkamen, erschienen zwei indianische Kundschafter: Kayitah, ein Chokonen-Apache und Marteen, ein Nedni-Apache. Sie arbeiteten als Kundschafter für Hauptmann Lawtons Truppen. Sie sagten mir, daß General Miles gekommen war und sie ausgeschickt hatte, um mich zu einem Zusammentreffen zu bitten. Also ging ich zum Lager der U. S.-Truppen, um ihn zu treffen.

Ich ging geradewegs zu General Miles und erzählte ihm von dem Unrecht, das mir zugefügt worden war, und daß ich mit meinem Volk in die Vereinigten Staaten zurückkehren wollte, da wir unsere Familien sehen wollten, die gefangengenommen und uns weggenommen worden waren.

General Miles erwiderte: «Der Präsident der Vereinigten Staaten hat mich geschickt, um mit dir zu sprechen. Er hat von deinen Schwierigkeiten mit dem weißen Mann gehört und meint, wenn du einem Vertrag zustimmen wirst, braucht es keine Schwierigkeiten mehr zu geben. Geronimo, wenn du einigen wenigen Vertragspunkten zustimmst, wird alles zur Zufriedenheit erledigt.»

Auf diese Weise erzählte mir General Miles davon, wie wir Brüder sein könnten. Wir erhoben unsere Hände zum Himmel und versprachen, daß der Vertrag nicht gebrochen würde. Wir schworen, uns gegenseitig kein Unrecht zuzufügen oder gegeneinander böse Absichten zu hegen.

Dann unterhielten wir uns lange, und er sprach davon, was er für mich in Zukunft alles tun würde, wenn ich einem Vertrag zustimmte. Ich glaubte General Miles nicht recht, da mir aber der Präsident der Vereinigten Staaten das Wort gegeben hatte, willigte ich ein, einen

Vertrag zu machen und einzuhalten. Dann fragte ich General Miles, wie der Vertrag aussehen würde. Er sagte: «Ich werde dich unter den Schutz der Regierung nehmen; ich werde dir ein Haus bauen lassen; ich werde dir viel Land zusichern; ich werde dir Rinder, Pferde, Maultiere und Farmwerkzeuge geben. Dir werden Leute zugeteilt, die auf deiner Farm arbeiten. Du persönlich mußt nicht arbeiten. Im Herbst werde ich dir Decken und Kleidung schicken, damit du im Winter nicht unter Kälte leiden mußt.

In dem Land, das ich dir schenken werde, gibt es Bäume, Wasser und Gras in Hülle und Fülle. Du wirst mit deinem Stamm und deiner Familie leben. Wenn du diesem Vertrag zustimmst, sollst du deine Familie innerhalb von fünf Tagen wiedersehen.»

Ich entgegnete ihm: «Alle Offiziere, die für die Indianer verantwortlich waren, haben so gesprochen und es klingt wie ein Märchen für mich; ich kann dir kaum glauben.»

Er sagte: «Dieses Mal ist es wahr.»

Daraufhin sagte ich: «General Miles, ich kenne die Gesetze des weißen Mannes nicht, auch nicht die dieses neuen Landes, in das du mich schicken willst und es könnte passieren, daß ich diese Gesetze breche.»

«Solange ich lebe, wirst du nicht verhaftet werden», antwortete er mir. Daraufhin willigte ich ein, den Vertrag zu machen. (Seit ich Kriegsgefangener bin, wurde ich zweimal verhaftet und in das Gefängnis gebracht, weil ich Whisky getrunken hatte.)

Wir standen zwischen seinen Soldaten und meinen Kriegern. Auf die Decke vor uns legten wir einen großen Stein. Unser Vertrag wurde durch diesen Stein geschlossen, damit er dauern würde bis der Stein zu Staub zerfiele; auf diese Weise wurde der Vertrag geschlossen, und wir verpflichteten uns mit einem Eid, ihn zu halten.

Ich glaube nicht, daß ich jemals gegen diesen Vertrag verstoßen habe. General Miles hat seine Versprechen jedoch nie erfüllt.

Als wir den Vertrag aushandelten sagte General Miles zu mir: «Mein Bruder, du fragst dich in Gedanken, wie du mich töten kannst, und andere Gedanken an Krieg hegst du auch; ich wünsche, daß du dies aus deinem Geist verbannst und deine Gedanken sich zum Frieden hin wandeln.»

Daraufhin stimmte ich zu und gab meine Waffen ab. Ich sprach: «Ich werde nicht mehr auf den Kriegspfad gehen und werde von jetzt an in Frieden leben.»

General Miles wischte daraufhin eine Stelle auf dem Boden glatt und sagte: «Deine vergangenen Taten sollen weggewischt sein, so wie ich es hier tue, und du wirst ein neues Leben beginnen.»

✳

Als ich mich der Regierung ergeben hatte, setzten sie mich in die Southern Pacific Eisenbahn und brachten mich nach San Antonio, Texas, wo sie mich in Gewahrsam nahmen, um mich gemäß ihren Gesetzen zu verurteilen.

Innerhalb von vierzig Tagen verfrachteten sie mich von dort nach Fort Pickens (Pensacola) in Florida. Hier mußte ich große Balken sägen. Außer mir waren dort noch mehrere andere Apache-Indianer. Wir mußten alle täglich arbeiten. Fast zwei Jahre lang waren wir an diesem Ort zu Schwerarbeit angestellt, und wir sahen unsere Familien erst im Mai 1887. Diese Behandlung war eine eindeutige Verletzung unseres Vertrags vom Skeleton Canyon.

Danach wurden wir mit unseren Familien nach Vermont, Alabama, geschickt, wo wir fünf Jahre blieben und für die Regierung arbeiteten. Wir hatten kein Eigentum und ich hielt vergeblich Ausschau nach General Miles, damit er mich in das Land schickte, von dem er gesprochen hatte; vergeblich sehnte ich mich nach den Werkzeugen, dem Heim und der Viehzucht, die mir General Miles versprochen hatte.

Während dieser Zeit tötete Fun, einer meiner Krieger, seine Frau und sich selbst. Ein anderer erschoß zuerst seine Frau und dann sich selbst. Er fiel tot um, seine Frau aber erholte sich und ist heute noch am Leben.

An diesem Ort waren wir nicht gesund, da uns das Klima nicht behagte. So viele unserer Leute starben, daß ich einwilligte, eine meiner Frauen zu der Mescalero-Vertretung in New Mexico gehen zu lassen, um dort zu leben. Diese Trennung ist gemäß unserer Sitten gleichbedeutend mit dem, was die Weißen eine Scheidung nennen. Bald nachdem sie nach Mescalero gegangen war, heiratete sie dort wieder. Sie behielt auch unsere zwei kleinen Kinder, wozu sie das Recht hatte. Die Kinder, Lenna und Robbie, leben noch immer in Mescalero. Lenna ist verheiratet. Ich behielt eine Frau, aber sie ist jetzt tot, und so lebt nur noch unsere Tochter Eva bei mir. Seit meiner Trennung von Lennas Mutter war ich nie mit mehr als einer Frau gleichzeitig verheiratet. Seit dem Tod von Evas Mutter heiratete ich eine weitere

Frau (Dezember 1905), aber wir konnten nicht glücklich miteinander werden, und so trennten wir uns wieder. Sie ging zu ihren Leuten zurück – das ist eine Scheidung auf Apache Art.

Damals wie heute beaufsichtigte Georg Wratton die Indianer. Er hatte immer Schwierigkeiten mit den Indianern, weil er sie schlecht behandelte. Eines Tages stach ein betrunkener Indianer mit einem kleinen Messer auf ihn ein. Der verantwortliche Offizier ergriff Partei für Mr. Wratton und schickte den Indianer ins Gefängnis.

Als wir das erste Mal nach Fort Sill kamen, leitete es Hauptmann Scott und er ließ von der Regierung Häuser für uns bauen. Von der Regierung erhielten wir auch Rinder, Schweine, Truthähne und Hühner. Die Indianer gingen mit den Schweinen nicht sehr gut um, da sie nicht wußten wie man sie richtig behandelt. Noch heute halten nicht viele Indianer Schweine. Mit Truthähnen und Hühnern hatten wir mehr Erfolg, aber auch mit ihnen hatten wir nicht so viel Glück wie die Weißen. Den meisten Erfolg hatten wir mit den Rindern und wir züchten sie gerne. Wir besitzen auch ein paar Pferde und auch mit ihnen hatten wir Glück.

In den Angelegenheiten, in denen es um den Verkauf von unserem Schlachtvieh und unserem Getreide ging, entstanden viele Mißverständnisse.*Die Indianer nahmen an, daß die Rinder verkauft und das Geld ihnen gegeben würde, statt dessen aber erhielten sie nur einen Teil des Geldes, und der andere Teil wurde in etwas, was die Offiziere «Apache Fond» nennen, eingezahlt. Seit wir hier sind hatten wir fünf verschiedene Offiziere, die für die indianischen Angelegenheiten verantwortlich waren. Alle fünf regelten die Dinge ähnlich, wobei sie die Apachen nicht zu Rate zogen oder ihnen auch nur irgend etwas erklärten. Es mag sein, daß die Regierung die Offiziere angewiesen hat, dieses Geld aus dem Verkauf der Rinder in einen Apache Fond zu zahlen, da ich mich einmal bei Leutnant Purington beschwerte und ihm sagte, daß ich vorhätte der Regierung zu berichten, daß er einen Teil meines Geldes genommen und in den Apache Fond gesteckt hätte, aber er meinte, es wäre ihm egal, ob ich das täte.

* Die Indianer hatten damals keine Erlaubnis, die Rinder selbst zu verkaufen. Wenn die Rinder zum Verkauf auf dem Markt fertig waren, wurden sie von dem verantwortlichen Offizier verkauft. Ein Teil des Geldes bekamen die Indianer, die die Rinder besaßen, und ein Teil wurde in einen allgemeinen (Apache) Fond gezahlt. Die Vorräte, Farmwerkzeuge usw. für die Apachen wurden aus diesem Fond bezahlt.

Vor mehreren Jahren wurde die Verteilung von Kleidung einge-stellt. Auch dies mag auf Befehl der Regierung hin geschehen sein, aber die Apachen haben es nicht verstanden.

Wenn es einen Apachen-Fonds gibt, dann sollte den Indianern eines Tages dieses Geld auch zukommen, oder zumindest sollten sie ein Konto darüber haben, denn es ist ihr eigener Verdienst.

Als General Miles zum letztenmal auf Besuch in Fort Hill war, bat ich, in Anbetracht meines Alters, von der Arbeit befreit zu werden. Ich erinnerte mich auch, was General Miles mir in dem Vertrag ver-sprochen hatte und fragte ihn danach. Er sagte, ich brauchte nicht mehr zu arbeiten, es sei denn, daß ich es wünschte, und seither wurde ich nicht mehr zu irgendeiner Arbeit abkommandiert. Ich habe je-doch seitdem eine Menge gearbeitet, weil ich, obwohl ich alt bin, gerne arbeite und meinem Volk helfe, soviel ich nur kann.

Geronimo, geboren 1829, widersetzte sich als Führer der Chiricahua-Apachen vehement der Reservationspolitik Washingtons. Von den Ber-gen an der mexikanischen Grenze aus führte er einen 30jährigen Gue-rillakrieg gegen das US-Militär und die Mexikaner. 5000 Soldaten jag-ten ihn in dieser Zeit. Am 4. September 1886 kapitulierte er zusammen mit 36 Apachenkriegern. Als Kriegsgefangener kam er nach Fort Pik-kens in Florida, später über Fort Marion, Alabama, nach Fort Sills in Oklahoma. In seinem letzten Lebensabschnitt zeigte er sich auf der Weltausstellung in St. Louis, trat in Pawnee Bills Wild West Show auf (als Sioux gekleidet) und gehörte zur Inaugurationsparade für Präsi-dent Theodore Roosevelt. 1903 trat er der Dutch Reformed Church bei, wurde aber wegen Glücksspiels wieder ausgeschlossen. Am 17. Fe-bruar 1909 fand man den 80jährigen in einer Schneewehe; er war nachts betrunken von seinem Einspänner gefallen. Er starb noch am gleichen Tag. Sein Lebensbericht wurde mit Hilfe von Asa Daklugie, einem Apachendolmetscher, 1906 durch S. M. Barrett in Fort Sills aufge-zeichnet.

Buffalo Child Long Lance

Kuh und Kahlkopf

Als wir zwei Jahre später das Winterlager in den Vorbergen des Felsengebirges abbrachen, sagten uns andere Indianer, daß im Nordwesten eine große Siedlungsbegeisterung ausgebrochen sei, und daß die Weißen zu Tausenden in unsere Jagdgründe strömten.

Sollten nun unsere Tage des freien Umherstreifens auf der Prärie bald zu Ende sein? Wohin wir kamen, überall waren die Indianer unruhig. Unsere Häuptlinge und Ratsmänner hielten zahllose Sitzungen, um zu bedenken, was zu tun sei. Sollten wir der fremden Rasse, die sich hereindrängte und unser Land nahm, einen letzten Kampf liefern? Oder sollten wir uns dem Friedensvertrage, den der Häuptling des Schwarzfuß-Volkes, Niokskatos, in Assiniboia mit dem weißen Manne geschlossen hatte, unterwerfen?

Regierungsvertreter des großen weißen Häuptlings kamen schon zu unserem Häuptling und sagten, wir müßten unser Umherziehen aufgeben und unsere Kinder in die Schulen der Missionare schicken, auf daß sie lernten, mit den Händen zu arbeiten und zu werden wie die Weißen.

Überall waren Missionare, die dem Indianer von dem Gott der Weißen erzählten und ihm sagten, er solle sich das Haar abschneiden, die Farbe vom Gesicht waschen und die drollig aussehenden Kleider des Weißen anziehen. Unser langes Haar galt uns als der teuerste körperliche Besitz. Wir brachten jeden Tag über eine Stunde damit zu, striegelten es und flochten es über einem klaren Gewässer, das uns als Spiegel diente.

Und die weißen Missionare sagten auch, wir müßten aufhören, uns die Gesichter zu bemalen. Ein Indianer, der sich nicht bemalt! Das konnten wir uns gar nicht vorstellen. Sie mochten uns ebensogut sagen, wir sollten aufhören zu singen. Wir besaßen für jede Stimmung eine eigene Bemalung. Nie war ein Indianer ohne Gesichtsbemalung. Wenn wir morgens aufstanden, bemalten wir uns je nach unserer Stimmung. Wir waren zornig, friedfertig, verliebt, andächtig oder sonstwie – und danach bemalten wir uns das Gesicht, so daß jeder, dem wir begegneten, auf den ersten Blick erkannte, wie wir uns fühlten. Das sparte viel nutzloses Gerede. Als ich ein Knabe war, mochten die Indianer nicht viel reden. Sie gingen gern still umher und dachten dabei. Wir saßen manchmal stundenlang im Zelte, ohne ein Wort zu sagen, und freuten uns dennoch aneinander. Das war eben unsere Sitte, und es tat uns im Inneren wohl.

Wir meinten, der Indianer sähe in den Kleidern des weißen Mannes, mit kurzem Haar und ohne Bemalung, lächerlich aus; ich erinnere mich, daß wir Kinder lachten, wenn wir einen Indianer so sahen. Der Indianer hat nie gut ausgesehen in den Kleidern der Weißen, denn er verwendet keinen Stolz darauf wie auf seine naturgemäße Kleidung, die er sorgfältig pflegte und makellos rein hielt.

Unser ureigener Gott lebte in den Prärien und Wäldern, die wir zutiefst kannten, und die uns nun auf immer genommen werden sollten. Unsere Indianerreligion lehrte uns, daß der Große Geist in allen Dingen lebte: in den Bäumen, den Tieren, den Seen, Strömen und Bergen. Wollten wir uns dem Großen Geist im Gebete nähern, so gingen wir allein hinaus zu den Dingen, in denen er lebte. Nun wurde uns von einem neuen Gott erzählt. Wo dieser lebte, wußte niemand; das machte uns Kinder unruhig. Unsere alten Leute riefen jede Nacht den Großen Geist an, er möge uns helfen und uns die Wahrheit offenbaren. Wenn wir Buben im Lager umhergingen, trat irgendein alter Krieger, den wir alle als großen Helden der vergangenen Zeiten kannten und verehrten, her zu uns, legte den Arm um unsere Schultern und betete, neben uns herschreitend, laut, daß unsere Zukunft in dieser Zeit von Ungewißheit den rechten Pfad finden möge.

Andere alte Krieger gingen umher im Lager, die Hand über den Mund gehalten, und beteten so für sich.

«Natose, wohin treiben wir? Wo sind unsere Krieger der alten Zeiten? Wo sind unsere Büffel? Natose, sind wir keine Männer mehr?»

Während dieser stürmischen Zeit der Ungewißheit gingen wir Knaben jeden Abend auf einen Hügel, saßen dort im Sonnenuntergang und besprachen alles. «Unsere Eltern haben uns zu Kriegern erzogen», sprachen wir, «und nun will der Weiße jene lächerlichen Kleider auf uns tun und uns die Arbeit der Frauen verrichten lassen.»

Unsere ganze Erziehung war durcheinandergeraten. Unsere Religion hatte uns gelehrt, Gutes für Gutes, und Böses für Böses zu geben. Nun sagten die Missionare, wir sollten Gutes für Gutes, und Gutes für Böses geben. «Was bedeutet das?» fragten wir uns. Wenn jemand auf uns schoß und uns nicht traf, sollten wir ihm noch eine Kugel geben, damit er wieder auf uns schießen könne. Wir verstanden das nicht. Was sollten wir mit den Ansiedlern tun, die sich auf dem Lande niederließen, das uns die Regierung zugesprochen hatte? Sollten wir sie bitten, noch mehr von unserem Lande zu nehmen?

Wir konnten uns darüber nicht klarwerden. Manches Mal, wenn die Sonne unterging und es auf dem Hügel kalt wurde, setzten wir uns im zunehmenden Dunkel eng zusammen – saßen nur und dachten. Obwohl wir als Kinder machtlos waren, fühlten wir, wie alle Knaben, eine große Verantwortung für das, was um uns vor sich ging. Wir meinten, wenn unsere alten Leute uns nur kämpfen ließen, würden wir die Lage bald klären. Ich glaube, alle Knaben sind so.

Wir gingen in das Lager zurück und fragten unsere Väter, ob es Krieg geben würde. Und sie antworteten:

«Nein, wir werden Kühe essen.» Das hieß, daß wir versuchen würden, die Speise des weißen Mannes zu essen und den Frieden zu halten. Uns wurde schon schlecht, wenn wir nur von den süßlich riechenden Kühen hörten. Wir waren den starken, ziegenartigen Geruch des Büffels gewohnt, und wir konnten uns nicht vorstellen, daß wir Fleisch essen sollten, das so süßlich und fad röche wie jene Kühe, an denen wir mit zugehaltenen Nasen vorbeigegangen waren.

Als wir jenen Herbst den Milchfluß nah an der Grenze von Montana und den nordwestlichen Territorien erreichten, kamen einige weiße Männer in unser Lager, um mit uns einen Vertrag zu schließen; sie wollten unser Land für Dollarscheine kaufen und uns ein Schutzgebiet mit anderen Indianern geben. Sie sagten, alle Stämme südlich und östlich von uns hätten schon mit den Regierungen der Vereinigten Staaten und Kanadas Verträge geschlossen, lebten nun auf ihren Schutzgebieten und hätten es dort gut. Das wollten sie auch von uns. Sie breiteten ihre Dollarscheine auf der Erde aus und sprachen:

«Dies sind die ‹Büffelfelle› – das Geld – des weißen Mannes.» (Die Indianer hatten beim Tauschen Büffelfelle als Geld verwendet.) Sie sagten: «Die Sioux-Indianer nennen dieses Geld Masa-ska – weißes Metall –, weil sie wissen, daß sie es für Münzgeld umtauschen können, mit dem man alles kauft, was der Weiße besitzt. Es hat großen Wert, und ihr müßt es von jetzt an verwenden.»

Unser Häuptling nahm einen der Dollarscheine in die Hand, das Bild eines Mannes mit einem Kahlkopf war darauf. Er betrachtete unsere Krieger, die neben ihm standen, und sprach: «Wir werden dies Stikikikinasi – Kahlkopf – nennen.» Seit der Zeit heißt der Dollarschein unter den Schwarzfüßen «Kahlkopf».

Nachdem der weiße Häuptling sein ganzes Geld auf der Erde ausgebreitet und gezeigt hatte, wieviel er uns für die Unterzeichnung eines Vertrages geben würde, nahm unser Häuptling eine Handvoll Lehm, machte einen Ballen daraus, legte den auf das Feuer und röstete ihn. Die Lehmkugel zersprang nicht. Dann sprach er zu dem weißen Häuptling: «Nun gib mir eine Handvoll von deinem Gelde, wir wollen es neben dem Lehm auf das Feuer legen. Was dann am schnellsten verbrennt, hat am wenigsten Wert.»

Der weiße Häuptling sprach:

«Mein Geld wird am schnellsten verbrennen, weil es aus Papier ist; also können wir das nicht tun.»

Darauf griff unser Häuptling in seinen Gürtel und holte einen kleinen hirschledernen Beutel voll Sand heraus. Den gab er dem weißen Häuptling und sprach:

«Gib mir dein Geld. Ich werde das Geld zählen, während du die Sandkörner zählst. Das, was sich am schnellsten zählen läßt, wird das Mindere sein.»

Der weiße Häuptling nahm den Sand, goß ihn auf seine Handfläche, betrachtete ihn und sprach: «Ich würde nicht lange genug leben, dies zu zählen; du aber könntest das Geld rasch zählen.»

«Dann», sprach unser Häuptling, «ist unser Land mehr wert als dein Geld. Es wird ewig bleiben. Es wird nicht in den Flammen vergehen. Solange die Sonne scheint und das Wasser fließt, wird dies Land hier sein und wird Menschen und Tieren Leben spenden. Wir können nicht das Leben von Menschen und Tieren verkaufen, darum können wir nicht dies Land verkaufen. Der Große Geist schuf es hier für uns, wir können es nicht verkaufen, weil es uns nicht gehört. Ihr könnt euer Geld zählen und es verbrennen, während ein Büffel mit dem Kopf nickt; doch nur der Große Geist kann die Sandkörner und die Grashalme auf dieser Prärie zählen. Als Geschenk werden wir euch gern irgend etwas aus unserem Besitz geben, das ihr dann mitnehmen könnt, aber das Land nie.»

Der weiße Häuptling sprach dann:

«Ich wurde hierhergeschickt von der Großen Weißen Mutter, die über das ganze Land von Kewatin – dem Nordwind – über den Kisisaskatschewan – Rascher Strom, ein Fluß im Norden – und weiter bis zum westlichen Meer herrscht. Sie ersucht euch, wie eure Brüder im Norden einen Vertrag zu schließen und unter unserer Fahne in Frieden zu leben. Ihr werdet euch nie mit den Blaukitteln – den Amerikanern – vertragen. Wenn sie euch schlecht versorgen, so geht herauf in unser Land. Immer wenn ihr nach Nordwesten schaut und die rote Sonne seht, wird das meine Sonne sein, meine ‹Rotkittel› – die berittene Schutzmannschaft des Nordwestens. Kommt, wann ihr wollt, herüber zu uns, ihr werdet bei uns und euren Brüdern, den Nördlichen Siksikau, gut leben.»

Damit endete unsere erste Friedensbesprechung.

Buffalo Child Long Lance kam 1890 in einem Blackfoot-Lager östlich der Rocky Mountains am Milk River zur Welt. Heute gehört das Gebiet zur kanadischen Provinz Alberta. Er ging in eine Missionsschule und gehörte danach zeitweilig als Reiter und Lassoartist zu Buffalo Bills Wild West Show. Von 1909 bis 1912 besuchte er das Carlisle College, die erste Hochschule für Indianer, wo er den Lehrstoff von vier Jahren in drei absolvierte, Klarinette in der Schulband spielte und sich als freier Redner auszeichnete. Es folgten die Militärakademien St. Johns und West Point. Mit Ausbruch des 1. Weltkriegs ging er als Freiwilliger zurück nach Kanada. Mit dem Grad eines Hauptmanns verließ er die Armee und wurde von seiner «band» zum Häuptling ernannt. Das Elend seines Volkes brachte ihn zum Schreiben; er hoffte, durch seine Veröffentlichungen die Indianerpolitik seines Landes zu beeinflussen. Er wurde Mitarbeiter verschiedener kanadischer Tageszeitungen. 1930 machte er in New York den Schein für Verkehrsflieger, erhielt als solcher aber keine Anstellung. 1932 beging er in der Nähe von Los Angeles Selbstmord.

John Fire Lame Deer

**Das Gewehr im New Yorker Museum
gehört mir**

Im «Museum of the American Indian» in New York
sind zwei Glaskästen. Auf einem Schild darüber steht: «Berühmte
Gewehre berühmter Indianerhäuptlinge.» Sie haben dort fünf oder
sechs Gewehre, das von Sitting Bull ist auch dabei. Unter einem dieser alten Hinterlader ist eine Texttafel, die besagt, daß die Waffe einst
dem berühmten Häuptling Lame Deer gehört habe, der in einer
Schlacht gegen General Miles getötet worden sei. Miles habe das Gewehr großzügig dem Museum überlassen. Ich habe keine Ahnung,
welches Recht der alte Bärenmantel Miles sich rausnahm, über and-
rer Leute Eigentum so frei zu verfügen. Dieses Gewehr hat ihm nicht
gehört. Es gehört mir. Ich bin der einzige Lame Deer, der übrig ist.
Tahca Ushte – der erste Lame Deer – war mein Urgroßvater väter-
licherseits. Er wurde durch ein Versehen getötet. Man könnte auch
sagen, er wurde ermordet. Ein Jahr vor jener sogenannten Schlacht
mit General Miles hatte Lame Deer mit dem weißen Mann endgültig
Frieden geschlossen und mit der US-Regierung ein Abkommen getroffen. Entsprechend jenem Vertrag steckten sie westlich vom heutigen Rapid City in Süd-Dakota vier Quadratmeilen ab. Dieses Gebiet sollte eine Reservation für den Häuptling und sein Volk sein und
wurde nach ihm Lame Deer benannt. Das Stück Land sollte uns gehören – «so lange die Sonne scheint und das Gras wächst». Heute ver-
deckt Smog die Sonne, und in Rapid City gibt es kaum mehr Gras.
Vielleicht hatten die Weißen die Gabe, in die Zukunft zu blicken, als
sie das Land nahmen, noch bevor die Tinte auf dem Vertrag trocken
war.
Lame Deer sagte, daß er diesen Vertrag unterzeichnen werde,

wenn es ihm und seinem Volk erlaubt sei, noch ein letztes Mal auf die Jagd zu gehen, noch einen Sommer lang auf die gute alte Weise zu leben – und dem Büffel zu folgen. Nach dieser Sommerjagd würden sie sich auf ihrer neuen Reservation niederlassen und «den Weg des weißen Mannes beschreiten». Die Regierungsvertreter zeigten sich einverstanden und gaben ihm die Erlaubnis für seine letzte Jagd. Sie bekräftigten die Abmachung mit einem Handschlag.

Die Regierung der Vereinigten Staaten ist ein seltsames Monster mit vielen Köpfen. Ein Kopf weiß nie, was die anderen gerade beschließen. Die Armee hatte Lame Deer versprochen, daß er in Frieden jagen könne. Zur selben Zeit aber hat Old Bear Coat Miles von der Regierung die Anweisung erhalten, daß alle Indianer, die jagend außerhalb ihrer Reservation angetroffen würden, als «Feinde» anzugreifen seien. Lame Deer war im Frühjahr 1877 nach Norden zu seinen alten Büffelrevieren zwischen dem Rosebud und dem Bighornfluß gegangen. Sein Lager hatte er in den Wolf Mountains entlang des Fat Horse Creek aufgeschlagen. Die Alten haben mir erzählt, daß die Prärie noch nie so schön war wie in diesem Frühjahr. Das Gras war hoch und grün und fett. Die Hänge waren mit Blumen übersät, und in der Luft lagen gute Gerüche und die Lieder der Vögel. Falls sie wirklich nur mehr eine Jagd vor sich hatten, dann hatten sie sie sich so vorgestellt. Lame Deer wußte, daß Soldaten in der Gegend waren, doch er machte sich deswegen keine Sorgen. Er hatte das Recht, dort zu sein, wo er war. Außerdem konnte der Dümmste sehen, daß er sich nicht für den Krieg gegen irgend jemand vorbereitete. Die Frauen und Kinder des Stammes waren alle bei ihm. Die fünfzig Zelte waren voll von Fleisch und Häuten. Im Lager bereitete man ein Fest vor. Alle hatten ihre Kleider mit den schönsten Perlenstickereien angelegt. Sie genossen ihre letzten Ferien vom weißen Mann.

General Miles war so dumm, daß er das nicht merkte, doch ich glaube, daß er in gutem Glauben gehandelt hat. Niemand hatte ihm von dem Vertrag erzählt. Er führte sechs Kompanien Fußsoldaten und einige Trupps Kavallerie mit sich, mehr Männer als alle Indianer zusammen, einschließlich der Frauen und Kinder. Die Blauröcke stürmten das Lager, schossen und schrien und ritten die Leute nieder. Gleichzeitig schwenkte einer der Reiter die weiße Flagge des Vertrauens.

Als er das Lager aus der Nähe sah, hat Bear Coat Miles, glaube ich, begriffen, was los war und seinen Vorsatz geändert. Er fuchtelte mit den Armen und versuchte, das Töten zu verhindern; immer wieder rief er: «*Kola, Kola* – Freund, Freund.» Seine indianischen Kundschafter nahmen den Ruf auf. «Wir sind Freunde», riefen sie. Seltsame Freunde – doch mein Großvater bemühte sich, ihnen zu glauben. Er wollte nicht, daß sein Volk getötet wurde. Als ein Zeichen des Friedens warf er sein Gewehr hin.

General Miles eilte auf ihn zu, packte ihn bei der Hand und fing an sie zu schütteln. «*Kola, Kola*», sagte er immerzu. Doch Frieden war nicht das, was seine Soldaten sich wünschten. Sie wollten Indianerskalps und Souvenirs. Wahrscheinlich hatten sie es auch auf die Frauen und Mädchen abgesehen. Ein Reiter galoppierte heran und feuerte seinen Karabiner auf Lame Deer ab. Miles umklammerte mit beiden Händen den Arm meines Urgroßvaters, aber der Häuptling riß sich dennoch los, hob sein Gewehr vom Boden auf und erschoß den Mann, der auf ihn geschossen hatte. Daraufhin eröffneten die Soldaten das Feuer und töteten Lame Deer, seinen zweiten Häuptling, Iron Star, und noch ein Dutzend der Krieger. Dann plünderten sie die Tipis, nahmen sich, was ihnen gefiel und zerstörten den Rest. Sogar General Miles war sich nicht fein genug, einige Dinge an sich zu nehmen, und daher hängt das Gewehr meines Urgroßvaters jetzt in einem New Yorker Museum, statt bei mir an der Wand.

Was die vier Quadratmeilen am Rapid River betrifft, will ich noch was hinzufügen: Als der Vertrag unterzeichnet war, sagte mein Großvater Lame Deer: «Wenn ich einmal sterbe, geht dieses Land an meinen Sohn, wenn er stirbt, an seinen Sohn und so weiter.» Ich versuchte also, die Regierung davon zu überzeugen, daß vier Quadratmeilen am Rapid River Lame-Deer-Land seien, und sie antworteten: «Indianer können keine persönlichen Landansprüche geltend machen.»

Vielleicht war es auch gut so, daß sie uns Indianern das Land weggenommen haben. Bedenken wir doch, auf was ihr sonst alles verzichten müßtet:

Auf die Motels mit den Neonschildern, die Leihhäuser, den Waffenladen «Rock Hunter's Paradise», die Trophäenwerkstatt «Horned Trophies Taxidermist Studio», auf die Unzahl Geschenkbuden, das «Genuine Indian Crafts Center» mit seinen original indianischen Perlenhandarbeiten aus Taiwan und Hongkong, die gemütliche beleuchtete Sitting-Bull-Höhle, den Andenkenladen «Shrine of Democracy», vollgestopft mit den Keramikköpfen der Präsidenten Roosevelt, Lincoln, Jefferson und Washington, schließlich das «Fun House» – wer einmal da war, wird wiederkommen –, den «Bucket of Blood Saloon», den Zoo mit den lebensgroßen Dinosauriern aus grünem Zement, die Go-Go-Girls und Hurenhäuser, die Reptilläden, wo sie die Schlangen nicht füttern, weil das zuviel Umstände bereiten würde. Wenn sie sterben, bekommt man ein neues Tier umsonst.

Man stelle sich vor: Wenn dieses Land noch uns gehören würde, gäbe es das alles nicht. Es gäbe nur Bäume, Gras und Tiere, die frei rumliefen. Meine ganze rechtmäßige Erbschaft würde ungenutzt verkommen.

Mein Urgroßvater war ein Häuptling der Mini Owoju – die am Wasser anpflanzen – einer der sieben westlichen Stämme der großen Sioux-Nation. Er hatte drei Frauen. Seine erste Frau schenkte ihm drei Söhne: Did Not Butcher, Flying By und meinen Großvater, Cante Witko, was Crazy Heart bedeutet. Die zweite Frau hatte eine Tochter. Die dritte Frau bekam überhaupt keine Kinder. Mein anderer Großvater hieß Good Fox.

Beide, Crazy Heart und Good Fox, waren berühmte Krieger und hatten in der Custer-Schlacht gekämpft. Good Fox war außerdem einer der Überlebenden des Wounded-Knee-Massakers. Crazy Heart war ein Hemdenträger, was eine große Ehre bedeutete. Sein Hemd war gelb und blau und an den Rändern mit Skalplocken verziert. Er gehörte zum Stammesrat, und sein Rat wurde bei allen wichtigen Angelegenheiten eingeholt. Auch Good Fox war ob seiner Weisheit ein geachteter Mann. Bis zu seinem Tod im Jahr 1928 wurde ihm bei Zeremonien immer die Leitung übergeben, ebenso die Aufgabe, den Boden des Heiligen Sonnentanzplatzes zu glätten.

Crazy Heart habe ich nie gekannt, Grandpa Good Fox hingegen spielte eine wichtige Rolle in meinem Leben, und ich habe ihn sehr bewundert. Sein Ruf als Krieger war groß, obwohl er kein Mann des Tötens war. Die meisten seiner Kriegsabzeichen kamen vom «Coupzählen»: auf den Feind zureiten, im Zickzack durch die Reiter hindurch manövrieren und möglichst viele mit dem gebogenen und mit Otterfell bezogenen Coup-Stab berühren. Er war ein Coup-Mann. Er zeigte auf diese Art seine Tapferkeit. Verglichen mit meinen Großvätern sind wir Reservationsindianer von heute nur mehr zahme Hühner. Es gibt da den Spruch: Custer starb für eure Sünden, doch ich sage euch: Custer lebt. Es gibt immer noch viel zu viele Custers und Miles unter den Weißen, wo aber ist bei uns ein Crazy Horse? Ein

Medizinmann von hier erzählte mir, er habe eine Vision gehabt, nach der Crazy Horse als Schwarzer Mann zurückkäme. Das wäre ja was.

Ich habe meinen Großvater Good Fox oft gebeten, mir etwas über die Custer-Schlacht zu erzählen. «Ich war eigentlich kein guter Augenzeuge», sagte er dann, «denn ich war zu beschäftigt mit Kämpfen, als daß ich auf das, was um mich rum vorging, hätte aufpassen können. Ich lenkte mein Pferd genau dorthin, wo der meiste Staub aufgewirbelt wurde und wo es am heißesten herging und rief: Heute ist ein guter Tag zu sterben und ein guter Tag zu kämpfen. Doch diesmal war für die Blauröcke der Tag des Sterbens gekommen. Trotzdem hat mich einer von ihnen mit einer Kugel in den Arm getroffen. Die Kugel ging nicht durch, sie blieb im Arm stecken. Nach der Schlacht hat man mir erzählt, daß zwei Cheyennefrauen an Custers Leiche vorbeikamen. Sie kannten ihn, denn sie kamen aus dem Dorf am Washita, das er zu Friedenszeiten angegriffen hatte. Diese Frauen sagten zu ihm: Du hast die Pfeife des Friedens mit uns geraucht. Unsere Häuptlinge sagten dir, daß man dich töten werde, wenn du je gegen uns in den Krieg ziehen würdest. Aber du wolltest nicht auf uns hören. Hier, damit du besser hörst – und die Frauen nahmen beide eine Ahle aus ihrem Nähbeutel und stachen sie tief in Custers Ohren. Jemand, der zugeschaut hat, hat es mir erzählt. Mein Enkel, ich sage dir, Hunderte von Büchern wurden schon über die Schlacht am Little Big Horn geschrieben, doch immer von Leuten, die nicht dabei waren. Ich war dabei, doch das einzige, an das ich mich erinnern kann, ist eine riesige Staubwolke.»

Über das Wounded-Knee-Massaker sagte mir Großvater Good Fox folgendes: «Sicherlich mag es unter den Weißen auch gute Menschen geben, doch den Weißen zu trauen ist ein schneller Weg zum Tod. Immer wenn ich eine Frau oder ein Kind weinen höre, muß ich an diesen schrecklichen Tag des Tötens denken. Die Pfarrer und Missionare sagen dir, du sollst auch die andere Wange hinhalten und deinen Nachbarn wie dich selbst lieben. Mein Enkel, ich weiß nicht, wie die Weißen sich untereinander behandeln, doch ich glaube nicht, daß sie uns mehr lieben als sich. Einige lieben uns überhaupt nicht.» Mein Großvater starb 1928. Am Ende seines Lebens war er fast blind.

Mein Vater kam von Standing Rock. Sein Name war *Wawi-Yohi-Ya*, das bedeutet: Let-Them-Have-Enough (Laß-sie-genug-haben). Silas war sein Vorname, die Missionare hatten ihn so genannt. Er war ein sehr freizügiger Mann. Ständig lud er Leute zu einem Fest oder zu einer Give-away-Zeremonie ein. Bei solchen Gelegenheiten war er um jeden besorgt, ob er auch genug zu essen hatte und genügend Geschenke erhielt. Daher war er unter Indianern als Let-Them-Have-Enough bekannt.

Bei den Weißen hieß er Silas Fire. Es gab eine Volkszählung, und jeder mußte nach Rosebud gehen und sich in ein großes Buch eintragen. Der Superintendant sagte zu meinem Vater: «Unterzeichne hier!» Mein Vater aber konnte seinen Namen nicht schreiben. Also sagte er dem weißen Mann, was sein indianischer Name auf englisch bedeutete. Der Superintendant sagte, das sei zu lang und zu kompliziert. «O. k., dann gib mir einen kürzeren Namen», antwortete mein Vater. Viele Indianer waren zu der Zeit nach Rosebud gekommen, um ihre Lebensmittelrationen abzuholen. Alle hatten ihre Zelte aufgeschlagen. Gerade in diesem Moment fing eines Feuer. Ein großer Tumult entstand. Leute rannten durcheinander und riefen: «Feuer, Feuer.» Der Superintendant hörte das und sagte: «Haben wir's schon. Du bist Silas Fire. Gut, was?»

Wenn dieses Zelt nicht Feuer gefangen hätte, wäre mein Name wohl Let-Them-Have-Enough.

Seinen indianischen Namen erhielt John Fire während der Hanblechia-Zeremonie: Als er vier Tage und vier Nächte allein in der Visionsgrube auf einem Hügel fastete, erschien ihm sein Großvater Tacha Ushte (Lame Deer). Lame Deer führte ein bewegtes, von Widersprüchen begleitetes Leben zwischen den Traditionen seines Volkes und dem «American Way of Life». Er arbeitete als Rodeo-Clown, Soldat, Tagelöhner bei der Kartoffelernte, Schäfer, Schildermaler, Sänger und Polizist. Trotzdem und vor allem aber war er ein «Wićaśa Wakan», ein heiliger Mann der Minneconjou-Lakota. Er heilte nicht nur mit den überlieferten Rezepturen und Zeremonien, sondern suchte auch Erkenntnisse in Visionen. «Den Dreh zu finden, das hat mich mein ganzes Leben gekostet. Irgendwie war's immer ein Hin- und Herspringen über die Grenzlinie des Verstands.» Er lebte in Winner, einem Dorf im Reservat Rosebud. Als er 1977 starb, war er so alt wie dieses Jahrhun-

dert. Bis zu seinem Tod unterrichtete er 18 Medizinmänner. Höhepunkt des zeremoniellen Jahres war für ihn der Sonnentanz. Sein Sohn Archie Fire Lame Deer versucht heute, die Arbeit seines Vaters fortzusetzen.

Lame Deers Lebensbericht wurde von seinem Freund Richard Erdoes aufgezeichnet, einem in die USA emigrierten Maler und Schriftsteller aus Wien. Das Besondere an dieser «Autobiographie eines Analphabeten»: Erstmals bat ein Indianer einen Weißen, seine Geschichte aufzuschreiben. Bisher waren immer weiße Völkerkundler zu den Indianern gekommen und hatten sie ausgefragt.

Maria Campbell

Cheechums Enkelin

Mein Stamm war katholisch.

Als ich noch sehr jung war, kam ein Priester und hielt in verschiedenen Familienhäusern Messen. Wie sehr ich den Mann verachtet habe! Er war ungefähr fünfundvierzig, sehr fett und geizig. Er kam immer genau zur Essenszeit, und wir mußten alle warten und ihn erst essen lassen. Er aß und aß, und ich beobachtete ihn voller Haß. Er muß das gewußt haben, denn wenn er all die Leckerbissen aufaß, grinste er mich an, rieb seinen Bauch und sagte zu Mutter, daß sie eine großartige Köchin sei. Nachdem er gegangen war, mußten wir die Überbleibsel essen. Wenn wir uns beklagten, sagte Mutter, daß er von Gott auserwählt sei und es unsere Pflicht sei, ihm Nahrung zu geben. Ich weiß noch, daß ich fragte, warum Papa nicht von Gott auserwählt sei. Meine ganzen Kinderjahre hindurch waren der Priester und ich Feinde.

Endlich war es unseren Leuten möglich, eine Kirche zu bauen, und zwei Nonnen kamen, um den Haushalt für den Priester zu führen. Wir wurden alle getauft und mußten zum Kindergottesdienst gehen. War das langweilig! Die Nonnen gaben uns nie eine Antwort auf unsere Fragen, und wir mußten immer nur beten und beten, bis uns die Knie weh taten. Der Kirchhof, der gleichzeitig Friedhof war, lag unten am Hügel, nahe bei unserem Haus, und dort wuchsen die leckersten Erdbeeren im ganzen Umkreis. Es war uns aber untersagt, sie zu pflükken. Die Beeren, so sagte der Pater, gehörten der Kirche, und wenn wir sie pflückten, würden wir Gott bestehlen. Das ärgerte uns sehr. Wir hatten viele Male gesehen, wie er Sachen vom Sonnentanz-Pfahl der Indianer nahm, und die gehörten dem Großen Geist. Also beschlossen mein Bruder Robbie und ich eines Tages, ihn zu bestrafen.

Wir nahmen Papas Fallendraht und knüpften ihn an zwei kleine grüne Bäume auf beiden Seiten des Fußweges. Der Draht war straff wie eine Fidelsaite.

Ein paar Meter weiter spannten wir noch einen Draht und dann versteckten wir uns im Gebüsch. Bald danach schlenderte der Pater den Pfad entlang, stolperte über den ersten Draht und fiel hin. Kaum hatte er sich aufgerappelt, da fiel er schon über den zweiten Draht und machte eine Bauchlandung. Ein paar Sekunden war es totenstill, und dann fing er an zu fluchen. Robbie und ich krümmten uns vor Lachen und versuchten gleichzeitig, keinen Laut von uns zu geben. Aber als wir unsere Köpfe hoben und sahen, daß der Pater auf unser Versteck zusteuerte, verloren wir vor lauter Angst fast den Verstand. Wir wußten, daß er uns verhauen würde, und rannten, so schnell wir konnten, nach Hause. Als wir ins Haus kamen, saßen Mama und Papa am Tisch und tranken Tee. Wir taten so, als wäre nichts geschehen und gingen ohne den üblichen Protest ins Bett. Ein paar Minuten später kam der Pater an. Wir schlichen uns an die Tür und hörten, wie Mama ihn zu einer Tasse Tee einlud. Es war schwierig, ihre Konversation mitzukriegen, bis der Priester seine Stimme erhob, und wir hörten, wie er sagte: «Ihr tut mir leid. Alles, was wir tun können, ist beten.»

«Meine Frau und meine Kinder brauchen deine verfluchten Gebete nicht», schrie mein Vater, «und nun scher dich zum Teufel!» Wir krabbelten schnell ins Bett zurück und taten so, als ob wir fest schliefen, aber Papa zog uns am Kragen wieder heraus. Er wollte wissen, was wir getan hatten, und warum. Wir vergaßen völlig, daß wir ja unschuldig gespielt hatten und erzählten ihm die ganze Geschichte von den Erdbeeren, und wie der Pater vom Sonnentanz-Pfahl gestohlen hatte. Papa bekam einen komischen Zug um den Mund, und Mama wurde auf einmal sehr fleißig am Herd. Er schickte uns ins Bett, aber am nächsten Morgen bekamen wir Dresche mit einem Rasierleder, und er sagte, egal, was der Pater getan hätte, sei es nicht unsere Aufgabe, ihn zu bestrafen. Viele Jahre später erzählte uns Papa, daß Mama eine Woche lang gebetet hatte, weil sie so gelacht hatte. Der Pater kam nie wieder vorbei, um unser Sonntagsmahl zu essen, und wir überließen die Erdbeeren Gott.

In unserer Gegend gab es außer der katholischen Kirche noch mehrere andere – die Lutheranische, von den Schweden gebaut und später verlassen, die Anglikaner, die Sabbatisten und die Holy Rollers (nordamerikanische evangelistische Baptistensekte). Die katholischen und die anglikanischen Kirchen waren Holzgebäude mit Türmen und Kirchenglocken und innen und außen weiß getüncht. Die Einheimischen der Gemeinde hielten die Kirchhöfe in Ordnung, denn sie glaubten, daß sie in der Hölle braten müßten, wenn sie nicht alles sauber und ordentlich hielten. Die katholischen Kirchen sahen prächtig aus mit ihren gebohnerten Parkettfußböden und Kirchenbänken, ihren vielen hohen Statuen und den Bildern von den Stationen des Kreuzes. Die protestantischen Kirchen waren lange, einräumige Holzkonstruktionen, altersgrau und staubig, und ihre Kirchhöfe waren mit Brombeerhecken und Unkraut überwuchert. Sie hatten spärliche weiße Gemeinden.

Im allgemeinen waren die Mischlinge gute Katholiken, und ihre Messen waren bei Wind und Wetter immer gut besucht, denn die Messe zu versäumen war eine Todsünde. Aber während der Woche konnten wir getrost sämtliche zehn Gebote brechen, denn wir wußten ja, daß das Schlimmste, das uns blühen konnte, wenn wir hinterher zur Beichte gingen, ein paar «Ave Maria» waren.

Die Messe wurde auf Latein oder Französisch, und manchmal auf Cree gehalten. Die bunten Rituale waren das einzige, das mir die Kirche erträglich machte. Ich war von dem Scharlachrot und Purpur fasziniert, und sogar die Nonnen, die ich als Menschen nicht leiden konnte, schienen mystisch und verwunschen mit ihren schwarzen Gewändern und ihren riesigen baumelnden Kreuzen. Sie erinnerten mich an die «Lady of Shallot» (Die Dame von Shallot: Ballade von Tennyson, 1809–1892.), als sie den Fluß hinuntertrieb. Meine Phantasie blühte während der Messe, und mit niedergeschlagenen Augen, als wäre ich ins Gebet vertieft, träumte ich von fernen Ländern. All der Pomp und Prunk trugen mich nach Ägypten und England und zu den Rittern der Tafelrunde. Aber dann stieß Mutter mich in die Seite, und ich kam mit einem Ruck wieder zu mir, und dann standen nur noch der alte Priester und der Altarknabe vor uns.

Unser Volk schimpfte auf die Regierung, ihre weißen Nachbarn und aufeinander, aber niemals auf die Kirche oder den Priester, egal, wie schlecht sie waren. Das heißt: niemand außer Cheechum, die sie haßte wie die Pest. Ich grübelte darüber nach, warum meine Mutter überhaupt nichts kritisierte, denn wenn ein kleines Mädchen wie ich den Priester durchschauen konnte, mußte sie das doch bestimmt auch tun. Aber sie akzeptierte dies alles, wie noch so manches andere, weil es heilig war und von Gott kam. Und er war auch nicht nur irgendein

Gott, sondern ein katholischer Gott. Cheechum sagte oft verächtlich von diesem Gott, daß er uns mehr Geld abnahm als der Laden der Hudson's Bay Co.

Die Reservationen in unserer Gegend waren alle katholisch, mit Ausnahme der Sandy-Lake-Reservation, die eine Festung der anglikanischen Kirche war. Die Ahenikews, Starblankets und Birds, wohlhabende und gebildete Familien, waren ihre einflußreichsten Mitglieder und sie waren immer Häuptlinge oder Ratgeber. Ein oder zwei der Ahenikews wurden Pastoren, und einige der Frauen heirateten Pastoren.

Die Kirche der Reservation war nahe am See gebaut und hatte ein schönes Interieur, war aber nicht so sorgfältig ausgestaltet wie die katholische Kirche in unserer Siedlung. Wenn ich bei Mushoom und Kokum zu Besuch war, ging ich immer mit ihnen zum Gottesdienst. Da wurde meine Phantasie noch mehr angefeuert, denn die katholischen Nonnen hatten uns eingetrichtert, daß diese Kirche von Götzendienern und Ehebrechern gegründet worden war. Als ich Mutter darüber ausfragte, sagte sie mir, die Gründe dafür lägen bei Heinrich VIII., einem verruchten König, der eine neue Kirche gründen mußte, damit er sich von seinen Frauen scheiden lassen konnte, um andere zu heiraten. Aber obgleich man ihn mir als einen verworfenen, sündhaften Mann beschrieben hatte, war er mir eigentlich sympathisch, denn er war eine faszinierende Figur; nur war ich enttäuscht, daß er den Indianern gehörte, statt den Mischlingen.

Die Männer hier erzählen, daß einmal ein Evangelist in unsere Gegend kam, um den Versuch zu machen, uns zu zivilisieren. Er hieß St. Denys. Andere Evangelisten hatten ihn von einem Leben der Sünde gerettet, und nun war er zurückgekommen, um das gleiche für sein Volk zu tun.

In der Gemeinde wohnte ein uralter Mann, der Ha-shoo hieß, was Krähe bedeutet. Er war ein Medizinmann der Crees. Ha-shoo liebte es, zu singen und die Trommel zu schlagen. Als St. Denys angekommen war, beauftragte er ein paar junge Männer, die Leute in der Siedlung auf den Gottesdienst aufmerksam zu machen. Als ein Bote zu Ha-shoos Haus kam, fragte der alte Mann: «Was tun die denn da?» Der Junge sagte: «Ach, Großvater, die reden und singen.» Der alte Mann antwortete: «Ich komme und bringe meine Trommel mit.»

34

Und so ging er zum Gottesdienst, den der Pastor mit viel Gebrüll und Getrampel auf Cree hielt. Zum Schluß sagte er: «Und nun wollen wir singen.» Alt Ha-shoo, der auf der Erde saß, ergriff seine Trommel und begann zu singen. Da schrie der Pastor: «Ha-shoo, du Schweinehund! Mach, daß du rauskommst!» Der alte Mann stand auf und ging, und mit ihm der Rest der Gemeinde.

Maria Campbell, die heute nach einer von Alkohol und Drogen begleiteten, für viele Indianer typischen Irrfahrt durch die Welt der Weißen, mit ihrer Familie in der kanadischen Provinz Alberta lebt, sagt über ihren, mit dem Titel «Halfbreed» erschienenen Lebensbericht: «Ich bin nicht bitter. Das Stadium habe ich hinter mir. Ich will ganz einfach sagen: So ist es gewesen, so ist es noch immer.» Es war Cheechum, ihre Cree-Urgroßmutter, die mit ihrem Geist Maria in ihren verzweifelten Zeiten aufrecht hielt. Von Cheechum holte sie sich ihren Stolz und ihre Identität. Cheechum starb im Mai 1966 im Alter von 104 Jahren.

Mary Crow Dog

Ich haßte alle Weißen

Eine Frau vor allem übte einen starken Einfluß auf mich aus: Elsie Flood, eine Nichte von Großmutter. Sie war eine Schildkröten-Frau, eine starke, selbstbewußte Person, denn die Schildkröte symbolisiert Stärke, Entschlossenheit und ein langes Leben. Das Herz einer Schildkröte schlägt noch tagelang, wenn das Tier selbst schon tot ist. Es schlägt einfach allein weiter. In traditionalistischen Familien wird ein perlenbestickter Glücksbringer in Form einer Schildkröte an der Wiege des Neugeborenen festgemacht. Die Nabelschnur des Babys steckt man in diesen Glücksbringer, weil man glaubt, daß dadurch das Kind vor Unheil und bösen Geistern geschützt wird. Außerdem soll der Glücksbringer dem Kind ein hohes Alter verleihen. Eine Schildkröte symbolisiert Stärke des Geistes und Zwiesprache mit dem Donner.

Ich besuchte Tante Elsie Flood sehr gerne, um mir ihre Geschichten anzuhören. Mit ihren hohen Backenknochen sah sie aus wie Großmutter. Ihre Stimme klang wie das Blubbern von Wasser und hatte einen tiefen, kehligen Ton. Da sie schnell sprach und Indianisch und Englisch vermischte, mußte ich ganz scharf aufpassen, wenn ich verstehen wollte, was sie zu mir sagte. Sie konnte immer ihre Rechnungen bezahlen, weil sie ihren Lebensunterhalt mit kunsthandwerklichen Arbeiten bestritt. Die wunderschönen Dinge, die sie aus Perlen und den Stacheln von Stachelschweinen herstellte, nannte sie «indianische Neuheiten». Sie war auch eine Medizinfrau, eine Frau, wie es sie früher gab, die immer ihr Bündel auf dem Rücken trug. Sie ließ es sich von keinem Mann und keiner jüngeren Frau abnehmen, sondern trug es selbst.

Weder bat sie um Hilfe, noch nahm sie Hilfe von jemandem an, sondern verließ sich voller Stolz auf ihre Schildkröten-Stärke. Sie verwendete Schildkröten zu ihrem Schutz. Immer und überall hatte sie ein paar lebendige kleine Schildkröten bei sich und alle möglichen Dinge wie Amulette und Schächtelchen, die aus Schildpatt gefertigt waren. Sie wohnte ganz allein in einer kleinen Hütte in Martin, auf halbem Weg zwischen Rosebud und Pine Ridge. Obwohl sie sehr unabhängig war, freute sie sich immer, wenn ich sie besuchte. Einmal kam sie zu uns und schleppte sich wie üblich mit der schweren Last auf ihrem Rücken ab; und dazu trug sie noch zwei Einkaufstaschen voller Kräuter und seltsamer Dinge. Mir brachte sie ein Geschenk mit – zwei winzige, aber sehr lebhafte Schildkröten, auf deren Panzer und Hinterteile sie indianische Muster gemalt hatte. Sie sprach sie mit Namen an: Die eine hieß «Komm» und die andere «Geh». Sie watschelten immer zu ihr hin, wenn sie sie rief, um das Futter zu holen, das sie extra für sie zubereitet hatte. Sie ließ mir ganze Säcke davon da. Diese kleinen Zwillingsschildkröten blieben winzig und wuchsen kein bißchen. Eines Tages kam der Sohn des weißen Rektors zu uns herüber und brachte sie um. Er stampfte sie einfach zu Tode. Als meine Tante das hörte, sagte sie, das sei ein böses Omen für sie.

Die Schildkröten-Frau hatte vor gar nichts Angst. Sie fuhr immer per Anhalter, war dauernd unterwegs und ließ sich von einem Ort zum anderen mitnehmen. Manchen Leuten war sie ein Rätsel. Die Indianer hatten großen Respekt vor ihr und sagten, sie sei gkwakangke, eine Art Heilige, der Schildkröten besondere Kräfte übertragen hatten. 1976 im Sommer fand man sie erschlagen unter dem Bett in ihrem Haus. Sie lag auf dem Bauch, war nackt und hatte Gras in den Haaren. In ihrem ganzen Leben hatte sie niemandem wehgetan, niemanden schlecht behandelt, nur denen geholfen, die Hilfe brauchten. Kein Indianer hätte gewagt, ihr auch nur ein Haar zu krümmen, und gerade sie mußte so sterben. Ich trauere noch immer um sie. Ihr Tod ist nie untersucht worden. Im Staat Süd-Dakota zählt das Leben eines Indianers nicht viel. Frauen wie sie gibt es jetzt nicht mehr.

Sehr viele meiner Verwandten und Freunde, die mir lieb und teuer waren, die mir oder anderen Menschen etwas bedeuteten, wurden entweder umgebracht oder tot auf irgendeiner abgelegenen Straße gefunden. Die guten Indianer sterben zuerst. Sie werden nicht alt. Meine Schildkröten-Tante war eine der Frauen ihrer Generation, die am meisten über die Traditionen wußten, und ihr Wissen zurückzuerobern wird Zeit brauchen, noch ein oder zwei Generationen. Falls es nicht schon zu spät ist ...

Die Schulerziehung sollte eine Alternative zur Ausrottung der Indianer darstellen, die allen Ernstes von den Generälen Sherman und Sheridan wie auch von den meisten Siedlern und Landvermessern befürwortet wurde, die sich auf unserem Land breitmachten. Die Weltverbesserer hingegen sagten: «Um das Indianerproblem zu lösen, braucht man diese bedauernswerten, rückständigen Heiden nicht zu töten. Gebt uns nur die Möglichkeit, aus ihnen brauchbare Land- und Hilfsarbeiter und Dienstmädchen zu machen, die für euch gegen niedrigen Lohn bis zum letzten Atemzug schuften.» Auf diese Weise kamen die Boarding Schools zustande. Die Kinder wurden in ihren Dekken und Moccasins aus ihren Dörfern und Pueblos weggebracht, und manchmal bis zu zehn Jahren von ihren Familien vollständig isoliert. Und dann kamen sie plötzlich zurück – als Karikaturen der Weißen: kurzes, pomadeglänzendes Haar, der Hals wundgescheuert von den steifen, hohen Krägen, dicke Jacken, die immer zu kurze Ärmel hatten und unter den Armen zwickten, und enge Lackschuhe, von denen man Hühneraugen bekam; und die Mädchen in gestärkten weißen Blusen und plumpen Stiefeln mit vielen kleinen Knöpfen. Als sie merkten – und sie merkten es schnell –, daß sie weder bei den Weißen noch bei den Indianern willkommen waren, ließen sie sich erst einmal vollaufen, und manche blieben bis an ihr Lebensende betrunken. Unter den Sachen meines Großvaters fand ich ein Plakat, das ihm die Missionare gegeben hatten, damit er es sich an die Wand hänge. Ich besitze es noch, und darauf steht:

1. Laß Jesus dein Retter sein.

2. Lege deine Decke ab, schneid dir die Haare und zieh dich wie ein Weißer an.

3. Nimm dir in deinem ganzen Leben nur eine Frau und zieh eine christliche Familie groß.

4. Lebe wie dein weißer Bruder in einem richtigen Haus, arbeite tüchtig und wasch dich oft.

5. Lerne den Wert eines schwerverdienten Dollars schätzen. Verschwende dein Geld nicht mit Freigebigkeit. Sei immer pünktlich und genau.

6. Glaube fest daran, daß Eigentum und Wohlstand Zeichen der göttlichen Gnade sind.

7. Halte dich von Bars und Alkohol fern.

8. Sprich die Sprache deines weißen Bruders. Schicke deine Kinder zur Schule, damit auch sie sie lernen.

9. Gehe häufig und regelmäßig in die Kirche.

10. Gehe nicht zu Indianertänzen oder zum Medizinmann.

Die Leute, die das «Indianerproblem» um jeden Preis dadurch «lösen» wollten, daß sie uns zu Weißen machten, gaben diese Position nur schrittweise infolge indianischer Proteste auf.

Die Missionsschule in St. Francis war über mehrere Generationen ein Fluch für unsere Familie. Schon Großmutter war dort, dann meine Mutter und schließlich meine Schwestern und ich. Irgendwann einmal versuchte jede von uns wegzulaufen. Grandma erzählte mir von den schlechten Zeiten, die sie in St. Francis mitgemacht hatte. Damals ließen sie die Schüler nur eine Woche pro Jahr nach Hause, und zwei Tage brauchte man allein für die Fahrt. Also blieben noch ganze fünf Tage von 365, die man mit seiner Familie verbringen durfte. Und das war schon ein Fortschritt, denn vor Grandmas Zeit ließen sie die Schüler aus manchen Reservaten überhaupt nicht nach Hause, bevor sie mit der Schule fertig waren. Wer den Nonnen nicht gehorchte, wurde streng bestraft. Das Gebäude, in dem meine Großmutter wohnte, hatte drei Stockwerke, nur für Mädchen. Oben auf dem Dachboden gab es kleine Zellen, ungefähr 1,50 mal 1,50 mal 3 m groß. Einmal war Grandma in der Kirche, und statt zu beten spielte sie Karten. Zur Strafe wurde sie in eine dieser Schachteln gesteckt, wo es stockfinster war, weil man die Fenster zugenagelt hatte. Sie mußte eine ganze Woche dort bleiben, bei Wasser und Brot. Kaum war sie wieder draußen, lief sie auch schon zusammen mit drei anderen Mädchen davon. Sie wurden gefunden und zurückgebracht. Die Nonnen zogen sie ganz aus und peitschten sie durch, meine Großmutter mit einer Pferdepeitsche. Dann wurde sie wieder in den Speicher gesteckt, diesmal aber für zwei Wochen.

Meine Mutter machte in etwa die gleichen Erfahrungen, wollte aber nicht darüber sprechen, und dann war ich auf einmal auch da, am selben Ort. Die Schule untersteht jetzt dem BIA, dem Bureau of Indian Affairs (Indianerbehörde des Innenministeriums), aber erst seit vier oder fünf Jahren. In den sechziger Jahren, als ich dort war, unterstand sie noch der Kirche. Die Jesuiten hatten die Jungen unter sich und die Schwestern vom Heiligen Herz die Mädchen – mit Hilfe des Lederriemens. Nichts hatte sich geändert, seit meine Großmutter dort war. Vor kurzem hörte ich, daß sie in dieser Schule noch vor drei Jahren die Kinder schlugen. Ich lernte in der Schule nichts, außer wie man richtig betet. Ich begriff schnell, daß ich Schläge bekommen würde, wenn ich die Andacht vernachlässige oder, Gott behüte, falsch betete, nämlich auf indianisch zu gkWakan Tankagke, unserem Schöpfer.

Der Mädchenflügel war wie ein F angelegt und wie eine Strafanstalt geführt. Jeden Morgen um fünf Uhr kamen die Schwestern herunter in unseren großen Schlafsaal und weckten uns auf. Wir mußten sofort neben dem Bett niederknien und unsere Gebete aufsagen. Um sechs Uhr wurden wir in die Kirche gescheucht, und dort ging es genauso weiter. Ich konnte mich mit der Disziplin und Marschiererei – links-rechts, links-rechts – nie anfreunden. Zu etwas gezwungen zu werden, hatte mir noch nie gefallen. Ich mache etwas, weil mir danach ist, und das war schon immer so, seitdem ich denken kann, und meiner Schwester Barbara ging es genauso. Ein alter Medizinmann hat einmal zu mir gesagt: «Wir Lakota sind nicht wie Hunde, die man dressieren und schlagen kann, und die dann immer noch mit dem Schwanz wedeln und die Hand lecken, die sie geprügelt hat. Wir sind wie Katzen, kleine Katzen, große Katzen, wilde Katzen, Rotluchse und Bobcats, egal welche, aber immer Katzen, die sich nicht zähmen lassen, die kratzen, wenn man ihnen auf den Schwanz tritt.» Ich aber war nur ein Kätzchen, und meine Krallen waren klein.

Als ich zur Schule kam, war Barbara noch da, und in den ersten ein, zwei Jahren konnte sie ein wenig auf mich aufpassen. Als Barb in der siebten Klasse war, lief sie mit fünf anderen Mädchen davon, früh am Morgen vor Sonnenaufgang. Am selben Abend wurden sie zurückgebracht. Die Mädchen mußten zwei Stunden vor dem Zimmer der

Mutter Oberin warten. Sie hatten Hunger und waren durchgefroren. Es war Winter, und sie waren den ganzen Tag, ohne etwas zu essen, gelaufen, damit ihnen die Flucht auch wirklich gelingen würde. Die Mutter Oberin fragte jedes Mädchen: «Würdest du es wieder tun?» Zur Strafe würden sie einen Monat lang nicht nach Hause dürfen, und sie würde sie so mit Strafarbeiten eindecken, bis die Haut an den Knien und Ellbogen abgescheuert sei. Am Ende ihrer Predigt befahl sie jedem Mädchen: «Steh auf und beug dich über den Stuhl.» Sie hob die Röcke der Mädchen hoch und zog ihre Unterhosen herunter, obwohl es sich ja nicht einmal mehr um kleine Mädchen, sondern um Teenager handelte. In der Hand hielt sie einen Stock, an dem ein ungefähr 30 cm langer und 10 cm breiter Lederriemen befestigt war, und damit schlug sie die Mädchen, eines nach dem anderen, bis sie aufschrien. Barbara tat ihr den Gefallen nicht, sondern biß ihre Zähne zusammen. Ein Mädchen, so erzählte mir Barb, wurde so lange geschlagen, bis der Nonne der Arm lahm wurde.

Auch ich bekam meinen Anteil ab. Einmal, im Alter von 13, weigerte ich mich, zur Messe zu gehen. Ich wollte nicht, weil mir nicht gut war. Da packte mich eine Nonne an den Haaren, schleppte mich nach oben, hieß mich bücken, zog das Kleid hoch (damals durften wir keine Jeans tragen) und die Unterhose runter und verpaßte mir meine «swats», wie sie sagten, 25 Schläge mit einem Brett, um das Klebeband gewickelt war. Sie tat mir fürchterlich weh. Mein Klassenzimmer war direkt neben dem Rektorat, und fast jeden Tag hörte ich mit an, wie Vater Dewey, der Rektor, den Jungen Schläge überzog. Prügel waren die übliche Strafe, wenn man die Hausaufgaben nicht gemacht hatte oder zu spät gekommen war. Sie wirkten sich auf mich so nachteilig aus, daß ich jeden Weißen auf Anhieb haßte und ihm mißtraute, weil ich eben nur einen Typ kannte. Erst viel später traf ich aufrichtige Weiße, mit denen ich etwas anfangen und mich anfreunden konnte. Rassismus erzeugt Rassismus...

Ich habe kleine Mädchen in der Schule ankommen sehen, Erstklässlerinnen, zum erstenmal von zu Hause weg und vollkommen unvorbereitet auf das, was sie erwartete, kleine Mädchen mit schönen Zöpfen – und das erste, was die Nonnen machten, war, ihnen die Haare abzusäbeln und die kümmerlichen Reste hinter den Ohren festzuzurren! Danach tauchten sie die Kinder in Wannen mit Alkohol, einer Art Franzbranntwein, um «die Bazillen abzukriegen». Viele der Nonnen waren deutsche Einwanderer, darunter einige aus

Bayern, so daß wir manchmal Vermutungen darüber anstellten, ob Bayern vielleicht so etwas wie das Land Draculas sei, in dem nur Sadisten lebten. Um der Gerechtigkeit willen muß ich aber hinzufügen, daß zwei der deutschen Priester hervorragende Sprachwissenschaftler waren und die einzigen Lakota-englischen Wörterbücher, die etwas taugen, von ihnen verfaßt wurden.

Nachts im Bett kuschelten sich manche Mädchen aneinander, um Wärme und Trost zu finden. Wenn das die Nonne, die Aufsicht hatte, sah, rief sie: «Was macht denn ihr zwei da miteinander im Bett? In diesem Raum kann ich das Böse riechen. Ihr Mädchen seid das leibhaftige Böse. Ihr versündigt euch. Ihr kommt in die Hölle und schmort dort in alle Ewigkeit. In dem Kessel des Teufels könnt ihr euch dann so aufführen wie hier.» Mitten in der Nacht holte sie sie aus dem Bett und befahl ihnen, sich hinzuknien und bis zum Morgen zu beten. Wir hatten nicht die leiseste Ahnung, was eigentlich los war. Zu Hause schliefen wir immer zu zweit oder zu dritt in einem Bett, schon wegen der Nestwärme und der Geborgenheit.

Dann bekamen wir einen neuen Priester in Englisch. In einer seiner ersten Stunden stellte er einem der Jungen eine bestimmte Frage. Der Junge war schüchtern, sprach nur wenig Englisch, aber er wußte die richtige Antwort. Der Priester tadelte ihn: «Das hast du nicht richtig gesagt. Sag es noch einmal und verbessere dich.» Der Junge verhedderte sich und stammelte etwas; er brachte kaum ein Wort heraus, aber der Priester ließ nicht locker: «Hast du nicht gehört? Ich habe dir doch gesagt, du sollst noch einmal von vorne anfangen. Diesmal mach es richtig.» Er hörte überhaupt nicht mehr auf. Da stand ich auf und sagte: «Hören Sie auf damit, Hochwürden. Wenn Sie zu Indianern gehen und indianisch sprechen wollen, dann lachen die vielleicht auch und sagen ‹Fang noch mal von vorn an. Diesmal mach es richtig.›» Er brüllte mich an: «Mary, du bleibst nach der Stunde da. Und jetzt setzt du dich sofort hin!»

Nach dem Klingeln blieb ich im Klassenzimmer.

Er forderte mich auf: «Komm hierher!»

Er zog mich am Arm, drückte mich gegen die Tafel und schrie: «Warum äffst du uns immer nach, du hast doch keinen Grund dazu.»

Ich: «O doch, Sie haben sich über den Jungen lustig gemacht, ihn in Verlegenheit gebracht. Er braucht Ermutigung, nicht Entmutigung. Ihm haben Sie wirklich weh getan, aber ich habe Ihnen nicht weh getan.»

Er drehte mir den Arm herum und drückte ganz fest zu; da drehte ich mich herum, schlug ihm ins Gesicht und verpaßte ihm eine blutige Nase. Danach rannte ich aus dem Zimmer und donnerte die Tür hinter mir zu.

Wir gingen beide ins Büro von Schwester Bernard. Ich sagte zu ihr: «Ich geh heute weg von der Schule. Ich mach das nicht länger mit, diese ganze Scheiße, diese miese Behandlung. Geben Sie mir am besten gleich mein Zeugnis. Ich kann meine Zeit nicht mehr mit euch hier vergeuden.»

Schwester Bernard sah mich sehr lange an und sagte dann: «In Ordnung, Mary Ellen, du kannst heute nach Hause gehen. Komm in ein paar Tagen wieder und hol dir dein Zeugnis.» Das war's. Seltsamerweise stellte sich später heraus, daß der Priester ganz in Ordnung war. Er unterrichtete Grammatik, Rechtschreibung, Aufsatz usw. Ich glaube, er verlangte einfach mehr Respekt in seinem Unterricht; er war damals noch jung und unsicher. Ich aber war schon zu lange dort gewesen und wollte mir das ganze Zeug einfach nicht länger anhören. Später wurde er ein guter Freund der Indianer, ein persönlicher Freund von mir und meinem Mann, der uns während Wounded Knee und auch danach unterstützte. Seinen Vorgesetzten bot er die Stirn, er riskierte viel, weil er sich so engagierte, er wurde ein echter Priester für das Volk.

Sogar unsere Sprache lernte er. Er starb viel zu früh, an Krebs. Nicht die besten Indianer sterben jung, sondern auch die besten Weißen. Die Ängstlichen, die wissen, wie man auf sich aufpaßt, werden alt. Ich bin ihm noch heute für das dankbar, was er später für uns getan hat, und für den Streit, den er mit mir angezettelt hat – oder habe ich ihn angefangen? –, weil er einer Situation ein Ende bereitet hat, die für mich unerträglich geworden war. Der Tag, an dem ich mich mit ihm prügelte, war auch mein letzter Schultag.

Ich fing an zu trinken, weil es ganz natürlich schien: Mein Vater trank, mein Stiefvater trank und selbst meine Mutter war hin und wieder beschwipst. Meine älteren Schwestern tranken; Barbara fing vier Jahre vor mir damit an, weil sie eben um soviel älter ist. Ich glaube, ich bin mit der Vorstellung aufgewachsen, daß einfach alle Leute trinken, und das stimmte ja auch fast. Sogar einige der alten Traditionalisten gehörten dazu, auch wenn sie immer ein paar Tropfen aus der Flasche und dem Glas auf den Boden oder in die Ecke spritzten und auf Lakota zu den Geistern ihrer verstorbenen Trinkkumpane sagten: «Hier hast du ein wenig gkmini-shagke, lieber Bruder, laß es dir gut schmecken!»

Ich fing mit zehn mit dem Trinken an, als meine Mutter diesen Mann heiratete. Er soff dauernd, und da schlich ich mich dann rein und bediente mich selbst. Meistens gab es Wodka, den mochte er am liebsten. In der Schule kroch ich in die Sakristei und trank den Meßwein, das Blut Christi. Er muß mich wohl verstanden haben, weil er doch mit Leuten wie uns herumhing; jedenfalls hat mich kein Blitz getroffen. Das erste Mal habe ich mich auf einem Saufgelage von erwachsenen Verwandten vollaufen lassen. Eine Frau fragte mich, ob ich Limonade wolle, und ich sagte «ja». Dann gab sie mir ein großes Glas Limonade und tat etwas von diesem Zeug rein. Das war mein erstes Mal. Ich versuchte, durch das Zimmer zu gehen, und konnte es nicht. Dauernd fiel ich hin, und alle lachten über mich.

Im Reservat ist Alkohol verboten – was für ein Witz! –, und Trinken ist gegen das Gesetz. Jetzt ist aber fast die Hälfte der Einwohner von Städten wie Winner, St. Francis und Mission weiß, und die gkwasicunsgke verlangen natürlich, was ihnen zusteht.

Also hat man diese Städte auf dem Gebiet des Reservats zusammengeschlossen und den Gesetzen der Weißen unterstellt, was bedeutet, daß es dort Bars und Schnapsläden gibt. Außerdem liegen um die Reservate herum die weißen Grenzdörfer mit ihren Saloons. Selbst wenn es dich ins Hinterland verschlagen hat, findest du immer einen, der dir illegalen Alkohol verkauft. Meine Schwester Barb war meine beste Freundin; sie hat mich wirklich geliebt. Sie hat mich am Morgen aufgeweckt, angezogen und auf mich aufgepaßt, als ich noch klein war. Eines Tages, später, nahm mich ein Junge in einen Film mit John Wayne mit. Danach gingen wir «uptown», um uns scharfes Zeug zu organisieren. Der Ort bestand aus höchstens vier oder fünf Straßen, und bloß zwei waren geteert, und vielleicht zwei Dutzend versprengten Baracken und Wohnwagen, aber er mußte ein «uptown» und ein «downtown» haben. Wir gingen also «uptown» zur Hütte eines Mischlings, der illegal mit Alkohol handelte, und versorgten uns mit einer kleinen Flasche Rum und einem halben Liter «moonshine», von dem es heißt «flüssiges TNT, zerfetzt dir garantiert den Kopf». Als wir gerade herauskamen, stießen wir mit Barb zusammen, die sich auch ihre Ration an feuchter Ware holen wollte. Sie sah aus, als könne sie ihren Augen nicht trauen, und fragte: «Was zum Teufel machst du denn hier?» Daraufhin ich: «Und wie kommst du hierher? Ich hatte keine Ahnung, daß du auch hier Kundin bist.» Jetzt wurde sie wirklich wütend: «Bei mir geht das in Ordnung, immerhin bin ich 17, aber für dich ist das nichts. Du bist doch noch viel zu jung!» Sie nahm uns die Flaschen weg und drohte, dem Jungen den Schädel einzuschlagen, wenn er sich einmische. In ihrer Aufregung zerschmetterte sie die Flaschen an der Ecke der Holzhütte, statt sie für sich und ihre Freunde aufzuheben.

Ein anderes Mal saß ich nach einem Tanz in der Schule mit einem Jungen zusammen, den ich mochte, und rauchte eine Zigarette. Da tauchte ganz plötzlich Barbara auf und riß mir die Zigarette aus dem Mund. Sie warf sie auf den Boden und zerstampfte sie vor allen Leuten. Ich schlug nach ihr und brüllte: «Du machst es doch auch.» Wieder sagte sie: «O. k., aber ich bin älter.» Wir haben viel gestritten, aus Liebe und aus Verzweiflung.

Nachdem ich mit der Schule Schluß gemacht hatte, wurde die Situation zu Hause immer schlimmer. Mit meiner Mutter stritt ich mich dauernd herum, und gegen den Stiefvater mußte ich mich auch wehren. Also lief ich schließlich davon. Zuerst nur für zwei Wochen, an einen Ort, der gar nicht weit weg war, bloß ein paar Meilen, dann blieb ich Monate weg, und am Ende ging ich überhaupt nicht mehr zurück. Die ganze Zeit soff ich nur und rauchte «grass», das war alles, was ich im Alter von 17 machte. Zuerst war es Whisky, Whisky pur, und nicht etwa gute Marken wie Johnny Walker oder Cutty Sark, und dann wechselte ich zu Gin, weil er mir schmeckte. Ich kann heute nicht mehr sagen, wie ich die wilden Autofahrten im Suff überlebt habe, die im Leben des Reservats eine so wichtige Rolle spielen. Einmal kamen wir mit den üblichen 80 Meilen pro Stunde aus Murdo zurück. Das Auto war mit Leuten so vollgestopft, daß es aus allen Nähten platzte. Auf dem Vordersitz saßen zwei Pärchen, die knutschten, und einer der Männer war der Fahrer. Da zerriß es einen Reifen, die Türen flogen auf, und die zwei Paare fielen eng umschlungen heraus. Die Mädchen schrien, besonders die, die unten lag und blutete, aber niemand war ernsthaft verletzt. Ich muß schon mehr als zwei Dutzend Verwandte und Freunde bei solchen Unfällen verloren haben. Eines der Opfer war angeblich ein Medizinmann. Er war mit einer Frau in seinem Wagen unterwegs und soff sich einen an. Seine alte Dame saß in einem anderen Auto und ließ sich auch vollaufen, da erzählte ihr jemand, daß er es gerade mit einer anderen Frau treibe. Sie fing an, ihm in ganz Pine Ridge zu folgen, und schließlich spürte sie ihn auf. Ich glaube nicht einmal, daß er wirklich was mit der Frau hatte, denn mit ihm war es schon so weit gekommen, daß die Flasche seine einzige Geliebte war. Seine Frau drohte ihnen mit der Faust und schrie: «Ich mach euch fertig, euch fahr ich zu Schrott!» und die Verfolgungsjagd begann wieder von neuem. All die anderen Autofahrer, die auf derselben Straße unterwegs waren, sahen zu, daß sie den Weg freimachten, und fuhren vom Highway herunter ins Gestrüpp, um nicht in einen Unfall verwickelt zu werden. Sie sahen aus der Entfernung zu. Ich weiß nicht, wie sie es fertigbrachten, aber diese zwei Autos prallten doch tatsächlich mit voller Geschwindigkeit frontal aufeinander, und alle waren tot.

Angeblich trinkt man, um zu vergessen, aber das stimmt nicht. Das Problem ist, daß man sich an alles erinnert, an alle alten Beleidigungen und Haßgefühle, die wirklichen und die eingebildeten. Daher kommt es immer zum Streit. Einer der nettesten, sanftesten Männer, die ich je kannte, brachte im Suff seine Frau um, als er gerade einen Tobsuchtsanfall hatte. Einem Onkel wurden beide Augen rausgedrückt, als er bewußtlos herumlag. Der Mann meiner Schwägerin Delphine verlor ein Auge. Sie selbst wurde von einem betrunkenen Stammespolizisten erschlagen. Aber solche Vorfälle hält man nicht einmal einer Untersuchung wert.

Ich prügle mich auch. In der Zeit, als ich noch von Bar zu Bar zog, ging ich einmal auf ein Bier in einen Saloon in Rapid City. Bei den Sioux hat Rapid City den Ruf, die rassistischste Stadt im ganzen Land zu sein, was Indianer angeht. In früheren Tagen hatten viele Saloons in Süd-Dakota ein Schild über der Tür, auf dem stand: «Zutritt verboten für Indianer und Hunde!» Ich setzte mich neben eine alte weiße Frau. In Wirklichkeit sah sie wie etwa 30 aus, aber wenn du 17 bist, kommt dir das alt vor. Sie blickte mich abschätzig an, setzte sich weg von mir auf einen anderen Hocker und sagte: «Verdammte, dreckige Injun. Mach bloß, daß du raus auf die Straße und in die Gosse kommst, wo du hingehörst.» Ich ging gleich auf sie los: «Was hast du gesagt?» Sie: «Du hast mich schon richtig verstanden. Das hier ist nichts für Indianer. Verdammt, gibt es denn keinen Platz mehr, wo ein weißer Mann in Frieden was trinken kann, ohne daß er sich mit euch rumschlagen muß?» Ich erinnere mich genau, daß sie «white man» sagte.

Ich fühlte, wie mir das Blut im Kopf pochte. Vor meinem Platz stand ein Glasaschenbecher. Ich zerschlug ihn an den Theke und zerschnitt ihr mit der scharfen Kante das Gesicht. In meiner besoffenen Raserei fühlte ich mich wohl dabei, aber wahrscheinlich hätte ich es auch nüchtern gerne getan.

In Seattle ging ich mit meiner Freundin Bonnie vom Stamm der Blackfoot in eine kleine Bar; sie hieß Tugboat Cafe, glaube ich, und lag in einem Stadtteil, in dem viele Indianer verkehrten.

Es war Weihnachten, und die Geschäfte und Bars waren mit flimmernden roten und grünen Lichtern geschmückt. Wir wollten für die Weihnachts- und Silvesterpartys etwas zu trinken kaufen. Da sagte meine Freundin:

«Jetzt ruf ich meine Leute zu Hause an, um ihnen schöne Weihnachten zu wünschen.» An einer Straßenecke fanden wir eine Telefonzelle. Als Bonnie gerade bei ihrem Ferngespräch war, versuchte sich ein betrunkener weißer Typ hereinzuzwängen. Er brüllte Bonnie an, sie solle verschwinden, weil er das Telefon benützen will: «Was kann es für einen Indianer schon Wichtiges geben, daß er unbedingt ans Telefon muß? Ich wette, du kannst nicht mal wählen. Nimm doch lieber ein gktom-tomgke!»

Bonnie sagte: «Laß mich bloß in Ruhe, du gottverdammter Honky!» Sie versuchte ihn abzuwimmeln. Er hatte eine Bierflasche, die er ihr über den Kopf und das Gesicht donnerte. Sie torkelte blutüberströmt aus der Zelle. Ich kam ihr sofort zu Hilfe, und wir versuchten ihm Paroli zu bieten, aber das Blut lief ihr so über die Augen, daß sie nichts sehen konnte. Er schlug wieder auf sie ein, bis sie ausgestreckt im Rinnstein lag. Sie blickte hoch, konnte aber nichts sehen, und rief meinen Namen. Ich schrie nach den Bullen, aber die weißen Saufbrüder versteckten den Typ, und die Polizei machte keinerlei Anstalten, ihn zu suchen. Jetzt liefen immer mehr Leute zusammen und drängten sich um mich – Weiße, Schwarze, Indianer. Eine weiße Frau schob mich beiseite und rief: «Weg da, ich bin ausgebildete Krankenschwester; was du da machst, ist ganz falsch.»

Ich sagte zu ihr: «Schubsen Sie doch nicht so. Das hier ist meine Freundin.» Aber sie ließ nicht locker: «Weg! Ist es denn zu fassen! Diese Indianer!» Ich schleuderte sie gegen das Auto, und sie fiel auf den Hintern. Prompt nahmen mich die Bullen fest. Als indianische Frau und noch dazu im Ghetto mußt du dich dauernd gegen Brutalitäten und sexuelle Belästigung zur Wehr setzen, bis du nach einiger Zeit blind zuschlägst und Angriffe auch da witterst, wo gar keine beabsichtigt sind. Viele dieser Schlägereien haben mit dem Trinken zu tun, aber genauso viele passieren, bloß weil du Indianer bist. Ebenfalls in Seattle sah ich einen Weißen, der einem bewußtlosen Indianer den Stiefel in den Kopf rammte und dabei schrie: «Das ist für Wounded Knee!»

Von Natur aus bin ich nicht gewalttätig. Wenn ich wütend werde, fange ich an zu zittern, mein Blut beginnt zu kochen, und ich habe Angst, jemanden zu verletzen oder selbst verletzt zu werden. Also versuche ich mich abzuregen und aus der Sache rauszuhalten. Wenn ich aber sehe, daß eine indianische Schwester beschimpft, belästigt, geschlagen oder vergewaltigt wird, muß ich mich einfach einmischen und ihr helfen. Die Schlägerei berauscht mich dann. Ich hab mir schon oft gedacht, daß ich es in mir habe, jemanden umzubringen, vorausgesetzt ich wäre in einer ausweglosen Situation und es wäre die einzige Möglichkeit. Wenn einer in die Lage kommt, wo es «ich oder du» heißt, ist dieses Gefühl wahrscheinlich instinktiv. Der durchschnittliche Weiße gerät selten in eine solche Zwickmühle, aber genau mit dieser Zwickmühle muß der Indianer leben, ob es ihm nun gefällt oder nicht.

Mary ist die Frau des Medizinmannes Leonard Crow Dog und lebt mit ihrer Familie auf dem Reservat Rosebud in South Dakota. Ihr erstes Kind, Pedro, kam während der Besetzung von Wounded Knee 1973 zur Welt. Über ihre Kindheit sagt sie: «Die Armut machte uns nichts aus, denn wir nahmen sie gar nicht wahr. Wir konnten unsere Lebensweise ja an gar keiner anderen messen.» Ihre Jugenderinnerungen zeichnete Richard Erdoes, ein alter Freund der Familie, auf Band auf.

Wilfried Pelletier

Frei wie ein Baum

Es war, als wäre ich aus einem Nebel, wo man nichts sehen konnte, ins helle Sonnenlicht herausgekommen, wo ich alles ganz klar erkannte; aus einer Scheinwelt in die Wirklichkeit, das ist es, was ich meine. Weißt du, es gab eine Zeit, da ging ich ziemlich regelmäßig in die Kirche; ich ging damals auch zu politischen Versammlungen, Vorträgen, und so. Ich glaube, ich war ziemlich ernsthaft dabei – ich wollte lernen. Wenn ich schon hinging, dann paßte ich auch auf. Ich hörte zu. Und ich lernte tatsächlich eine Menge auf dem Gebiet, das man vielleicht «große Ideen», «weltbewegende Gedanken» und so weiter nennen würde – Philosophie. Aber selbst das, so entdeckte ich mit der Zeit, selbst das ist zum größten Teil bloßes Gefasel. So stand ich mit kaum dreißig Jahren ohne jede Orientierung da; ich stolperte in einem Nebel von Halbwahrheiten und Lügen herum. Ich wußte das zwar, aber ich wußte nicht, was ich dagegen unternehmen sollte, welche Richtung nehmen, um einen Ausweg zu finden. Und dann kam ich eines Tages – zack! bum! – in die Wirklichkeit. Es klingt wahrscheinlich verrückt, aber es passierte nichts weiter, als daß ich einen Löwenzahn «sah». Da stand ich nun, ein Mann von mittlerem Alter, der sein ganzes Leben lang von Löwenzahn umgeben gewesen war. Und plötzlich sah ich einen und es gab nichts zwischen mir und diesem Löwenzahn, ich meine: keine Klassifizierungen, keine Normen, keine Worte – nicht einmal das Wort «Löwenzahn». Nichts. Und dieser Löwenzahn war nicht einfach nur so ein Ding, eines von Millionen gelber Dinger, die leuchteten, hübsch und dabei sehr gewöhnlich waren. Dieser Löwenzahn war ein Wesen, ein lebendiges Wesen, das mich vollkommen anerkannte und einschloß. Ich hatte das Gefühl, als stünde ich in der Mitte der Sonne, und diese kühlen gelben Blütenblätter gingen von meinen Füßen aus für immer weit in die Ferne.

Ich habe gerade gesagt, daß ich zum erstenmal einen Löwenzahn sah. Aber in Wirklichkeit war es nicht das erste Mal. Das kriegte ich auch mit, in dieser Erfahrung blitzte nämlich eine Erinnerung auf – kein «Wann» oder «Wo», nur eine Ahnung – jedenfalls wußte ich plötzlich, daß ich als ganz kleines Kind die ganze Zeit in dieser Wirklichkeit gelebt hatte. Diese Rückbesinnungen auf die Wirklichkeit erlebte ich nun immer häufiger, und es ging dabei immer nur um einfache Dinge, wirklich um ganz kleine, einfache Dinge, und nie dauerte es sehr lange. Aber das war es, wofür ich lebte.

Ich glaube, viele Menschen machen Erfahrungen, die ihre Identität, ihr ganzes Selbst ins Jetzt versetzen. Erfahrungen der Einheit mit der Erde. Ich weiß noch, daß ich einmal einen Mann mitten in der Nacht singen hörte. Alle schliefen schon, und irgendwo weit weg sang er. Indianisches Singen – zeremonielles Singen. Und seine Stimme schien in die Erde einzudringen, sie zu erschüttern und dann hochzusteigen, bis sie in mir war. Das war eine Erfahrung der Einheit. Ich habe schon die gleiche Erfahrung gemacht, wenn ich einen Wolf heulen hörte. Und wie indianischer Gesang hat auch das Lied der Wölfe keine Worte. Und das Gefühl, das ich dabei empfand, hat ebenfalls keine Worte.

Ich glaube, damals wurde mir dieser Unterschied so richtig bewußt – der Unterschied zwischen dem, was ich heute «Bullshit-Kreislauf» oder «Film» nenne, diese ganze abstrakte Welt, die sich die Leute die ganze Zeit aufbauen und zurechtbiegen – zwischen dem also und der sich ereignenden oder fließenden Welt, die für mich die Wirklichkeit ist. Wie das nun zustande kam ... vielleicht weiß ich nicht die richtigen Worte – ich bin nicht ganz sicher, weil ich glaube, daß ich schon immer solche Gefühle hatte, die mir aber nicht bewußt waren. Das ganze war jedenfalls eine Sache des Gefühls. Verstehst du, ich habe mich verändert, und bevor diese Veränderung mit mir passierte, mußte ich dauernd Entscheidungen treffen; mußte alle Größen gegeneinander abwägen, Vor- und Nachteile; Situationen mußten überdacht werden – ob es mit Geld zu tun hatte oder mit Jobs. Dieser ganze Zirkus. Die meiste Zeit war ich wie angebunden. Die meiste Zeit und Energie verbrauchte ich nur mit dem *Versuch*, zu Entscheidungen zu kommen; mit dem Versuch, zu entscheiden, was ich tun sollte, alles auszudiskutieren, zu zerstückeln, es mit anderen Leuten und in meinem eigenen Kopf durchzupauken. Meine Güte, was für ein brutaler, nervtötender Vorgang! Heute dagegen komme ich nur noch auf diesen Trip, wenn ich vergesse, daß ich all das ja wissen kann. Heute vertraue ich auf meine Gefühle. Der Fluß meiner Gefühle – das, was ich Energie nenne – wird mich immer dahin tragen, wo ich gerade sein muß, wird mich in all das einbeziehen, was dort gerade passiert. Um immer am richtigen Ort zu sein, um zu wissen, statt nur herumzuraten, brauche ich nichts weiter zu tun, als mich diesem Fluß zu überlassen. Wenn ich das vergesse, dann fangen die Spannungen und Angstgefühle an, die Anstrengung, sich dem Fluß der Energie zu widersetzen. Und dann weiß ich: Du bist ja schon wieder dabei, es zu *tun*, statt einfach zu *sein*.

So lerne ich immer besser, mir meinen Weg durch den Tag zu erfühlen, statt ihn mit Berechnungen festzulegen. Und ich kriege mit, daß Sachen, die einfach so passieren, fast immer viel besser sind, als etwas, was ich vielleicht geplant hätte. Das soll nun nicht heißen, daß ich meinen Kopf nicht mehr gebrauche; es bedeutet nur, daß mein Kopf langsam lernt, meine Gefühle zu unterstützen, statt sie zu unterdrücken. Vielleicht ist es das, worum es beim Glauben geht.

Verstehst du, um ein guter Spieler zu sein, ein Gewinner, muß man einseitig sein, verdreht, aus dem Gleichgewicht – eine Art Krüppel. Man muß für bestimmte Sachen sein und gegen andere; für bestimmte Leute und gegen andere. Die Guten und die Bösen. Deshalb nenne ich das Film. Alle erfolgreichen Wettspieler sind von einer Empfindung des Verlusts oder Mangels getrieben – Millionäre ebenso wie die armen Teufel. Dieses Gefühl läßt das Selbst zu seiner kleinsten in sich verschlossenen, verängstigten und entfremdeten Gestalt zusammenschrumpfen. Ich selbst war jahrelang in diesem «Raum der Einsamkeit», ganz in mich selbst eingeschnürt – das kleinste Paket der Welt! –, daher kenne ich dieses Gefühl durch und durch. Aber eines Tages war ich dann woanders. Die Spiele gingen weiter, der Film spulte sich immer noch ab, aber ich spielte nicht mehr darin mit. Der Ort, an den ich gelangt war, lag außerhalb all dieser wahnwitzigen Aktivität. Nicht von ihr getrennt, sondern um sie herum. Jede Standortbestimmung erfordert ein «Ich» im Mittelpunkt. Und das Wesen der Spielwelt, der Filmwelt, besteht darin, daß sie sich allein um sich selbst dreht.

Vielleicht ist das eine Möglichkeit, in Worte zu fassen, was geschehen war. «Ich» war da, aber es gab keinen Beobachter und keinen

Beobachteten mehr, kein «Ich» und «Du», kein «Selbst» und «Nichtselbst», keine getrennten und isolierten Individuen. Es gab nur eine umfassende Ganzheit, die nichts ausließ. All diese Millionen einander entgegengesetzter Stücke des Films flossen irgendwie in einer Einheit zusammen, und es gab nichts, was draußen blieb. Alles war im Fluß. Es gab zwar den Anschein von Stabilität, doch war nichts statisch. Alles lebte. Es gab nichts Totes. Reine Lebensenergie, die Berge hinauf- und herunterströmte, sich zu Gipfeln türmte, sich in Mulden sammelte – Wolken und Regen, Berge und Täler, Leidenschaft und tiefe Ruhe. Und ohne Namen. In diesem Strom gab es keine Einteilungen, keine Klassen, keine Rassen, nur das kristallklare Gefühl des Wissens. Und sobald ich versuchte, dieses Gefühl auf irgendeine Weise in Worte zu fassen, sobald ich versuchte, es mit Worten wie «Realität» oder «Totalität» zu beschreiben, dann verließ ich den Strom, war draußen, als ob ich – knips! – einen Schalter betätigt hätte. Aber solange ich in diesem Fluß blieb, gab es nichts, was ich nicht wußte. Das war das Gefühl – ich wußte alles, nichts davon lag in Vergangenheit oder Zukunft; alles stand direkt vor meinen Augen. Aber ich konnte auf nichts ein Etikett kleben, nicht auf ein einziges Ding. Es gab weder Worte noch Irrtümer – Fehler waren ausgeschlossen. Alles war genau richtig. Vollkommen. Und wunderschön.

Nach dieser Erfahrung erinnerte ich mich an Megwetabejic. So sagen es die Leute «Megwetabejic» – es gibt nur ein Wesen. Es gibt nur ein Wesen: Jemnitow, den Großen Geist. Das scheint in jedem Stamm, in jeder Indianersprache so zu sein. Ich hatte eigentlich nie richtig verstanden, was die Leute damit meinten – es hatte mich immer verwirrt. Aber nun wußte ich, es bedeutete: «Es ist das, was auch du selbst bist.» Es gibt nur eine Kraft, die allumfassende Person, das Selbst. Ich erkannte die Bedeutung: Der Geist dieses «Selbst» – der Große Geist – ist groß genug, um alle Einzelwesen und alle Dinge in einer Einheit zu umfassen. Groß genug, um seine eigene Totalität zu erkennen und anzuerkennen.

Und so kam ich endlich zu der Erkenntnis, wer ich war: Nicht nur ein Wilf Pelletier ohne feste Norm und Zuordnung, sondern auch einer, der untrennbar mit allen anderen Menschen und Dingen verbunden war. Als ich dann erst einmal wußte, wer ich war, begannen viele Dinge ziemlich merkwürdig auszusehen. Zum Beispiel Demonstrationen. Früher war ich oft für meine Rechte demonstrieren gegangen. Ich hatte meine Rechte nämlich von mir abgelöst und nach außen in die Filmwelt getragen, wo ich irgendwelche «Regisseure» damit herumspielen ließ. Nun erkannte ich, daß sie mir gehörten. Und was immer sie in meinen Augen waren – auch die Verantwortung dafür –, all das gehörte zu mir; so sammelte ich sie also von dort wieder ein, wo sie hingeraten waren, irgendwo da draußen, und brachte sie hierher zurück, wohin sie eigentlich gehörten. – Danach hatte ich keine Probleme mehr, ich konnte nicht mehr marschieren und die Regierung oder sonst jemand um irgend etwas bitten, denn die hatten es einfach nicht; ich hatte es. Deshalb habe ich keinen Grund mehr zu protestieren.

Ich holte auch die Religion von da wieder weg, wo sie fälschlicherweise hingeraten war, irgendwo da draußen; und ich brachte sie dahin zurück, wo sie hingehörte. Wo sie lebt und arbeitet, wie mein Herz in jeder Sekunde eines jeden Tages lebt und arbeitet – und nicht nur an Sonntagen. Deshalb hat es für mich keinen Sinn mehr, zur Kirche zu gehen. Dasselbe tat ich mit dem Lernen, mit der Gerechtigkeit, Gesundheit, der Ehe und all den anderen Gefühlen und Funktionen eines Menschen, die diesem Menschen ganz allein gehören. Ich nahm alle diese Dinge zurück, und ich fühlte mich viel besser, fühlte mich fast wieder ganz.

Dann sah ich mich um. Ich sah Rathäuser, Gerichts-, Parlamentsgebäude, Kirchen, Schulen und Universitäten zu Hunderten und Tausenden. Ich sah Systeme – Systeme, das Land zu verwalten, die Luft und das Wasser; Systeme zur Verwaltung menschlichen Verhaltens; Systeme zur Verwaltung der Religion; Systeme, das Lernen zu verwalten; Systeme, die Nahrung, das Dach über dem Kopf und die Kleidung zu verwalten; Systeme, um Liebe und Fortpflanzung zu verwalten: ein Riesenkomplex von sorgfältig durchorganisierten Systemen! Ich sah Millionen von Menschen arbeiten – nicht für sich selbst, sondern für andere. Ich sah Millionen von Leuten, die nicht taten, was sie selbst tun wollten, sondern das, was jemand anderes von ihnen verlangte. Mit deprimierender Deutlichkeit sah ich Menschen, die ihre ureigenste Menschlichkeit veräußert, institutionalisiert, ja sogar zu normen versucht hatten. Ich sah eine ganze Nation, die den Gang des Lebens aus den Augen verloren und an seiner Stelle ein mechanisches Monster errichtet hatte, das nun den größten Teil der schweren Arbeit verrichtet, den Menschen das Wasser trägt, ihre Nahrung herbeischafft, ihre Kinder erzieht, ihnen die Entscheidungen abnimmt, ihre Gebete spricht, sie transportiert, «informiert», unterhält und die

Menschen, denen es dient, absolut beherrscht. Ich sah auch, wie dieses Monster, unfähig sich selbst im Zaum zu halten, durchdrehte, jeder Kontrolle entglitt, das Land zerfetzte, Gift verbreitete, die Luft mit Unrat füllte, Abfall und Scheiße in die Flüsse, Seen und Meere warf. All dies sah ich, und ich sah die Menschen, wie sie zu Millionen in den Metropolen zusammengepfercht waren, wie sie Seite an Seite in Städten, Dörfern und Siedlungen lebten. Aber ich sah keine einzige menschliche Gemeinschaft.

Dennoch wußte ich von einigen. In Amerika waren ein paar echte Gemeinschaften übrig geblieben, alle bei den Indianern oder Eskimos. Eine Gemeinschaft ist von außen unsichtbar – nichts weiter als eine Ansammlung von Menschen. Doch von innen ist sie ein lebendiger Organismus, der sich selbst verwaltet. Weder konstruiert noch geplant; er entwickelt sich einfach – so eine Art Gewächs, das je nach Klima blüht oder zusammenschrumpelt. Eine Gemeinschaft hat keine Institutionen, keine Ämter und äußere Regierung, denn ihre Aktivitäten sind nicht aufgesplittert. Es gibt da nur einen einzigen Weg zu leben, und alle Tätigkeiten sind wie selbstverständlich in diesem Strom, all die Dinge, die für den Menschen lebensnotwendig sind. In den Gemeinschaften, an die ich dachte, wußten die Leute nichts von Gerechtigkeit, Religion, Erziehung, Gleichheit, Kultur oder irgendwelchen anderen dieser großen institutionalisierten Konzepte. Ihre Sprache hat für diese Art Dinge keine Worte. Die Leute selbst sind jedoch gerecht, gebildet, religiös und gleich. Diese Leute wissen nicht einmal, daß sie eine Gemeinschaft sind. Das Wort hat keine Bedeutung für sie.

Etwas anderes, wofür sie kein Bewußtsein und sicherlich kein Wort haben – was ich jedoch oft beobachten konnte – ist etwas, das ich heute «Gemeinschaftsbewußtsein» nenne. Ich bin nicht sicher, ob ich es beschreiben kann – außer indem ich sage, daß es «gesunder Menschenverstand» ist, so eine Art von gemeinsamem Bewußtsein, das von jedem einzelnen in dieser Gemeinschaft geteilt und genutzt wird. Vielleicht ist das beste Wort dafür «Vertrauen» – eine Art von Vertrauen, das Menschen außerhalb dieser Gemeinschaft sich kaum vorstellen und die Leute innerhalb nicht benennen können. Ich glaube, daß es sehr eng mit der Art von Bewußtsein verwandt ist, das man in einem Schwarm von Flußuferläufern beobachten kann. Fünfzig oder sechzig einzelne Vögel sind in einem dichten Schwarm zusammen; sie benehmen sich, als wären sie verrückt geworden, flitzen dahin und dorthin, tauchen durch die Lüfte und steigen wieder auf, sausen in engen Kreisen herum – und dieser Schwarm bleibt tatsächlich zusammen, bleibt die ganze Zeit in der Form. Nicht ein Vogel stößt mit einem anderen zusammen. Jeder einzelne Vogel handelt, fliegt und bewegt sich wie jeder andere. Der Schwarm verhält sich als Einheit. Wie ein einziger Organismus. Das gleiche Phänomen kann man auch bei Fischschwärmen und bei einigen Insektenarten beobachten.

Nun, ich weiß nicht, wie diese Tiere das machen, außer: daß sie es nicht selbst tun. «Es» tut es. Und ich glaube: das gleiche, die gleiche Sensibilität, die Wachheit oder was immer, ist in Stammesgemeinschaften ausgeprägt. Nur ein Beispiel: die Arbeit wird geteilt, und auch der Ertrag wird geteilt. Die Menschen überleben als Gruppe, nicht als Einzelwesen. «Wettbewerb» bedeutet ihnen nichts. Genauso wenig aber bedeutet ihnen «Zusammenarbeit» – von diesen Begriffen haben sie noch nie etwas gehört. Was sie tun, passiert einfach, fließt einfach dahin. Auch Organisation bedeutet ihnen nichts; sie brauchen das nicht, denn die Gemeinschaft ist *organisch*. Wann immer Menschen auf die Idee kommen, zu organisieren, dann deshalb, weil ihre Gesellschaft im Normalzustand unorganisiert ist, die Dinge kommen nicht zusammen. Dabei glaube ich gar nicht, daß zum Beispiel die westeuropäische Art der Organisation Dinge in irgendeiner Weise besser zusammenbringt – nämlich unter dem Gesichtspunkt menschlicher Beziehungen. Soweit ich das beurteilen kann, kommt normalerweise genau das Gegenteil dabei heraus: Man kriegt zwar etwas fertig, die Menschen jedoch werden einander entfremdet.

Nehmen wir einmal an, die Ratshalle einer indianischen Gemeinschaft braucht ein neues Dach – das wäre vielleicht ein gutes Beispiel. Nun, alle wissen davon. Die ganze Zeit hatte es schon hier und da durchgeregnet, und es wird immer schlimmer. Die Leute haben wohl auch schon darüber gesprochen und gesagt: «Ich glaube, das alte Gemäuer braucht ein neues Dach.» Und dann ist da eines Morgens auf einmal ein Typ auf dem Dach, der die alten Schindeln herunterreißt, und unten auf der Erde liegen mehrere Haufen von neuen, handgemachten Holzschindeln – wahrscheinlich nicht genug, um die ganze Arbeit fertigzubekommen, aber genug, um erst einmal anzufangen. Nach einiger Zeit kommt dann ein anderer Typ vorbei und sieht den ersten auf dem Dach. Er geht zu ihm rüber, aber er sagt nicht etwa: «Was machst du denn da oben?», weil das ja offensichtlich ist. Er würde statt dessen sagen: «Wie sieht's denn aus da oben? Ganz schön verlottert, was?» Irgend etwas in der Richtung. Und dann zieht er weiter, doch schon bald ist er mit einem Hammer oder einer Schindelaxt zurück und vielleicht ein paar Schindelnägeln oder ein paar Rollen Dachpappe. Am Nachmittag arbeitet schon ein ganzer Trupp auf dem Dach, unten hat sich ein Stoß von Material auf der Erde angesammelt, Kinder nehmen die alten Dachziegel fort – nehmen sie zum Anfeuern mit nach Hause – Hunde bellen, Frauen bringen kalte Limonade und belegte Brote. Die ganze Gemeinschaft ist dabei, und es gibt eine Menge Spaß und Gelächter. Vielleicht taucht am nächsten Tag ein ander Typ mit mehr Dachziegeln auf. Nach zwei oder drei Tagen ist die ganze Arbeit fertig, und alles findet darin seinen Abschluß, daß man eine Riesenfete in der «neuen» Ratshalle abhält. Und das alles nur, weil ein Typ sich dazu entschloß, die Halle neu zu decken. Wer war nun dieser Typ? War er ein einzelnes, isoliertes Individuum? Oder war er die ganze Gemeinschaft? Wie kann man das sagen? Keine Versammlung ist einberufen worden, keine Komitees wurden gebildet, keine finanziellen Mittel erhoben. Es gab keine Streitereien darüber, ob das Dach mit Aluminium, Kunststoff, Blech oder Ziegeln gedeckt werden sollte, was das Billigste wäre, was am längsten halten würde und so weiter. Es gab keinen Meister dabei, niemand wurde eingestellt, und kein Mensch stellte das Recht dieses Typen in Frage, das alte Dach herunterzureißen. Und dennoch muß eine gewisse Form von «Organisation» geherrscht haben – weil nämlich die Arbeit fertig wurde. Und sie wurde viel schneller fertig, als wenn man richtige Dachdecker eingestellt hätte. Und vor allem: Es war keine Arbeit, es war Spaß!

In indianischen Gemeinschaften gab es immer, auf jeden Fall in der Vergangenheit, so etwas, das man einen «Fluß» der öffentlichen Angelegenheiten nennen könnte. Jedermann – Großväter, Großmütter, Eltern, Kinder, einfach jeder – war Teil des Stromes. Und Führerschaft konnte es automatisch nur in gleicher Richtung mit dem Strom geben. Potentiell lag sie in jedem einzelnen Mitglied der Gemeinschaft. So hat es nie eine Führerschaft im Sinn der Westeuropäer gegeben, genauso wenig wie ein Fluß ans Meer «geführt» oder dem Wind befohlen wird, von Norden, Süden oder von woanders her zu wehen. Die Bewältigung der öffentlichen Aufgaben war nicht aufgesplittert, soviel ist sicher. Natürlich, der Rat versammelte sich, aber ich vermute, diese Treffen waren eher religiöse Rituale als Diskussionen über öffentliche Angelegenheiten. Ich habe den Verdacht, daß der Häuptlingsrat jede notwendige Entscheidung ohne große Diskussionen fällte. Wahrscheinlich saßen sie schweigend da, rauchten in aller Ruhe, bis jeder Mann wußte, was zu tun war. Und dieses Wissen war in jedem Mann dasselbe. Aber die kleinen Dinge, die täglichen Verrichtungen, die das Leben dieser Gemeinschaft erhielten, wurden niemals bewußt entschieden. Diese Dinge geschahen einfach durch jeden Einzelnen in der Gemeinschaft, der seinen eigenen Sachen nachging, seine eigenen Angelegenheiten ohne Störung von außen regelte und seinerseits auch die anderen nicht störte; man achtete darauf, daß alle die gleiche Freiheit besaßen. Sicher, es stimmt auch, daß manchmal bestimmte Persönlichkeiten ausgewählt wurden, die man bat, etwas, was man in der westlichen Welt eine Führerposition nennen würde, zu übernehmen. Das könnte zum Beispiel ein weiser Mann gewesen sein, wenn in der Gemeinschaft das Bedürfnis nach einer Vision oder einer Entscheidung bestand. Oder ein großer Jäger, wenn die Gemeinschaft Hunger litt. Oder ein Kräutersammler – eine Frau in der Gemeinschaft, die alle Kräuter kannte, falls jemand krank war. Doch für gewöhnlich bestand keine Notwendigkeit, diese Leute besonders dazu aufzufordern, ihren Angelegenheiten nachzugehen. Die Mittel sämtlicher Leute in der Gemeinschaft waren für jedermann verfügbar, und wenn eine besondere Not herrschte, traten die vor, die am besten helfen konnten, ohne darum gebeten worden zu sein.

Ratsversammlungen von heute verlaufen mehr nach dem Vorbild weißer Sitzungen. Aber in zahlreichen indianischen Gemeinschaften erinnert noch viel an das Gemeinschaftsbewußtsein aus alter Zeit, wenn Häuptling und Rat zusammenkommen, obwohl die Art und Weise der Sitzungen sich geändert hat und man inzwischen dazu gezwungen wurde, die Formen der parlamentarischen Verfahrensweise zu übernehmen. Man wird jedoch wahrscheinlich nicht über die Tagesordnung reden, über Punkte auf einer Themenliste, obwohl es da eine gibt, die sogar säuberlich mit der Maschine geschrieben ist. Man wird über die Vorgänge in der Gemeinschaft sprechen. Dabei kommt, insgesamt gesehen, sowieso dasselbe heraus, und alle wichtigen Punkte werden im Verlauf der Sitzung abgehandelt. Und man wird indianisch sprechen. Nach einiger Zeit wird der Häuptling vielleicht um eine Abstimmung über diesen oder jenen Punkt auf der Themenliste bitten. Einige Dinge werden einstimmig und ohne weitere Diskussion verabschiedet. Zugleich könnte der Häuptling jedoch bemerkt haben, daß keine volle Zustimmung bei einem der übrigen Tagesordnungspunkte herrscht. Vielleicht ist da nur ein Mann, der eine andere Meinung hat als der Rest, oder vielleicht zwei. Der Häuptling wird jedoch keine Abstimmung verlangen und die Minderheit überstimmen lassen. O nein, so demokratisch ist man nun auch wieder nicht. Da wird dann jemand sagen: «Pkawn do showam don» (Du siehst es anders als ich, und ich sehe es anders als du).

Der Häuptling wird dann antworten: «Nahow aneshgege anendomun» (Na gut, sprich darüber).

Dann fängt der Mann an und erklärt seinen Standpunkt. Und der kommt aus seiner eigenen Erfahrung, nie aus der Theorie. Und alle werden sagen: «Geget» (Ja, ja, jetzt haben wir zwei Seiten, die Sache zu betrachten). Natürlich ist das besser, befriedigender als nur eine Ansicht. Dann wird jemand anderes erzählen, wie er zu der Sache steht: «Mesuswe» (Nun, das sind schon drei). Und dann noch jemand: «Das sind vier.» Doch sie müssen immer noch zu einer Entscheidung kommen, und so sagen sie: «Also los, versuchen wir erst mal das hier!» Und so nehmen sie den Vorschlag dieses Typs und wenden ihn, so gut es geht, auf das besprochene Problem an, und vielleicht sieht das schon ganz ordentlich aus. Aber noch immer sind sie sich nicht sicher, weil sie jeden Vorschlag eines jeden Mannes als gleichberechtigt ansehen: «Also laßt uns auch das noch versuchen.» Und sie versuchen es. Alle zusammen. Und es spielt keine Rolle, wie lange das dauert – es gibt keine Eile. Aber so machen sie es: verwerfen einen Gesichtspunkt nach dem anderen – wobei alle einverstanden sind – bis sie nur noch einen übrig haben. Und der vereint gewöhnlich die besten Teile aller Vorschläge. Und der wird dann einstimmig angenommen. Auch das ist eine Gruppensache, genau wie bei diesen Strandläufern. Instinktiv wird ein Übereinkommen erreicht. Niemand wird von der Masse erdrückt. Es gibt keine Zusammenstöße. Die ganze Gruppe bewegt sich als Einheit; unterschiedliche Ansichten werden geschätzt und dazu verwendet, der Gemeinschaft auf den gewünschten Weg zu helfen. Das ist ein Grundmuster zum Überleben. Ohne Einverständnis ist die *Gemeinschaft* tot.

Nach meiner Erfahrung mit indianischen Entscheidungsprozessen ist das Wichtige dabei, den anderen Typen zu *hören* – Respekt zu haben für die Art, wie er die Sache sieht. Der weiße Weg, Entscheidungen zu fällen, scheint das genaue Gegenteil zu sein: Bei denen ist es wichtig, die «Opposition» niederzuschlagen – den eigenen Weg durchzuboxen, egal um welchen Preis. Bei weißen Versammlungen habe ich schon so manche langweilige Stunde zugebracht, indem ich mir Argumente dafür und dagegen angehört habe, indem ich einem Haufen von Schlitzohren und Verkäufern zugehört habe, die alle versuchten, ihren Punkt an den Mann zu bringen. Wohin man in der weißen Gesellschaft auch geht – in Gerichtssäle, zu gesetzgebenden Versammlungen, ins Parlament, zu jeder Art von Versammlungen – was man zu sehen und zu hören kriegt, ist ein Kampf – ein Krieg – mit Worten. «Übereinstimmung» wird durch Entzweiung erreicht. Eigentlich ist das jedoch gar keine Übereinkunft, es ist der Triumph der Mehrheit. Deswegen glaube ich, daß weiße Menschen ihre Sachen niemals in die Reihe kriegen können. Immer sind sie in Hunderte von Fraktionen zersplittert. Ihr demokratischer Entscheidungsprozeß hält sie in diesem Zustand. Jedesmal, wenn eine Übereinkunft erreicht ist, wird ein großer Teil der Bevölkerung – die Minderheit – unterdrückt. Besiegt. Deshalb gibt es nie irgendeine wirkliche Übereinkunft. Dafür aber eine verdammte Menge Bitterkeit und Haß.

In der weißen Gesellschaft ist die Politik ein Spiel, das von gewählten Repräsentanten gespielt wird; die Wähler sind mehr oder weniger nur Zuschauer, die den Wettkampf beobachten und dieser oder jener Seite zujubeln. Aber sie sind keine Teilnehmer. Politik ist die Erledigung oder Verwaltung der öffentlichen Angelegenheiten, und in der weißen Gesellschaft sind Politiker Leute, die Dinge für das Volk zurechtdeichseln, die Dinge für das Volk tun. Aber ich glaube, öfter noch tun sie dem Volk Dinge an. Auf jeden Fall muß sich das Volk danach richten.

Als ich neu in die weiße Gesellschaft kam, fiel mir sehr der Gebrauch der Pronomen auf. Ich hatte mein Lebtag lang englisch gesprochen, aber nie gemerkt, wie diese Pronomen – ich, er, sie, es, wir, sie – alle und alles so völlig voneinander trennten und sogar auf einen grundlegenden Zwiespalt schließen ließen. So kam es mir jedenfalls vor. In meiner eigenen Sprache wird nicht zwischen «er» und «sie» unterschieden. «Wir» wird statt «ich» gebraucht. Wenn ich als Indianer in meiner eigenen Gemeinschaft also «wir» sage, dann spreche ich von mir. Ich spreche im Sinn dieses Fischschwarmes oder dieses Schwarms von Flußuferläufern, obwohl vielleicht in diesem bestimmten Zeit- oder Handlungs-Zusammenhang nicht jede einzelne Person in der Gemeinschaft eingeschlossen sein mag. Auch spreche ich eher aus meiner Erfahrung des Lebens als einem Strom, einem ununterbrochenen Fluß von Geschehnissen heraus, als aus meiner Erfahrung des Lebens als einer Serie von isolierten Ereignissen. All das liegt einfach da, liegt stillschweigend schon in der Sprache. Wenn ich über Ereignisse sprechen möchte, dann merke ich, wie ich ganz automatisch englisch spreche – oder wenn ich über Organisation, Technologie oder Geschäft reden möchte. Englisch ist die bessere Sprache, um Dinge auseinanderzunehmen. Anishinabe ist am besten, um Dinge zusammenzusetzen. Das ist es vielleicht. Wenn ich mal wütend werde und über etwas streiten möchte – ein Wortgefecht haben möchte –, dann verfalle ich ins Englische. Ganz einfach. Ohne je darüber nachzudenken. Und man kann diesen Wechsel überall hören, wenn man darauf achtet. Man wird ihn in Kneipen oder Bars hören und meistens dann, wenn die Leute getrunken haben.

Ich finde, es ist sehr schwierig zu erklären, aber ich glaube, diese Unterschiede in der Sprache bedeuten, daß die Leute, die sie gebrauchen, sich unterschiedlich zueinander verhalten. Ich glaube, ich beherrsche die englische Sprache ganz gut, aber immer noch kann ich sie nicht sagen lassen, was ich meine – besonders, wenn ich etwas über indianisches Verhalten oder indianische Lebensanschauung zu sagen versuche. Ich komme zu dem Punkt, wo ich in Englisch einfach nicht mehr weiterkomme, und alles, was ich dann sagen kann ist: «Es liegt an der Sprache.» Und das hat gar nicht so viel damit zu tun, daß die englischen Worte anders sind, sondern weil ich nicht Englisch reden kann, ohne in Erklärungen hineinzugeraten. Es *zwingt* mich zu erklären – schickt mich auf einen richtigen Erklär-Trip. Wenn ich Anishinabe spreche, dann rede ich einfach. Die Bedeutung ist einfach da – in den Worten, ja, aber genauso im Schweigen, in den Pausen zwischen den Wörtern; und es gibt eine ganze Sinnebene, aus der sich der Zuhörer von diesen Worten aussuchen kann, was er möchte – er kann sich seine eigene «Erklärung» schaffen. Die Worte allein überreden nicht mehr als Musik überredet.

So habe ich viel von mir selbst, von meinen Leuten, aber auch über die Weißen gelernt, in dem ich einfach zwei Sprachen kann und benütze. Eine Sprache – jede Sprache – wächst aus der Erfahrung der Menschen, die sie gebrauchen. So ist Englisch (ich vermute, wie alle westeuropäischen Sprachen) eine Sprache der Organisation, der Anweisung, der Erklärung, der Klassifizierung, der Analyse, der Kalkulation – und vor allem des Streits. Sie ist entworfen, um mit Bruchstücken umzugehen – mit Einzelheiten und Vorkommnissen. Aber das ist eine zweischneidige Sache: Die Sprache wird von den Menschen geprägt, die sie gebrauchen. Das ist ganz klar. Aber auch Menschen werden durch die Sprache, die sie benutzen, geprägt. Und das ist nicht so offensichtlich.

Ich begann das schon in einem sehr frühen Alter zu merken – als ich zur Schule ging und herausfand, daß es in der Erziehung nur um Teile und Bruchstücke ging und darum, sie wieder zusammenzufügen, sie zu verschiedenen Mustern zu «organisieren». Und das war – ganz wörtlich – eine zerschmetternde Erfahrung.

In der alten Zeit schnitt man Indianerkinder nicht mit sechs Jahren von der Gemeinschaft ab. Ihre Welt wurde nicht systematisch zu Millionen von kleinen Bruchstücken zerschlagen. Sie wurden nicht dazu gezwungen, sich selbst wieder zu Teilen und Komponenten aufzubauen, um in diese Puzzlewelt zu passen. Heutzutage werden fast alle Indianerkinder der weißen Konditionierung ausgesetzt – dem offiziellen Angleichungsprogramm. Sie haben keine Wahl dabei, denn sie werden mit sechs Jahren gewaltsam hineingepreßt. Aber ich glaube an den Instinkt meines Volkes. Soweit ich gesehen habe, ist es immer noch sehr lebendig und in zunehmendem Maße aktiv. Fast fünfhundert Jahre lang hat mein Volk den Anstrengungen der Weißen, es zu organisieren, Widerstand geleistet, ganze Stämme sind in diesem Widerstand ausgerottet worden; deswegen glaube ich kaum, daß sie gerade jetzt kapitulieren werden. Sie werden es schon durchstehen. Aber ich nehme an, die meisten dieser Kinder werden das Establishment schließlich zurückweisen – genau wie ich es getan habe. Genau wie fast alle Indianer es immer getan haben. Ich weiß nicht, wohin sie damit kommen werden, und ich weiß nicht, wohin ich selbst komme. Aber ich sehe nun eine Alternative, die ich früher nicht gesehen habe. Und alle haben diese Alternative, obwohl einige sie noch nicht wahrnehmen.

Zwei Welten: eine, mit der ich auszukommen versuche, und die andere, in der ich gerne leben würde. Ich weiß nicht, wie meine Zukunft aussehen wird, weil ich nach den weißen Maßstäben nicht mehr völlig zuverlässig bin. Aber ich werde freier und freier. Ich komme dorthin zurück, wo ich als Kind war; zu dem, was man damals einen Indianer nannte: unzuverlässig, einer, auf den man sich nicht verlassen kann, verantwortungslos, ein Tunichtgut und Schnorrer. Ich habe lange Haare, und das heißt wahrscheinlich, daß ich ebenso Hippi wie

Indianer bin. Und ich weiß nicht, was es noch alles bedeutet – also weißt du, ich muß doch schmutzig sein und stinke wahrscheinlich. Das ist es, was mit mir geschieht, und das ist es, wo ich hin gerate. Ich kann nicht im Strom und im Film sein, nicht zugleich jedenfalls. Und all diese Gefühle, die ich in dem Strom, und nur da, finde, sind wunderschön. Ich will dieses Gefühl von Unverantwortlichkeit. Es ist das schönste Gefühl, das es gibt.

Aber was auch mit mir passiert, ich werde eine Menge Gesellschaft haben, Indianer *und* Weiße; denn die Kinder steigen zu Tausenden aus, heraus aus den Spielen, heraus aus dem Organisationsfilm, und bei denen dauert es nicht so lange wie bei mir. Sie müssen noch eine Menge lernen, aber sie verschwenden keine Zeit mehr damit, zur Schule zu gehen, sich erziehen lassen. Sie lernen. Sie kehren zum Land zurück, immer mehr von ihnen. Und das ist der einzige echte Sitz der Weisheit, den es je gegeben hat. Sie werden alles, was sie wissen müssen, vom Land lernen, alles, was es überhaupt zu wissen gibt. Wenn sie lange genug dort bleiben, werden sie lernen, daß sie das Land *sind*.

Ich vermute, das wird wie eine ganz merkwürdige Feststellung klingen – besonders für jemand, der in der Stadt geboren und aufgezogen worden ist, der schon so lange auf Zement und Asphalt gelaufen ist, daß er ganz vergessen hat, daß es überhaupt noch so etwas wie Land gibt. Aber diese frühen Entdecker, weißt du, die diese Insel zufällig «entdeckten», nach was suchten die? Land? Und diese Einwanderer, die nachfolgten, Millionen von ihnen, nach was suchten die? Land? Und welche Einstellung hatten die zu Amerika? Wie viele von ihnen sagten: «Oh, ich bin nicht für immer hier. Ich bleibe nur eine Weile – lang genug, um ein paar Mäuse zu machen, dann gehe ich zurück. Zurück ins alte Land. Zurück nach Hause.» Ich wette, diese Astronauten, die da auf dem Mond rumlaufen, wenn die bei ihrer Rückkehr auf die Erde runterplatschen, dann weinen die, und nicht aus Erleichterung, sondern aus Freude, wieder zu Hause zu sein. Was bedeutet das? Was bedeutet diese «Zu-Hause-Geschichte»? Ist es nicht das, was du bist? Bedeutet es nicht das? All diese Tausende von Indianern, die bei jeder Gelegenheit in ihr Reservat zurückkehren, selbst für ein Wochenende, selbst für einen Tag – weißt du, was sie sagen? «Hier bin ich gerne.» Das ist es, was sie sagen, aber sie fühlen dabei: «Das hier bin ich.»

Es dauert lange, sich nicht wie ein Fremder zu fühlen, lange, sich zu

Hause zu fühlen, lange, zu suchen und zu entdecken, wer man ist. Aber wenn du diese Entdeckung bis zu Ende führst, dann bringt es dich über die Rasse, über die Hautfarbe, über Klassen und jede Art von Kategorie hinaus, und du stellst fest, daß du zur Menschheit gehörst. Und *das* ist es, was du bist. Wenn du mit dieser Suche bis zu Ende weitermachst, führt sie dich über Besitz, über Holz, Fisch, Felle, Metalle, Öl, über «Bodenschätze», Industrie und kommerzielle Nahrungsmittelproduktion hinaus an einen Punkt, wo du herausfindest, daß du zum Land gehörst. Und *das* ist es, was du bist. Und wenn du *das* erst einmal bist, dann gibt es kein fremdes Land mehr. Wo immer du bist, ist dein Zuhause. Und die Erde ist das Paradies, und wo du deinen Fuß auch hinsetzt, ist heiliges Land.

Ich glaube, die Menschen werden ihren Weg aus dem Irrgarten, einer jeden zersetzenden Institution finden, heraus auch aus der letzten – heraus und wieder ins Freie. Schon jetzt finden sie ihren Weg aus den Städten heraus. Wieder entdecken sie das Land. Die Städte, wie wir sie kennen, werden als leere Monumente des Todes stehenbleiben. Aber die Menschen, die das Leben ehren, werden leben.

Die Zäune im Land werden verrotten und nach und nach zusammenfallen, und niemand wird sie wieder aufrichten. Und die Menschen werden einzeln und frei wie Bäume dastehen, damit sie zusammen sein können.

Wilfried Pelletier ist ein Odawa aus Kanada und lebt mit seiner Familie in Ottawa. Die Odawa sind ein algonkin-sprechendes Volk und mit den Anishinabe (Ojibway) verwandt. In den frühen siebziger Jahren, als das indianische Bewußtsein wiedererwachte, zählten seine Aufsätze zu den inspirierensten Impulsen des Widerstands. Das Buch, aus dem der vorangegangene Text stammt, ist, ähnlich wie bei Richard Erdoes und Lame Deer, das Resultat einer intensiven Freundschaft. Wilfried Pelletier sagt über die Arbeit mit seinem weißen Freund Ted Poole: «Zwei Männer gingen zusammen angeln – wie sie es schon immer bei jeder sich anbietenden Gelegenheit getan hatten. Nur nahmen sie diesmal statt der Angelruten ein Tonbandgerät mit.»

VISIONEN
ZEUGNISSE
EINER ANDEREN
WIRKLICHKEIT

Basil Johnston

Das Wesen der Pflanzen

Ein Baum ist ein Abbild des Lebens.
Er wächst.
Unwohl, heilt er sich selbst.
Erschöpft, stirbt er.
Ein Baum spiegelt das Sein.
Er wandelt sich.
Verändert, stellt er sich selbst wieder her
und bleibt immer der gleiche.
Ein Baum gibt Leben.
Er ist beständig.
Er gewährt Leben,
aber sein eigenes bleibt unvermindert.
Bäume geben mir alles.
Alles, was ich brauche.
Ich habe dem Baum nichts zu geben
als meinen Lobgesang.
Schaue ich einen Baum an,
so denke ich daran, daß
der Apfelbaum meinen
Hunger stillen kann,
der Ahorn meinen
Durst löschen kann,
die Fichte meine
Wunden und Schnitte heilen kann,
die Rinde der Birke mein
Heim bilden kann, mein
Kanu und meine Gefäße formen kann,

die Haut der Birke
die Bilder aufnehmen kann, die ich male,
die Balsamienraine mich
vor dem Wind beschirmen können,
die Früchte des Weinstocks meinen
Federn Farbe geben können.
Der Hickory biegt sich zu
meinem Bogen, und
das Hoz des Kirschbaums
wird zum Schaft des Pfeils.
Der Farn kann meinen
Körper im Schlaf betten.
Die Linde kann
die Puppe meiner Tochter werden.
Die Esche, als Schneeschuh, kann
mich über den Schnee tragen.
Der Tabak kann
meine Gebete zu Gott tragen.
Das Süßgras kann
meine Hütte mit Duft erfüllen.
Die Wurzel des Immergrün kann
meinen Schlitten und mein Boot zusammenhalten,
Stumpf und Zweig können
meine Hütte wärmen.
Rose und Gänseblümchen können
die Seele der Frau bewegen,
die Blätter im Wind können
meinen Geist öffnen.

Die Alten sagten, Kitche Manitu habe die Welt in einer bestimmten
Reihenfolge erschaffen. Zuerst die stoffliche Welt von Sonne, Mond,
Erde und Sternen; danach die Pflanzenwelt der Bäume, Blumen,
Gräser und Früchte.

Die Pflanzen waren also früher da als die Tiere und die Anishnabeg. Sie konnten allein bestehen; sie waren für ihr Leben oder
Wohlergehen nicht auf andere Wesen angewiesen.

Wesentlich war allen Pflanzen, gleich welcher Art, ihre zusammengesetzte Natur; sie besaßen eine unkörperliche Substanz, ihre eigene und einzigartige Geist-Seele. Diese belebende Kraft verlieh dem körperlichen Teil einer Pflanze die Gabe, zu wachsen und sich selbst zu heilen. Aber die innere Substanz hatte noch eine andere Kraft. Sie konnte sich mit Mitgliedern der gleichen Art und wunderbarerweise sogar mit anderen Arten verbinden und mit ihnen einen gemeinsamen Geist bilden.

Jedes Tal oder jede andere Landschaftsform – eine Wiese, eine Bucht, ein Gehölz, ein Hügel – hat eine Stimmung, die den Seinszustand dieses Orts wiedergibt. Wie die Stimmung ist, fröhlich, friedlich, ruhelos oder schwermütig, so ist die Tönung dieser Geist-Seele. Zum Beweis kann man einen Teil der Pflanzen zerstören oder entfernen, und Stimmung und Tönung des Tals werden nicht mehr sein, wie sie vorher waren.

Jede Pflanze bekam eine Geist-Seele, die ihrer körperlichen Form und Substanz entsprach.

Manche Anishnabeg glaubten, die Geist-Seele einer Pflanze sei einzigartig, anders als jede andere; andere meinten, die Geist-Seele der Pflanze gehöre ganz dem Leben zu, sie dürfe nicht ins Land der Seelen, sondern müsse zur Erde zurückkehren, um ihre Lebensfrist zu vollenden und inneren Frieden zu erlangen.

Die Legende von Odaemin verdeutlicht diesen Glauben. Odaemin wurde vom Land der Seelen zurückgeschickt, weil seine Geist-Seele in Aufruhr war. Er kehrte ins Land der Lebenden zurück, um dort sein Leben als eine herzförmige Rotbeere (Erdbeere) zu verbringen.

Eine andere Geschichte mit ähnlichem Inhalt ist die Geschichte von Wasserlilie. Wasserlilie war die junge Frau, um die Zeegwun und Bebon kämpften. Des endlosen Zanks der beiden Werber müde, nahmen ihre Eltern sie vom Land fort und bauten ihr ein Heim in einer Bucht. Dort lebte die junge Frau und verzagte; und verzagt starb sie. Aber in ihrem Zustand, mit aufgewühlter Seele, wurde ihr nicht erlaubt, das Land des Friedens zu betreten. Sie kehrte als Wasserlilie ins Land der Lebenden zurück, von einem Haarwurm beschützt, ein Mahnmal für den Grundsatz, daß Liebe nicht erkämpft werden kann.

Es gibt eine andere Geschichte mit dem Titel «Mais», die nicht weniger erstaunlich ist. Aber in dieser Geschichte geht es eigentlich nicht um Mais oder um seinen Ursprung. Sie hat mehrere Aussagen. Eines ihrer Themen ist die Fortführung des Lebens in einer anderen Form im Land der Lebenden nach dem Tod.

Der Ursprung des Mais bildet den Vordergrund der Geschichte. Das Wort für Mais, «Mandamin», ist selbst schon ein sprechender Ausdruck. Es besteht aus Manda (Wunder) und Min (Samen oder Beere). Zusammen bilden sie ein Wort mit der Bedeutung Wundernahrung.

Nach der Darstellung in dieser Geschichte war Mandamin ein Fremder. Damit wird einfach ausgedrückt, daß Mais in dieser Gegend nicht ursprünglich heimisch war. Die Nahrung Mais wird durch einen Fremden, einen wundersamen Mann vertreten. Daß die Nahrung selbst wundersam ist, drückt sich in dem Namen aus, den man ihr gab. Anders als jede andere Pflanze verlangt der Mais die ständige Pflege des Menschen, um wachsen und gedeihen zu können; er kann in vielen Formen als Speise dienen; und er ist von allen Nahrungsmitteln dasjenige, das der Mensch am häufigsten braucht.

Zhowmin (Weintraube) war ein Waise. Er wurde von Zhaw-b'noh-quae, seiner Großmutter, aufgenommen und großgezogen. Als Zhowmin sieben Jahre und alt genug war, um Jagen und Fischen zu lernen, ging er zu seinen Onkeln, um sich von ihnen unterweisen zu lassen. Jeden Tag lernte er von seinen Onkeln, was ihn zu einem gewandten und guten Versorger machen sollte. Er lernte auch, ein guter Krieger zu sein. Von seiner Großmutter lernte Zhowmin etwas über die Grundsätze des Lebens. Für sie war das gute Leben nicht weniger wichtig als das praktische Leben.

Jeden Abend erzählte Zhaw-b'noh-quae ihrem Enkel Geschichten. Manchmal erzählte sie von mutigen Taten, von Großherzigkeit, Stärke, Wendigkeit, Geduld, Ausdauer und Beständigkeit; manchmal vom Ursprung und Zweck und von der Natur der Dinge; und dann und wann erklärte sie dem Jungen etwas von den Gesetzen, die das Leben und den Lebenswandel des Menschen regierten.

In diesem Bericht ging es um grundlegende Dinge wie: «Sage immer die Wahrheit», «achte die Alten», «ehre deine Großväter», «sei immer dankbar für Nahrung, sei sie spärlich oder im Überfluß vorhanden», «sei immer dankbar für das Leben», «sei immer dankbar für deine Kräfte, große und kleine», «suche den Frieden», «höre auf die

Älteren, und du wirst etwas lernen», «suche Weisheit, und du wirst tun, was recht ist», «tu eines Tages etwas für dein Volk». So oft Zhowmin auch von diesen Grundsätzen hörte, er wurde ihrer nie müde. Und weil sie ihm mit Liebe vermittelt wurden, beschloß er, nach diesen Gesetzen zu leben.

Als Zhowmin das Mannesalter erreichte, war seine Großmutter schon sehr alt und gebrechlich. Wie sie sich um ihn gekümmert hatte, so versorgte Zhowmin nun seine Großmutter.

Obgleich er jetzt ein Mann war, lauschte er immer noch den Erzählungen seiner Großmutter. Eines Abends, nachdem Zhaw-b'noh-quae von den «Vier Hügeln des Lebens» gesprochen hatte, sagte sie: «Ich werde bald eine lange Reise antreten.» Zhowmin war über diese Ankündigung einer Reise etwas erstaunt. Die alte Frau fuhr fort: «Wenn ich gegangen bin, wird ein Fremder zu dir kommen. Tu, was er sagt.»

Zhowmin antwortete: «Ja, Großmutter.»

Vor dem Frühling starb Zhaw-b'noh-quae. Da erst verstand Zhowmin, was seine Großmutter mit der langen Reise gemeint hatte. Als Zhowmin und die Leute aus dem Dorf Zhaw-b'noh-quae vier Tage nach ihrem Tod unter den Fichten begruben, war ihr Körper dem Westen zugewandt, der letzten Bestimmung des Menschen.

Nicht lange nach Zhaw-b'noh-quaes Tod kam ein Fremder ins Dorf und verlangte in verdrießlichem Tonfall und mit ungeduldigem Auftreten zu wissen, ob es in dem Dorf gute Menschen gebe.

Auf dieses Begehren hin berieten sich die Dorfältesten. Sie schickten nach Zhowmin und stellten ihn dem Besucher als einen guten Mann vor.

Zhowmin nahm den Fremden in seine Hütte auf, denn sie waren vom gleichen Totem, und Zhowmin mußte sich um ihn kümmern wie um einen Bruder. Er gab dem Fremden zu essen, und dann rauchten sie. Erst dann fragte Zhowmin den Fremden nach dem Zweck seines Besuchs.

Der Fremde antwortete: «Ich bin ausgeschickt, einen guten Menschen zu suchen. Aber in all den Jahren der Suche habe ich unter all den Leuten, bei denen ich war, noch keinen gefunden. Ich ersehe aus deinem Ruf, daß du solch ein Mensch sein könntest. Ich hoffe um deinetwillen und für das Wohl deines Volkes, daß du ein guter Mensch bist.»

Zhowmin erwiderte ziemlich erbost: «Du willst mir schmeicheln.» Er fragte: «Wer bist du? Wer hat dich geschickt?»

Der Fremde antwortete: «Ich bin Mandamin (Wundernahrung). Ich bin von Kitche Manitu geschickt. Ich soll einen guten Menschen finden und prüfen, ob er würdig ist. Ich muß daher deine Stärke prüfen, um zu erfahren, ob du oder dein Volk würdig sind. Und die beste Art, deine innere Stärke zu prüfen, ist der Zweikampf. Zhowmin! Du mußt mit mir kämpfen, um zu beweisen, daß du würdig bist. Gewinnst du, so lebst du; verlierst du, so stirbst du.»

«Ich brauche mich weder dir noch irgend jemand anderem zu beweisen», sagte Zhowmin spöttisch.

Mandamin schien enttäuscht zu sein. Er sagte: «Wenn du nicht mit mir kämpfen willst, so werde ich deine Weigerung als Feigheit betrachten. Und Feigheit kommt einer Niederlage gleich. Für beides gibt es den Tod, und es macht wenig aus, ob du die Herausforderung annimmst oder nicht. Ich werde weiterleben, aber ich werde Kitche Manitu berichten müssen, daß ich keinen einzigen guten Menschen gefunden habe.»

Daß sein Mut und sein Wert bezweifelt wurden, war Zhowmin ziemlich gleichgültig, aber daß die Ehre der Anishnabeg insgesamt bezweifelt wurde, macht ihn zornig. Dann fielen ihm die Worte seiner Großmutter wieder ein: «Wenn ich gegangen bin, wird ein Fremder zu dir kommen. Tu, was er sagt.» Teils aus Zorn, teils aus Gehorsam warf er Mandamin einen flammenden Blick zu und sagte finster: «Ich habe keine Angst. Ich werde kämpfen.»

«Gut», sagte Mandamin, «heute abend kämpfen wir.»

Zhowmin und Mandamin gingen in den Wald, suchten sich eine geeignete Lichtung und entkleideten sich bis zur Hüfte. Zuerst umkreisten sie einander, suchten nach einer Schwäche, einer Öffnung. Dann packten sie einander. Gleich an Entschlossenheit und Stärke, waren sie ebenbürtige Kämpfer; sie rangen, boxten, wanden sich, um die Oberhand zu gewinnen. Mal schlug Zhowmin Mandamin zu Boden, aber im nächsten Augenblick schleuderte Mandamin Zhowmin auf die Erde.

So ging der Kampf die ganze Nacht, bis beide Kämpfer erschöpft niedersanken. Blutig und zerschlagen kehrten sie zur Hütte zurück, um sich auszuruhen und zu schlafen. Sie schliefen den ganzen Tag.

Als sie erwachten, war es Abend. Da sie hungrig waren, bereiteten sie ein Mahl und aßen, als gebe es keine Feindschaft zwischen ihnen.

Nach dem Rauchen gingen sie zurück auf ihre Lichtung, um den Kampf wiederaufzunehmen. Wieder kämpften sie, und sie kämpften wie lebenslange Feinde. So heftig wogte der Kampf, daß sie kleine

Bäume entwurzelten und alles Gras zertrampelten, bis nur noch Sand übrig war. Aber trotz aller Anstrengungen konnte keiner den anderen überwältigen. Schließlich zwang die Müdigkeit sie, den Kampf wieder auszusetzen. Zerschlagen, mit Schnitten und Wunden bedeckt, kehrten sie zum Schlafen in ihre Hütte zurück.

Vom Blutverlust schwach und zermürbt, wachten sie am späten Nachmittag auf, aßen und ruhten sich dann aus, um wieder etwas zu Kräften zu kommen. Gegen Mitternacht schleppten sie sich zu ihrem Kampfplatz.

Dort angekommen, kämpften sie so heftig, wie es die verbliebenen Kräfte erlaubten. Die Arme waren schwach, die Beine lahm; nur das Wissen, daß der Unterlegene sterben mußte, hielt sie aufrecht.

Irgendwie gelang es Zhowmin, seinen Gegner niederzuschlagen, und bevor der unglückselige Fremde sich wieder erheben konnte, schlug Zhowmin ihn mit seiner Kriegskeule. Als Mandamin zusammensank, stieß ihm Zhowmin sein Messer in den Rücken. Mandamin regte sich nicht mehr; er war tot.

Zhowmin war voller Reue. Er weinte neben dem Körper des Fremden. Dann sang er ein Lied für ihn.

Ich fürchte den Tod nicht.
Meine Zeit ist gekommen.
Ich werde den Pfad der Seelen gehen,
dahin, woher ich kam.

Voll Kummer nahm Zhowmin den Leichnam Mandamins auf und trug ihn zum Begräbnisplatz, wo er ihn neben seiner Großmutter beerdigte. Danach ging er sofort zu einem Medizinmann, dem er die Ereignisse der letzten drei Tage berichtete.

Die Antwort des Medizinmannes war kurz: «Es ist gut, daß du auf deine Großmutter gehört hast. Kümmere dich um Mandamins Grab ebenso wie um das Grab deiner Großmutter.»

Zhowmin tat, wie ihm geheißen war. Jeden Tag ging er ans Grab, um Opfer zu bringen und um Gebete des Dankes und des Kummers zu sprechen.

Auf diese Art ehrte Zhowmin die Toten und gehorchte seiner Großmutter und dem Medizinmann.

Eines Abends im späten Frühjahr bemerkte Zhowmin, der gerade seine Opfergaben ans Grab gebracht hatte, eine seltsame Pflanze, die genau in der Mitte von Mandamins Grab wuchs. Da er noch nie solch eine Pflanze gesehen hatte, betrachtete er sie genau, aber trotz all seiner Pflanzenkenntnis konnte er sie nicht bestimmen. Sobald er ins Dorf zurückkam, lief er zur Hütte des Medizinmannes, um von der seltsamen Pflanze zu berichten.

Da es schon dunkel wurde, beschlossen der Medizinmann und Zhowmin, die Pflanze erst am nächsten Tag zu untersuchen. Am nächsten Morgen gingen sie zusammen zum Grab. Der Medizinmann betrachtete die Pflanze, roch an ihr, befühlte sie, aber er konnte nicht sagen, welche Pflanze es war. Er konnte Zhowmin nur den Rat geben, die Pflanze und die Gräber zu versorgen.

Der Juni machte dem Juli Platz; die seltsame Pflanze wuchs. Der Juli wich dem August; die neue Pflanze wurde übermannshoch, wuchs schlank wie eine Fichte und bekam oben ein Haarbüschel, das wie eine Quaste aussah.

Wieder untersuchte der Medizinmann die Pflanze. Er bog die Blätter auseinander, um herauszufinden, ob die Pflanze gut oder böse war. Er zog die Umhüllung ab, bis die Körner in ihrem Gelb hervortraten. Vorsichtig löste der Medizinmann ein Korn ab und nahm es in den Mund. «Es ist süß, es ist gut», sagte er und gab Zhowmin ein Korn. Beide waren erstaunt.

Der Medizinmann sagte zu Zhowmin: «Diese Pflanze ist Mandamin, die Wundernahrung. Du hast deinem Volk einen großen Dienst erwiesen. Freue dich. Du hast Mandamin nicht getötet; du hast ihm in einer neuen Gestalt Leben gegeben. Durch seinen Tod hat er den Anishnabeg Leben gegeben; du und dein Volk sind für deinen Gehorsam belohnt worden. Du hast den Wert der Anishnabeg bewiesen.»

Von gleicher Tiefe ist die Geschichte vom Frauenschuh.

Ein Dorf wurde von einer schlimmen Krankheit heimgesucht. Selbst der Medizinmann starb, und mit seinem Tod schwand alle Hoffnung.

Obwohl noch nie zuvor im Winter Botschaften überbracht worden waren, bat der Häuptling seinen Mizhinihway (Botschafter), ins nächste Dorf zu gehen, um Medizin zu holen.

In jenen Tagen hatte jeder Häuptling einen Botschafter, der Bekanntmachungen und Botschaften übermittelte. Selbst im Sommer waren diese Reisen beschwerlich, aber im Winter, wenn es keine Mokassins gab, hatte es so etwas noch nie gegeben.

Dennoch bereitete Ku-Ku-Li sich darauf vor, zu gehen. Aber auch er wurde krank wie die anderen. Seine Frau, die um sein Leben fürchtete, verließ die Hütte und schlüpfte hinaus in die Kälte. Die Kälte nicht achtend und fast unempfindlich für die harte Schneekruste, nur darauf bedacht, für ihren Mann und die Leute des Dorfes Medizin zu holen, lief Ku-Ku-Lis Frau geschwind über die Schneewehen.

Am nächsten Morgen hörten die Leute des Dorfes verwundert ihre Rufe aus dem Wald. «Ku-Ku-Li, komm und hole mich.»

Männer und Frauen erkannten ihre Stimme und liefen hinaus in den Wald, wo sie sie im Schnee liegend fanden; ihre Füße waren geschwollen und blutig vom beißenden Frost, aber in ihrem Bündel hatte sie die Medizin für ihren Mann und die anderen kranken Leute im Dorf. Die Männer trugen sie zurück in ihre Hütte und wickelten ihre Füße in dicke, warme Hirschfelle ein.

Für ihr Opfer an ihren Mann und ihre Hingabe an ihr Volk wurde sie seitdem Wah-on-nay genannt. Als sie starb, wurden ihre Fußtücher zu kleinen gelben Blumen, die man Wah-on-nay-Mokassins nannte; andere nannten sie Ku-Ku-Li-Mokassins. Man kennt sie auch als Frauenschuh.

✳

Pflanzen haben viele Zwecke, und alle sind gut. Manche unterstützen den Menschen in seinem Wachstum und seinem Leben, manche heilen, manche verleihen Schönheit und innere Stärke.

Nahrung wurde durch Beobachtung und Schlußfolgerung entdeckt, manchmal auch durch Zufall.

Zum Beispiel. Daß die Säfte der Bäume nahrhaft sind, wurde der Überlieferung nach auf folgende Weise entdeckt.

Die Birke litt furchtbar an Juckreiz; sie wand und krümmte sich vor Unbehagen. Obwohl sie viele Arme, Beine und Finger hatte, konnte sie sich nicht kratzen. Nichts konnte die arme Birke tun, um ihr Leiden zu lindern.

In ihrer Qual rief die Birke den Eichhörnchen, Igeln und Bibern zu, sie möchten ihr doch die Zecken, Larven und Käfer absammeln, die sie plagten. Aber die Eichhörnchen, Igel und Biber waren zu beschäftigt, um helfen zu können. Sie konnten nichts weiter tun, als der Birke ihr ungeteiltes Mitleid auszusprechen.

Danach rief die Birke die Vögel an. Auch sie hatten Mitleid mit der

Birke, aber sie konnten nichts tun. Nur die Spechte kamen, um zu helfen. Es kamen der Flaumspecht, der Buntspecht und der Goldspecht und pickten alles Ungeziefer unter der Rinde der Birke hervor. Jetzt war die Birke das Jucken los.

Viele Jahre später waren die Spechte in Not. Sie wußten nicht, was sie tun oder woher sie Hilfe erhalten konnten, und kamen schließlich zur Birke, um ihr eine traurige Geschichte zu erzählen. In der langen Dürreperiode starben die Spechte vor Durst. Sie konnten nicht wie die anderen Vögel aus Teichen, Seen und Bächen trinken.

«Könntest du», fragten sie, «etwas tun?»

Die Birke erinnerte sich an die Hilfe, die sie ihr gewährt hatten, und sagte: «Geht an meinen Stamm und bohrt dicht nebeneinander zwei Löcher; sie werden sich sogleich mit meinem Saft füllen.»

Die verzweifelten Spechte flogen an den Stamm und trommelten auf den Baum ein, bis sie zwei winzige Löcher gebohrt hatten. Fast augenblicks begannen die Löcher sich zu füllen und brachten reichlich Saft hervor. Die Spechte tranken durstig, und so trinken sie seit dieser Zeit immer von den Bäumen.

Von den Spechten lernten die Anishnabeg, daß Bäume Saft geben und daß man sie anzapfen kann. Wie die Spechte zapften die Anishnabeg aus der Birke ein essigartiges Getränk und später aus dem Ahorn ein süßes Getränk.

Die Geschichte von der Entdeckung des Ahornsirups beschreibt das Lernen durch Zufall.

Eine junge, etwas faule und geistesabwesende Braut ging gern zu ihren Nachbarinnen, um zu tratschen. Anstatt reines Wasser zum Kochen zu holen, goß sie oft Ahornsirup in ihren Kochtopf. Und während das Mahl dann brodelte, ging sie zu ihren Freundinnen, um zu plaudern. Meistens kam sie rechtzeitig zurück, um den Topf vom Feuer zu nehmen. Ihre täglichen Ausflüge von der Hütte fort brachten ihr den Ruf der Faulheit ein.

«Eines Tages wird etwas passieren», sagten die Alten traurig. Sie sahen zu und warteten.

Sie mußten eine ganze Weile warten, aber schließlich kam der Tag, den dem sie für ihr Verhalten bezahlen mußte. Wie es ihre Gewohnheit war, begann die junge Braut am frühen Nachmittag mit den Vorbereitungen des Mahls, während ihr Mann auf der Jagd war. Sie machte einen Wildeintopf mit Ahornsaft und ging dann zu den Nachbarinnen, um zu schwatzen. Beim Klatsch vergaß sie den Eintopf.

Als die Sonne hinter den Hügeln versank, kam ihr Mann heim und brachte einen Hirsch mit. Er legte das Wild am Eingang ab und rief nach seiner Frau: «Ich bin hungrig. Ich habe wieder einen Hirsch mitgebracht.»

Aber es kam keine Antwort. Er rief wieder und schaute in die Hütte. Sie war nicht da. Ärgerlich rief er noch einmal und dachte, seine Frau sei vielleicht in der Nähe nach Feuerholz suchen gegangen. Er sah zur Feuerstelle hinüber. Da hing nur ein Topf über einem Haufen grauer Asche; das Feuer war längst ausgegangen.

Der hungrige und müde Ehemann wurde noch zorniger. Keine Frau, kein Essen. Er ging zum Topf hin und sah hinein; da war nur angebranntes Wild. Er war wütend und beschloß, seine Frau zu bestrafen. Da er aber einen Bärenhunger hatte, langte er in den Topf, holte ein schwarzes, klebriges Stück Fleisch hervor und steckte es in den Mund. Wie gut und fest das war; und auch noch süß. Seine Stimmung hellte sich auf; er nahm noch ein Stück. Sein Zorn wich heller Freude. Nicht lange, und er hatte fast den ganzen Topf geleert.

Er freute sich nicht nur, sondern war auch stolz auf seine kluge Frau, die eine so köstliche und herrliche Mahlzeit bereitet hatte. Sie ist vielleicht ein wenig faul und vergeßlich, dachte er, aber sie ist wenigstens findig.

Der Jäger ging los, seine Frau zu suchen. Er ging von Hütte zu Hütte und fragte nach ihr, aber niemand wollte ihm sagen, wo sie sein könnte. Für gewöhnlich gaben sie ihm bereitwillig Auskunft. Aber diesmal wollte niemand mit der Sprache heraus, denn keiner wollte derjenige sein, der sie seinem Zorn auslieferte.

Schließlich fand er seine Frau auch ohne Hilfe. Sie versteckte sich zitternd in der Hütte ihrer Mutter. Auch die Mutter bebte vor Furcht.

Als der Jäger den Kopf zur Tür hereinstreckte, lächelte er und sagte: «Ich habe noch nie ein so herrliches Essen gehabt wie heute abend. Wie hast du es zubereitet?» Die Braut staunte, und ihre Furcht schwand. «Komm», sagte der Jäger. Die Braut folgte ihm.

Als sie heimkamen, probierte sie von den Resten des Eintopfs. Da verstand sie.

In Form dieser Geschichte erklärten die Anishnabeg, wie sie den Ahornsirup und Ahornzucker durch reinen Zufall entdeckten.

*

Manche Pflanzen heilen. Daß Pflanzen heilende Kräfte haben, schloß man aus der Beziehung zwischen Tieren und Vögeln und Pflanzen. Die Heilkräfte der Pflanzen wurden auf ähnliche Weise entdeckt wie im folgenden Bericht.

Ein kleines Mädchen und ihre Großmutter waren beim Blaubeerenpflücken. Während sie von einem Platz mit saftigen Beeren zum anderen gingen, blieb die Großmutter plötzlich stehen, deutete auf die Erde und flüsterte zu ihrer Enkelin: «Paß auf, das hier wirst du nicht noch einmal sehen.»

Das kleine Mädchen blickte auf den Boden, wo die Großmutter hinzeigte. Dort im Gras stellte eine Schlange einem kleinen grünen Frosch nach. Das kleine Mädchen und die alte Frau sahen dem Drama auf der Erde zu. Die Schlange holte auf, aber bevor sie den Frosch mit dem Maul packen konnte, rettete sich ihr verzweifeltes Opfer mit einem Sprung in ein Gebüsch von Giftefeu.

Der kleine Frosch wartete im Giftefeu, seine Flanken bebten vor Anstrengung. Er schien unbesorgt, suchte nicht weiter nach Schutz und Unterschlupf. Die Schlange blieb vor dem Giftefeu und krümmte sich, als wollte sie auf den kleinen Frosch losfahren. Aber sie verharrte züngelnd in dieser Haltung und wagte sich nicht näher. Sie wartete darauf, daß der Frosch wieder herauskam. Der aber rührte sich nicht. Nach einer Weile sah die Schlange ein, daß ihr Opfer seine Zuflucht nicht verlassen würde, und kroch enttäuscht von dannen. Selbst dann verließ der Frosch seinen Unterschlupf nicht sofort. Erst als er sicher war, daß die Schlange dieses Unternehmen aufgegeben hatte, verließ er seinen sicheren Platz.

Er kam aus dem Giftefeu hervor und flog geradezu über den Boden, hüpfte ohne Unterlaß, bis er wieder ein kleines Gesträuch erreichte. In diesem Springkraut drehte und wand sich der kleine Frosch, bis jeder Teil seines Körpers gewaschen war. Von diesem kleinen Frosch erfuhren die Menschen das Heilmittel gegen Giftefeu.

Ähnlich wurden die Kräfte anderer Pflanzen entdeckt. Die Menschen fanden, daß man die Wurzel einer bestimmten Pflanze einnehmen mußte, um eine innere Blutung zu stillen; daß die wachsartige Substanz zwischen der Borke und dem Holz der Zeder äußere Blutungen zum Stillstand bringt; daß aus dem Blatt der Zeder oder Balsamil durch Auskochen ein Sud wird, der einen zugeschwollenen Hals wieder frei macht; daß eine Sumpfwurzel namens Jeebkae Halsschmerzen lindert; und daß breite, flache Grasblätter Abschürfungen heilen.

Die Heilkraft der Pflanzen konnte körperliche Schmerzen lindern und Gesundheit verleihen. Aber viele Medizinmänner und -frauen wußten, daß viele Formen der Krankheit nur äußere Anzeichen für einen schlechten inneren Seinszustand waren. Es war bekannt, daß ein Zusammenhang zwischen dem äußeren und dem inneren Wohlergehen eines Menschen bestand; Krankheit und innerer Aufruhr.

Daher genügte es nicht, Krankheiten mit Medizin zu behandeln, sondern es mußte im inneren Sein eines Patienten auch ein Zustand des Friedens hergestellt werden.

*

Nahrhaft sind die Früchte von Bäumen und Pflanzen; Wurzeln und Säfte lindern bei Verletzungen; aber bewundernswert ist, was die Pflanzen für die Seele und die Sinne des Menschen tun.

Die Menschen hatten eine Neigung zum Frieden; sie spürten ein Bedürfnis, Kitche Manitu zu berühren. Keine andere Pflanze als der Tabak war mehr geeignet, Frieden zu stiften und die Gedanken und Gebete des Menschen zu Kitche Manitu zu tragen.

Vor allem war der Tabak ein Geschenk des Geistes. Nanabushs Vater war es, der den Tabak brachte und nach dem heldenhaften Kampf mit seinem Sohn die Friedenspfeife mit ihm rauchte. Nanabush wiederum gab den Brauch als eine Zeremonie an die Anishnabeg weiter. Seitdem rauchten die Anishnabeg die Friedenspfeife vor großen Ratsversammlungen, nach dem Krieg und vor anderen Zeremonien. Die Anishnabeg nahmen den Brauch an und machten ihn zu einem Teil ihres täglichen Lebens, um Geist und Seele zu sammeln. Was gegeben worden war, mußte fortgesetzt werden.

Zum zweiten war der Tabak von der Art eines Weihrauchs, süß für die Zunge und von aromatischem Duft. Keine andere Pflanze besitzt diese Eigenschaften.

Zum dritten war der Tabak ein Kind von Mutter Erde und Vater Sonne und eignete sich von seiner Natur her als Opfergabe beim zeremoniellen Rauchen der Friedenspfeife. Er stand im Mittelpunkt der Zeremonie. Das Tabakblatt geht zu Ende, und mit dem Atem des Lebens vermischt, wird es himmelwärts zu Kitche Manitu getragen. Was der Gebende geschenkt hat, wird mit einem Symbol der Dankbarkeit vom Empfangenden zurückgegeben.

Durch die Opferung wurde der Tabak, ein gegenständlicher Stoff, zum Zeichen der Einheit des Menschen mit seinem Gott und nahm die letzte Bestimmung des Menschen selbst vorweg.

Im Winter gab es nur wenige Zeremonien. Kam der Frühling, so lebten die Zeremonien wieder auf. Denn im Frühling spielt sich das größte Schauspiel des Lebens ab: Geburt, Wiedergeburt und Erneuerung. Das war die Zeit, wo auch der Mensch die schwere Prüfung des Winters hinter sich hatte. Das Werden und die Jugend zeigten sich überall.

Und die vorherrschende Farbe des Werdens und der Erneuerung war Grün; die Farbe Grün wurde der Inbegriff des Lebens. Obgleich das Grün schließlich gelb und dann braun wird, bleibt es die Farbe des Lebens. Es ist ein Abbild der Jugend, einer vorübergehenden Zeit im Leben, aber die Farbtöne der immergrünen Pflanzen bedeuten Beständigkeit. Andere Schattierungen von Grün vergehen, aber das Grün der Zeder, der Tanne und der Fichte überdauern den Winter. Für die Anishnabeg bedeutete grün das Leben – Leben zu geben und zu erhalten.

*

Pflanzen können allein existieren, aber weder Tiere noch Menschen können ohne Pflanzen auskommen. Ohne die Pflanzen und ohne ein ausgewogenes Pflanzenwachstum wäre der Niedergang des Lebens und des Seins unausweichlich.

Zur Verdeutlichung der Abhängigkeit des Menschen von den Pflanzen und um zu zeigen, wie feingesponnen das Gewebe der Abhängigkeit und wie empfindlich das Gleichgewicht ist, erzählten die Anishnabeg folgende Geschichte.

Rosen waren einst von allen Blumen am zahlreichsten und hatten die strahlendsten Farben. Sie waren so zahlreich und in so vielen Farben vertreten, daß sie für etwas ganz Gewöhnliches angesehen wurden. Niemand achtete besonders auf sie; ihre Schönheit blieb unbemerkt, ihre Pracht wurde nicht besungen.

Aber Jahr um Jahr nahmen die Rosen an Zahl ab, und zugleich wurden die Kaninchen immer fetter. Nur der Bär, die Biene und der Kolibri merkten, daß etwas nicht stimmte. Auch den Anishnabeg kam etwas nicht ganz geheuer vor, aber sie wußten nicht, was. Sie wußten nur, daß der Bär magerer und sein Fleisch nicht mehr so süß war wie früher. Die Bären fanden weniger Honig, und was sie fanden, war längst nicht mehr so lecker. Die Bienen und Kolibris fanden weniger Rosen. Die Anishnabeg wunderten sich, die Bären gaben den Bienen die Schuld, und die Bienen waren sehr beunruhigt. Aber keiner konnte irgend etwas tun.

Eines Sommers waren schließlich alle Rosen fort. Die Bienen hungerten, die Kolibris wurden dünn, die Bären tobten. Diesen Sommer nannte man später den Sommer, in dem die Rosen verschwanden. Jetzt waren alle höchst beunruhigt. Eine große Versammlung wurde einberufen. Jeder sollte kommen.

Es wurde viele Tage lang diskutiert, bevor die Versammlung beschloß, alle schnellen Tiere und Vögel auszusenden, um die Welt nach einer einzigen Rose abzusuchen; falls sie eine fanden, sollten sie sie herbringen. Monate vergingen, bevor ein Kolibri zufällig eine einsame Rose entdeckte, die in einem fernen Land an einem steilen Gebirgsabhang wuchs. Der Kolibri hob die blasse Rose aus ihrem Bett und brachte sie heim. Kaum war er angekommen, kümmerten sich Medizinmänner und -frauen um die Rose und erweckten sie in wenigen Tagen wieder ganz zum Leben. Als es der Rose wieder gutging, gab sie einen Bericht von der Vernichtung der Rosen.

Mit vor Schwäche zitternder Stimme sagte sie: «Die Kaninchen haben alle Rosen gefressen.»

Ein wütendes Geraune ging durch die Menge. Die Bären, Wölfe und Luchse griffen sich die Kaninchen bei den Ohren und knufften sie herum. Dabei wurden die Ohren der Kaninchen in die Länge gezogen, und ihre Schnauze wurde gespalten. Die wütenden Tiere hätten die Kaninchen vielleicht an diesem Tag getötet, hätte die Rose nicht für sie gesprochen. «Hättet ihr auf uns geachtet und euch um uns gesorgt», so sagte sie, «dann hätten wir vielleicht überlebt. Aber ihr wart so gleichgültig. Unsere Vernichtung war zum Teil eure Schuld. Laßt die Kaninchen am Leben.»

Widerwillig gaben die Tiere die Kaninchen frei. Die Wunden der Kaninchen heilten zwar, aber die Scharten blieben ihnen als Zeichen ihrer Unmäßigkeit. Und die Rose gewann nie wieder ihre strahlende Schönheit und Pracht zurück. Aber sie erhielten von Nanabush Dornen, die sie vor der Gier der Gefräßigen und Maßlosen beschützten.

Während Nanabush der Rose Dornen verlieh, sprach er an die Versammlung eine Warnung aus: «Ihr könnt den Pflanzen das Leben nehmen, aber ihr könnt ihnen kein Leben geben.»

Basil Johnston stammt aus dem Anishinabe-Reservat Cape Croker im Süden Ontarios. Er arbeitet als freier Schriftsteller, Lehrer für Anishinabe (Ojibway) und Berater in der Abteilung für Ethnologie im Royal Ontario Museum in Toronto. Veröffentlichungen: «The Only Good Indian», «Moose Meat and Wild Rice» und «Ojibway Heritage», aus dessen deutscher Übersetzung der abgedruckte Text ausgewählt wurde.

Leonard Crow Dog

Der heiße Atem der Steine

Man kennt mich als Leonard Crow Dog, aber Leonard ist nur ein Name des weißen Mannes, den wir tragen müssen. Der wichtige Name, den ich als kleiner Junge erhielt, mein indianischer Name, lautet: *Der seine Medizin verteidigt*. Wenige kennen ihn. Ich versuche, mein Leben um diesen Namen zu falten. Nicht immer habe ich meine Medizin gut verteidigt, aber ich gebe mir Mühe.

Bevor mir der Weg des Medizinmannes gewiesen werden konnte, mußte ich mich reinigen, ich mußte auf den Hügel hinaufgehen zum *Hanblechia*, um nach einem Traum zu rufen, um ein Gesicht zu bitten, das mir den Weg zeigen würde. Das ist ein hartes Unterfangen, besonders für einen kleinen Jungen. Es erforderte allen Mut, den ich besaß. Bevor ich mich auf meine Suche nach dem Gesicht begeben konnte, mußte ich mich im *Oinikaga-Tipi*, dem *Inipi*, der Schwitzhütte, reinigen. Mein Onkel Good Lance und mein Vater machten alles für mich bereit. Good Lance sollte die Zeremonie leiten, und mein Vater sollte ihm dabei helfen. Das *Inipi* ist wahrscheinlich unsere älteste Zeremonie, denn es wird um die einfachsten, grundlegendsten, lebensspendenden Dinge herum errichtet: das Feuer, das von der Sonne kommt, die Wärme, ohne die es kein Leben geben kann; *Iñyañ Wakan*, oder *Tunka*, der Stein, der da war, als die Erde begann, und der da sein wird am Ende der Zeit; die Erde, der Mutterschoß; das Wasser, das alle Geschöpfe brauchen; unser grüner Bruder, der Salbei; und von all diesen umgeben: der Mensch, der Mensch, so wie er ist, nackt wie bei der Geburt, wie er die Last, den Geist unzähliger Generationen vor ihm fühlt und sich selbst als ein Teil der Erde erfährt, als Kind der Natur, nicht als ihr Herr.

Es ist auch die einfachste aller Zeremonien. Alles, was du brauchst, ist ein Fleck Erde von knapp zwei Metern Durchmesser, sieben junge Bäume, die sich biegen lassen, Steine, Holz fürs Feuer, ein paar Dekken, ein Eimer frisches, kaltes Wasser aus dem nächsten Bach. Ein Mensch allein könnte ohne fremde Hilfe, ohne fremden Zuspruch einen Trost, einen großen Auftrieb in dieser Zeremonie erfahren. Er bräuchte kein Geld, keinen Pfarrer mit steifem Kragen, um ihm beizustehen. Er könnte sich in einer halben Stunde ein Schwitzhaus bauen. Viele haben das getan, da bin ich sicher, wenn sie die Not fühlten.

Nun also sollte ich mich das erste Mal reinigen, in mein erstes Schwitzbad gehen, das eigens für *mich* hergerichtet wurde! Mir war sehr feierlich, ehrfurchtsstarr und unbehaglich zumute. Mein Vater und mein Onkel wie auch die paar anderen Verwandten nahmen mir die Befangenheit, indem sie Witze rissen und komische Bemerkungen machten. Im Leben sind das Heilige und der Alltagstrubel, Trauer und Lachen, Kopf und Bauch allesamt bunt durcheinander gemischt. Der Große Geist will nicht, daß wir alles hübsch sauber auseinanderhalten. Das überläßt er den Weißen, die sonntags in der Kirche ein Verhaltenskostüm tragen und wochentags ein anderes. Wir taten etwas Heiliges, aber das bedeutete nicht, daß wir nicht lachen sollten, während wir Holz fürs Feuer sammelten. «Dies *Inipi* für meinen Sohn ist sehr wichtig», sagte mein Vater. «Wir wollen nur das heilige Holz, das Holz der Balsampappel, *Chan-Wakan*, dafür verwenden.» So geschah es. Good Lance legte zunächst vier Stöcke auf den Boden, ein Viereck, und legte dann vier weitere darüber, während er zum Westen, zum Norden, zum Osten und zum Süden betete. Nach heiliger Art errichtete er einen kegelförmigen Holzstoß für das Feuer.

Das Häufchen grauer Steine wartete bereits, Steine, die schon viele Schwitzbäder hinter sich hatten, gute, erprobte Steine, die nicht im Feuer springen und zerplatzen würden. Sie waren von der *Sintkala Wakshu*, Vogelstein, genannten Art. Sie sind manchmal von Mustern überzogen, zart und fein wie Spinnweben, die schnell in der Sonne verblassen. Die Wissenschaft, wenn dich das interessiert, bezeichnet sie als Kalkstein. Neben dem Steinhaufen lag ein riesiger, ausgebleichter Büffelschädel, auf den das Zeichen des Blitzes gemalt war. Die Augenhöhlen waren mit zwei Salbei- und Graskugeln ausgestopft. Good Lance band eine kurze Schnur mit einem Tabakopfer um eins der Hörner. Er war, wie ich schon sagte, darauf bedacht, daß alle Rituale, bei denen er zugegen war, auch nach echter, alter Art abliefen. Er vergewisserte sich, daß kein Dosentabak in einer seiner Zeremonien verwandt wurde, nur *Chanshasha*, unser alter roter Weidenrinden-tabak. Er verzog das Gesicht, als er den blanken, neuen Metalleimer mit der ebenso blanken, neuen Kelle sah. Aus seinem alten, abge-wetzten Koffer holte er eine uralte Schöpfkelle aus Büffelhorn her-vor. «Wir nehmen die hier stattdessen», sagte er, «und was den Eimer anbelangt, so sollten wir eigentlich einen Büffelpansen als Wasserbe-hälter nehmen, aber heutzutage kriegst du keinen mehr, also muß dieses Ding hier –» wobei er dem sein Auge beleidigenden Eimer einen leichten Tritt versetzte – «es wohl tun.» Good Lance war in dieser Beziehung ganz anders als die andern Medizinmänner, die schon längst aufgegeben hatten, sich um Details zu scheren, weil die, wie sie sagten, eh nur unwichtige Äußerlichkeiten wären. «Und geht nicht im Unterzeug ins *Oinikaga-Tipi*, mit Bruchband und feschen Höschen mit Blümchen drauf», mahnte uns Good Lance. «Der Geist kann das nicht leiden. Ihr geht nackt rein.»

Mein Vater und mein Onkel machten dann eine Schwitzhütte für mich. Sie nahmen zwölf junge Weidenstämme und steckten sie senk-recht in den Boden, so daß sie einen Kreis bildeten, sechs auf der einen Seite und sechs auf der anderen. Sie bogen diese Stöcke zu einer Art Kuppel zusammen, etwa hüfthoch, und banden sie mit Streifen roten Tuchs aneinander. Sechs Tabakopferbeutel wurden an diesem Gerippe festgebunden. «Dies sind die Knochen des *Oinikaga-Tipis*; jetzt müssen wir ihnen Fleisch und Haut geben», sagte Good Lance. Dann bedeckte er das Gerippe mit Decken und Steppdecken und breitete eine große, verschossene Plane über das Ganze. Nun war die Hütte fertig und sah ganz nach einem mit Leinwand überspannten Iglu aus, wie es ein Anthropologe mal beschrieben hat. Auch ich durfte helfen, sammelte Salbei und legte den Fußboden der kleinen Hütte damit aus. Außer meinem Vater, Good Lance und mir waren noch vier andere Verwandte da, die sich mit mir zusammen reinigen sollten. Ich fragte mich, wie sie wohl alle reinpassen würden. Die Hütte sah so klein aus.

Sie hoben dann die Feuergrube aus, ein rundes Loch genau in der Mitte der kleinen Hütte. «Das ist das Universum, das ganze Univer-sum ist in diesem winzigen *Oinikaga-Tipi* enthalten», erklärte mir mein Vater. «Die ganze Welt ist mit uns dort drin, um zuzuhören, wenn wir beten.» Die Erde, die sie aus der Feuergrube geschaufelt hatten, schütteten sie zu einem geraden Damm auf, der knappe drei Meter weit aus der Hütte hinausführte, und mit der restlichen Erde machten sie einen kleinen Hügel. «Der stellt *Unchi* dar, Unsere Großmutter Erde. Denk daran», sagten sie mir. «Und der kleine Damm, der zu ihr hinführt, das ist *Chanku-Wakan*, die Heilige Straße des Lebens. Geh sie gerade.» Die Grube in der Hütte, der kleine Erdhaufen und der Holzstoß lagen alle auf einer Linie. In der Nähe des einen Eingangs, auf der rechten Seite, bildeten zwei kleine Astgabeln mit einem dritten Zweig, der waagerecht darübergelegt war, ein Gestell, gegen das unsere heilige Pfeife, weitergereicht vom Vater an den Sohn, gelehnt wurde.

Nun war alles bereit. Das Feuer, in dem die Steine aufgeheizt wurden, flackerte bereits hell. Wir zogen uns aus und betraten die Hütte. Good Lance war der Führer, also ging er zuerst und setzte sich mit seinem Wassereimer auf die rechte Seite. Ich ging als Vorletzter rein. Der Letzte war mein Vater, der der Helfer war. Klein wie ich war, mußte ich doch auf allen vieren reinkriechen. «Möge dich das an deine Brüder erinnern», sagte jemand, «an den Büffel, den Hirsch, die Antilope, die auf vier Beinen gehen. Bete heute für sie.» Der Eingang des *Initipi* wies nach *Wiyohpe*, dem Westen. Ich konnte die untergehende Sonne durch den Eingang sehen. Die heiße Luft über dem Feuer ließ ihre Strahlen tanzen. Ich war überrascht, wie leicht wir alle hineinpaßten.

«Sitz nicht so schlaff da wie ein Washichu», sagte mein Cousin neben mir. «Sitz auf den Knien wie ein Indianer.»

Good Lance griff ein Büschel duftendes Gras und steckte es mit einem Streichholz an. Er steckte auch das Salbeibündel an. Ich werde nie vergessen, wie süß es jenes erste Mal roch. Nach so vielen Jahren berührt es mich immer noch in derselben Weise, sooft ich ein Schwitzbad nehme. «Dies wird deinen Körper heilig machen», sagte Good Lance und räucherte mich ein, indem er das schwelende Gras über mir und um mich herum schwenkte. Er ermunterte mich, den süßen Duft einzuatmen, meine Hände dicht an das brennende Ende der Kräuter zu halten, sie zusammenzureiben, mich überall mit dem süßen Geruch einzureiben. Jemand zerdrückte ein anderes Kraut zwischen seinen Händen, *Wahpe-Washtemna*, indianisches Parfüm, und rieb seinen Körper damit ein. Good Lance bat dann um Ruhe. «Der Augenblick ist gekommen. Ich möchte, daß ihr still seid. Hört auf zu schwatzen. Wenn ich die Steine hinlege, gedenkt *Wakichagapi*, gedenkt eurer toten Verwandten und Freunde, betet für sie im Geiste.» Dann rief er nach den ersten sechs Steinen.

Einer meiner älteren Cousins hatte das Feuer zu hüten. Er tat all das, was draußen erledigt werden mußte. Auf einer Astgabel brachte er die ersten sechs Steine herbei und reichte sie einen nach dem andern in völligem Schweigen heran. Jedesmal, wenn ein Stein auftauchte, griff sich Good Lance die große Astgabel und senkte sie in die Feuergrube. Mein Cousin hätte gern eine Schaufel genommen, weil das leichter gegangen wäre, aber Good Lance ließ es nicht zu. Zuerst legte er einen Stein in die Mitte der Grube, dann vier Steine darum herum, dann einen weiteren Stein oben auf den mittleren. So stellten sie die Erde, die vier Richtungen des Universums und den Himmel dar. Der Helfer draußen schloß die Klappe, und wir saßen im Dunkeln. Die Steine glühten dunkelrot, wie in der Esse erhitztes Eisen. Tausend winzige Funken stoben von ihnen auf, und sie machten ein Geräusch wie ein aufgestörter Ameisenhaufen. Und heiß waren sie! Ich rutschte von ihnen fort, so weit ich konnte, preßte meinen Rücken gegen die Wand der Schwitzhütte und nahm das ganze Geschehen sehr bewußt wahr: die Hitze, das Gefühl des Salbeis unter meinem Hintern, die rotglühenden Steine.

«Wenn es für dich zu heiß wird», flüsterte mein Vater mir zu, «sag *Mitakuye Oyasin*, all meine Verwandten. Dann machen wir auf und lassen etwas kühle Luft rein. Aber nur, wenn es sein muß.»

Mit seinem Büffelhornschöpfer goß Good Lance eiskaltes Wasser über die rotglühenden Steine. Es zischte gewaltig, und wir waren auf der Stelle in eine Wolke sengenden weißen Dampfs eingehüllt. Der war so heiß, daß es mich wie eine Schockwelle traf. Mir war, als hätte ich meinen Kopf in unseren alten Küchenherd gesteckt, wenn sein Boden mit feurigen Kohlen bedeckt war. Ich wagte nicht zu atmen; ich dachte, wenn ich es täte, würden meine Lungen verkohlen. Aber ich schrie nicht. Ich steckte nur einfach den Kopf zwischen die Knie. Good Lance betete. Er gebrauchte uralte Worte, von denen ich einige nicht verstand. Er betete für die Toten, die uns lieb waren, für unsere Soldaten, die in Übersee ihren Dienst taten, in Korea, Okinawa, Deutschland. Er betete für die Erde, die Tiere, die Pflanzen. Er betete zu *Tunkashila*, dem Großvater Geist: «Gib diesem Jungen hier einen guten Traum, ein gutes Gesicht. Laß ihn den Medizinpfad wandeln. Mach ihn wert.»

Nach jedem Satz sagten wir alle: *«Hau, ohan, Tunkashila onshimala ye.»* Wir alle versuchten, den heißen Dampf mit den Händen zu erwischen, ihn über uns zu reiben.

«Dieser Dampf ist der heilige Atem des Universums. *Hokshila*, Junge, du bist wieder in deiner Mutter Schoß. Du sollst wiedergeboren werden.» Sie alle sangen zwei Lieder, uralte Lieder, die in jene Tage zurückreichten, als wir Sioux über die Prärie schweiften, als wir an den Großen Seen Mais anpflanzten. Ich fühlte mit einmal, wie mich die Weisheit von Generationen berührte. Die Männer, meine Verwandten, sangen laut und kräftig, während ich kaum atmen konnte. Ich fragte mich, wie sie es bloß anstellten.

Good Lance rief: *«Ho, Mitakuye Oyasin»*, und mein Cousin draußen schlug die Klappe zurück, ließ den Dampf abziehen, ließ Licht und wunderbare Kühle einströmen. Mein Vater zündete die heilige Pfeife an, erhob ihren Stiel im Gebet, nahm vier Züge und reichte sie an mich weiter. Ich sog den Rauch ein, so fest ich konnte, und hoffte, die Pfeife würde mir nicht ausgehen, denn das wäre ein schlechtes Zeichen gewesen. Mein Vater sorgte dafür, daß sie es nicht tat, indem er den Tabak im Pfeifenkopf sacht mit einem kleinen Stocher aus Salbeiholz auflockerte. Dieser Stocher hatte, wie ich wußte, einmal die Brust eines Sonnentänzers durchbohrt. Ich nahm meine vier Züge und reichte die Pfeife weiter.

«Diese *Chanupa*, diese heilige Pfeife», sagte mein Vater, «möge sie dich leiten. Sie ist die Seele unseres Volkes. Ihr roter Stein ist das Blut und das Fleisch der Dakota. Ihr Stiel ist unser Rückgrat. Die Feder am Stiel birgt in sich die Weisheit *Wanblees*, des Adlers. Der Rauch, der ihr entsteigt, ist der Atem *Tunkashilas*. Mit der Pfeife kannst du nicht lügen. Solltest du jemals eine Unwahrheit sagen, während du sie rauchst, so wird dich der Blitz erschlagen.» Der Tabak schmeckte und roch gut. Sein schwerer Duft erfüllte die Schwitzhütte. Ich fühlte mich wunderbar glücklich, stolz, mit den Erwachsenen zu rauchen. Ich fühlte mich eins mit ihnen. Ich reichte die Pfeife weiter.

Nachdem Good Lance an der Reihe gewesen war, rief er nach weiteren Steinen, keine besondere Anzahl. Er ermahnte uns nicht eigens, ruhig zu sein. Die ersten sechs waren die wichtigsten gewesen. Wieder wurden heiße Steine hereingebracht und die Klappe geschlossen. Die Hitze, der Rauch, der Tabak – sie alle hatten mich schwindlig und benommen gemacht. Sie hatten meinen Kopf leer gemacht, so daß die Geister eingehen konnten. Ich fühlte mich schwach, aber ich fühlte auch die Kraft durch meine Adern strömen, eine neue, seltsame Macht. Als ich in die glühenden Steine starrte, meinte ich, einen kleinen Vogel darin zu sehen. Ich erkannte in ihm einen Adler. Kaum geschaut, wandelte er sich in eine Pfeife. Das alles ging blitzartig vor sich, in einem Augenblick, aber für mich war es sehr wirklich.

«Das Glühen, die Hitze, die Flamme, das Feuer, *Peta-owihankeshni*, das Feuer ohne Ende. Dein Großvater entzündete es für deinen Vater, der es dir nun anzündet», sagte jemand im Dunkeln. «*Hokshila*, Junge, hüte dieses Feuer. Gib es an die nächste Generation weiter, an den Sohn, den du einmal haben wirst, auf daß er es an seine Kinder weitergeben kann.» Wieder wurde Wasser darübergegossen. Wieder hüllte uns der heiße, wirbelnde Dampf ein. Dieses Mal fühlte er sich gut an. Ich genoß das Gefühl, wie er meine Lungen aufheizte und sich heiß in meinem ganzen Körper ausbreitete.

Die Kraft mußte auch in die andern eingegangen sein. Die Gesänge hoben sich zu einer neuen Höhe, einer neuen Stärke, einer neuen Eindringlichkeit, wie ich niemals zuvor Gesänge gehört hatte. Sie schüttelten die kleine Hütte, als würde sie von einer Riesenhand gepackt. Sie zitterte, wie ein Blatt im Wind zittert. Unter uns schien die Erde zu schwanken.

«Der Großvater ist hier», sagte Good Lance. «Die Geister sind hier. Des Adlers Weisheit ist hier.»

Wir alle glaubten es, wußten es. Die Pfeife wurde rechts herum gereicht, und wir rauchten wieder. Viermal im ganzen wurden die Steine gebracht; viermal wurde das Wasser drübergegossen; viermal beteten wir und sangen; viermal rauchten wir.

Nach dem letzten Mal sagte Good Lance zu mir: «*Hokshila*, du bist gereinigt worden; du bist nun kein Kind mehr, du bist nun bereit und gestärkt, um hinaufzugehen und nach einem Traum zu rufen. *Hechetu.*»

Dann sagten wir alle der Reihe nach: «*Mitakuye Oyasin*, all meine Verwandten!» Und das meinte alle Zweibeiner, alle Vierbeiner, selbst die mit acht oder gar keinen Beinen. Es meinte die mit Flügeln und die mit Flossen, die mit Wurzeln und Blättern, alles Lebendige, all unsere Verwandten. Mein Vater nahm dann die Pfeife auseinander und säuberte sorgfältig den Kopf. Mein erstes *Inikagapi* war vorbei.

Aber das Schwitzbad war nur der Anfang gewesen, nur der erste Teil des *Hanblechia*. Nachdem ich meinen glänzenden Körper mit Salbei trocken gerieben hatte, zog ich mich an. Ich fühlte mich gut, prickelnd, als sei dies mein erster Tag auf Erden. Ich sah meine Schwestern ein kleines Stück zum Fluß hin abseits zusammenstehen. Delphine brachte ein Fleischopfer, um mir fasten zu helfen. Sie stand ruhig da und hielt eine Friedenspfeife eine kleine, L-förmige, rote Pfeife, so, daß der Stiel nach oben in die Wolken wies. Einige ihrer Cousinen schnitten ihr kleine Fleischstückchen aus den Armen, lüpften die winzigen Hautvierecke mit einer Nadel und trennten sie mit einer Rasierklinge ab. Blut floß als dünnes Rinnsal den Arm meiner Schwester von der Schulter zum Ellbogen hinunter. Sie stand einfach da, still, völlig unbewegt, und sah gradeaus. Unsere Cousinen nahmen jedes kleine Fleischstückchen und legten es auf ein viereckiges rotes Tuch.

Nachdem sie zwanzig Stücke geopfert hatte, wurde das rote Tuch, das diese enthielt, zu einem kleinen Bündel zusammengeschnürt und an die Pfeife gebunden, die mir meine Schwester mit den Worten überreichte: «Wenn du dich fürchtest oder den Mut verlierst, so nimm dies als einen Halt.»

Denk doch: du kannst durch dein Leiden jemandem helfen, den du liebst. Wenn du einen Verwandten hast, der krank ist, und du möchtest, daß er wieder gesund wird – wenn du dann gar nichts anderes hast, schau, du hast doch dein Fleisch, das du geben kannst, und du opferst es für ihn. Die Opfergaben meiner Schwester waren ebenso viele stille Gebete für mich, und der Gedanke daran brachte mich fast zum Weinen.

Good Lance gab mir auch einen Medizinbeutel mit einem Stein und einigen Tabakschnüren darinnen.

Mein Vater gab mir eine Adlerknochenpfeife. «Wenn es schlimm wird», riet er mir, «dann blas auf ihr.» Es gab nichts mehr zu tun, als auf den Hügel zu gehen.

Mein Vater und einer meiner Onkel, Joe Yellow Wolf, führten mich hinauf. Die Fastenstätte der Crow Dogs, ihr heiliger Ort, befindet sich auf dem Grass Mountain, einem steilen Hügel mit einem guten Ausblick auf unser Haus, den Fluß, das Tal, eine ganze Hügelkette auf der anderen Seite. Ein Teil dieses Hügels besteht aus einem breiten Plateau, wo sich manchmal verirrtes Vieh herumtreibt. Das Plateau wird zum Ende zu schmaler und ist dort dicht bewaldet. Das Gras und die Kräuter gehen dir bis zu den Knien. Dort unter den Kiefern ist unsere Visionsgrube, ein L-förmiges Loch, das man im Boden ausgehoben hat, zunächst grade nach unten, worauf sich ein kurzer waagerechter Gang tief unter den Wurzeln der Bäume anschließt. Du sitzt am Ende dieses Gangs und fastest.

Ein erwachsener Mann fastet je nachdem zwischen ein und vier

Tagen. Ein Medizinmann, der eine große Vision sucht, fastet immer vier Tage. Ich kenne einen Heiler, Pete Catches, der sogar noch länger gefastet hat. Auch seine Frau ging durch ein langes Fasten. In meinem Fall war es beschlossen worden, daß ich zwei Tage und zwei Nächte lang allein dort oben ohne Essen oder Wasser bleiben sollte. Ich war nur ein Junge, vier Tage wären also zuviel gewesen. Andrerseits wollte ich ein Medizinmann sein, daher sollte es mehr als bloß ein Tag sein.

«*Hokshila*, Sohn, denkst du, du kannst so lange durchhalten?»
Ich sagte «Ja», und das Herz schlug mir bis zum Hals.

Sie steckten Gebetsfahnen – rot, schwarz, gelb und weiß – im Geviert um das Fastloch herum. Sie banden eine Schnur mit 105 Tabakbeuteln im Viereck darum herum. Sie legten den Büffelschädel direkt vor den Eingang. Dann war es an der Zeit, daß ich mich auszog und in das Loch hinabstieg. Mein Vater und mein Onkel krochen mit mir hinein, obwohl für sie wirklich kein Platz war. Sie hüllten mich in eine Sterndecke ein und schnürten mich mit einem Wildlederriemen darin fest. Das symbolisierte die Hoffnung, ich möge eines Tages ein *Yuwipi Wichasha* sein, eine Art Medizinmann, der seine Zeremonien einer Mumie gleich in eine Decke eingehüllt und festgeschnürt vollzieht. Na ja, sie klopften mir auf die Schulter, murmelten ein paar ermunternde Worte und ließen mich allein, mit klopfendem Herzen, ein ziemlich verängstigtes kleines Bündel.

Die ersten Stunden waren die schwersten. Es war stockdunkel und totenstill. Ich saß da, ohne mich zu rühren. Meine Arme und Beine schliefen ein. Ich konnte weder sehen noch hören, noch fühlen. Ich wurde fast körperlos, ein Ding mit einem Herzen und wilden Gedanken, aber ohne Fleisch und Knochen. Würde ich jemals wieder sehen und hören können? Mit meinen Fingern umklammerte ich die kleine Pfeife, betastete das Bündel mit dem Fleisch meiner Schwester. Ich entdeckte, daß mir das ein wenig Mut machte. Ich weiß nicht, wie lang ich dort saß. Alles Zeitgefühl hatte ich längst verloren. Ich wußte nicht, ob es Tag oder Nacht war, hatte nicht einmal eine Möglichkeit, es herauszufinden. Ich betete und betete, Tränen liefen mir in Strömen über die Wangen. Ich wollte Wasser haben, aber fuhr fort zu beten. Gegen Abend des zweiten Tages – diese Zeitangabe ist nur eine wilde Vermutung – erblickte ich Räder vor meinen Augen, die sich in einen feurigen Reif fügten und sich dann wieder in leuchtende, farbenprächtige Kreise schieden, die vor meinen Augen tanzten und sich wieder zu einem großen Kreis zusammenzogen, einem Kreis mit einem Mund und zwei Augen.

Plötzlich hörte ich eine Stimme. Sie schien aus dem Innern jenes Bündels zu kommen, das ich war, eine Stimme aus dem Dunkel. Es war schwer zu sagen, wo genau sie herkam. Es war keine menschliche Stimme; sie hörte sich nach einem Vogel an, der wie ein Mensch spricht. Meine Nackenhaare sträubten sich, die Härchen auf meinem Rücken richteten sich auf, mein Fleisch kribbelte, ich bekam eine Gänsehaut. Ich versuchte, die Stimme zu verstehen, und hielt die heilige Pfeife so fest gepackt, daß sie hätte brechen können. «Gedenke des Reifs», sagte die Stimme, die nicht die eines Menschen war. «Diese Nacht werden wir dich lehren.» Und ich hörte viele Füße in meiner kleinen Visionsgrube umgehen. Und plötzlich war ich aus meinem Loch draußen, in einer anderen Welt, und stand vor einem Schwitzbad auf einer Prärie, die war mit wilden Blumen übersät und mit Herden von Hirschen und Büffeln.

Ich sah einen Mann auf mich zukommen. Er schien keine Füße zu haben, er schwebte einfach aus einen Nebelschleier auf mich zu. Er hielt zwei *Wagmuha*, zwei Rasseln, in seiner Hand. Er sagte: «Junge, was immer du deinem Volk erzählst, übertreibe nicht. Handle stets nach dem, was dein Gesicht dir zeigt. Heuchle nie.» Der Mann trug eine altmodische Wildledertracht mit Borstenbesatz. Ich streckte meine Hände nach ihm aus, da war ich auf einmal wieder in meiner Sterndecke. Meine Hand lag auf dem Medizinbeutel mit den Steinen und den Tabaksschnüren. Ich besitze ihn heute noch. Ich werde ihn immer bewahren. Immer noch hörte ich die Stimme: «Gedenke des Reifs. Gedenke der Pfeife. Sei ihr Sprachrohr.» Ich hatte keine Angst mehr. Wer auch immer da sprach, er wollte mir nichts Böses.

Plötzlich wuchs vor mir eine kohlschwarze Wolke, aus der Blitze hervorzuckten. Die Wolke wuchs und wuchs; sie bekam Flügel; sie wurde ein Adler. Der Adler sprach zu mir: «Ich gebe dir eine Kraft, nicht daß du sie für dich gebrauchst, sondern für dein Volk. Sie gehört dir nicht. Sie gehört den *Ikche Wichasha*, den Menschen schlechthin.» Ich sah einen Reiter auf einem grauen Pferd auf mich zukommen, in seiner einen Hand hielt er einen Salbeikranz. Er hielt ihn hoch über sich. Wie der Mann, den ich zuvor gesehen hatte, hatte dies Pferd keine Beine. Es kam gleichfalls einfach auf mich zugeschwebt. Und wieder löste sich alles im Schwarzen auf, und nur ich blieb nackt in meine Decke gekauert zurück. Und wieder kam aus dem Nebel ein seltsames Wesen herbeigeschwebt, dicht behaart, bleich, formlos. Es wollte mir meine Medizin wegnehmen, aber ich rang mit ihm, verteidigte sie. Es kriegte meine Medizin nicht. Es verschwand ebenfalls.

Plötzlich rüttelt mich jemand an der Schulter. «Wach auf, Junge.» Ich biß mir auf die Lippen, um nicht aufzuschreien, aber es waren nur mein Vater und mein Onkel, die mich holen kamen. Die zwei Tage und Nächte waren um.

Wieder im Haus erzählte ich ihnen, was ich gesehen hatte. «*Takoja*, Enkel», sagte Good Lance, «du hast einen guten Traum gehabt; er wird dich weit bringen. *Hokshila*, du wirst ein Medizinmann sein, ein *Yuwipi*. Aber zuvor wirst du vier Jahre lang ein Reiftänzer sein, bis du erwachsen bist. Jetzt werde ich etwas für dich tun.» Bis zu der Zeit hatte ich Schwierigkeiten mit dem Sprechen. Ich war zungenlahm, konnte nicht richtig reden, stotterte. Immer wenn ich einen Fremden traf, kriegte ich kein Wort raus. Niemand konnte mich verstehen. Good Lance legte mir seine Hände auf Kopf und Mund. Er umfächelte mich mit einer Adlerschwinge. Er betete: «Tunkashila, mach, daß dieser Junge redet.» Und als ich am nächsten Morgen aufwachte, konnte ich besser sprechen, und bald konnte ich fließend reden. Nach dem Gebet sagte Good Lance: «Ich werde dir etwas Gutes zum Geschenk machen: einen Reif und ein Pferd. Jetzt geh schlafen.»

Ich ging zu Bett, aber ich konnte nicht einschlafen. Ich schwebte zwischen Wachen und Schlafen hin und her. Noch immer sah ich Gesichte, konnte sie nicht abstellen, versuchte es auch nicht. Ich sah Kürbisrasseln vor meinen Augen tanzen, Sterne und viele, viele Farben, alle Farben des Regenbogens, wie sie sich in endlosem Kreisen drehten und drehten. Ich faßte unter mein Kopfkissen. Dort hatte ich meinen Medizinbeutel hingesteckt, der mit dem Stein und den Tabakschnüren. Ich umschloß ihn fest mit der Faust. So schlief ich schließlich zufrieden ein. Ich hatte meine Medizin gut verteidigt, wenn auch nur in einem Traum.

Leonard Crow Dog, geboren 1942 auf dem Reservat Rosebud in South Dakota, ist ein Medizinmann der Sicangu-Lakota. Seine Eltern erkannten in ihm schon früh seine spirituellen Kräfte und Begabungen und verhinderten, daß er eine weiße Schule besuchte – eine solche Erziehung wäre der langen und schwierigen Ausbildung zum «Wičaśa Wakan», zum Heiler und Medizinmann hinderlich gewesen. Der erste Crow Dog, Leonards Urgroßvater, ein enger Freund des Oglalla-Kriegshäuptlings Crazy Horse, war ein Führer der Geistertanzbewegung, die im Massaker von Wounded Knee im Dezember 1980 ihr tragisches Ende fand. Leonard selbst war bei der symbolischen Besetzung von Wounded Knee 1973 zusammen mit Wallace Black Elk behandelnder Arzt und Zeremonienleiter. Im Frühjahr 1974 setzte er eine Wiederbelebung des Ghost Dance in Gang. Ureinwohner aus Kanada, Mexiko und den USA tanzten drei Tage lang, bis die Adler aus den Bergen zu den Tänzern flogen. Von November 1975 bis März 1977 saß Leonard für seine Teilnahme in Wounded Knee im Gefängnis. Jährlich hält er auf dem Grundstück der Crow Dogs einen Sonnentanz ab. Leonards Bericht wurde auf seinen Wunsch von Richard Erdoes aufgezeichnet.

Pete Catches

Das Herz der Schildkröte

Ich lebe in einem Zeitalter, das längst vorbei ist. Ich lebe wie vor fünfzig oder sogar vor hundert Jahren. Ich mag es so. Ich will so bescheiden und der Erde so nah wie möglich leben. Nahe den Pflanzen, den Gräsern, den Blumen, die ich für meine Medizin brauche. Der Große Geist hat gesehen, daß der Mensch auf diese Weise überleben kann, daß er leben kann, wie er leben soll. Meine Frau und ich leben in einer kleinen Hütte – keine Elektrizität, kein fließendes Wasser, keine Kanalisation, keine Straße. So wollen wir es. Dieses einfache Blockhaus ist ein Platz des Friedens. So wollen wir auch den Rest unseres Lebens verbringen. Ich will abseits der modernen Welt leben, nur weg davon, weit weg im Busch und noch viel näher an der Natur, als ich das jetzt bereits tue. Ich will auch nicht Medizinmann genannt werden, einfach Heiler, denn das ist es, wofür ich erschaffen worden bin. Ich verlange nichts. Ein weißer Arzt hat sein Einkommen, ebenso ein weißer Priester. Ich nehme kein Honorar. Ein Mann geht geheilt aus meinem Haus. Das ist mein Lohn. Manchmal habe ich nicht die nötige Kraft – das macht mich traurig. Wenn ich die Kraft habe, bin ich glücklich. Viele Menschen denken immer nur daran, wie sie zu Geld kommen können. Das kommt mir nie in den Sinn. Wir leben von der Natur, meine Frau und ich, wir brauchen kaum etwas. Irgendwie werden wir schon leben. Der Große Geist erschuf die Blumen, die Flüsse, die Kiefern, die Zedern – und kümmert sich um sie. Er läßt eine Brise durch sie hindurch wehen und läßt sie atmen, gibt ihnen Wasser und läßt sie wachsen. Auch die, die in den Felsen wachsen. Er kümmert sich auch um mich, gibt mir zu trinken und zu essen, läßt mich mit den Pflanzen und Tieren als einer der Ihren leben. So will ich auch bleiben, ein Indianer, jeden Tag in meinem Leben.

Das soll nicht heißen, daß ich mich abkapseln will. Irgendwie finden die Leute immer wieder den Weg zu meiner Hütte. Ich habe das gern. Ich will im Gespräch sein mit den Menschen, ich will die Leute überall erreichen, ihnen den traditionellen indianischen Weg vermitteln, den Weg des Geistes nahebringen.

Gleichzeitig habe ich das Bedürfnis, mich immer mehr zurückzuziehen von allem, zu leben wie meine Vorfahren. Auf den Highways siehst du manchmal einen trampenden Vollblutindianer mit dem Daumen draußen. Das mache ich nie. Wenn ich auf der Straße gehe, dann will ich sie auch zu Ende gehen. Das steckt tief in mir drin, eine Art Stolz. Eines Tages werde ich meine Hütte noch tiefer in die Berge verlegen, vielleicht lasse ich das Haus ganz weg und werde ein Teil der Wälder. Dort hat der Geist immer noch etwas zum Entdecken übriggelassen: ein Kraut, ein Zweig, eine Blume – eine ganz kleine Blume vielleicht, in die man sich lange versenken und über die man nachdenken kann. Keine Rose! Gelb, weiß, künstlich und groß. Ich habe gehört, sie züchten jetzt schwarze Rosen. Das ist nicht natürlich. Das ist gegen die Natur. Sie machen uns schwach. Ich verabscheue sie.

Je älter ich werde, desto mehr verkrieche ich mich in den Hügeln. Der Große Geist hat sie für uns, für mich geschaffen. Ich will mich mit ihnen vermischen, in sie eintauchen und schließlich in ihnen verschwinden. Wie mein Bruder Lame Deer schon gesagt hat – alle Natur ist in uns, und alles von uns ist in der Natur. So soll es sein.

Der Baum für den Sonnentanz darf beim Fällen die Erde nicht berühren. Wir standen in einer Reihe, ich war dem Baumstumpf am nächsten, und als der Baum fiel, traf er mein Bein genau über dem Knie. Ich tanzte den Sonnentanz trotz der Schmerzen. Und ich fühlte mich gut. Mein Sonnentanz war dem Ursprung der Zeremonie so nahe wie möglich. Ich durchbohrte mein Fleisch am Morgen und riß mich gegen drei Uhr nachmittags los, das war das längste *Piercing*, seit wir den Sonnentanz wieder zum Leben erweckt haben. Nachdem ich mich losgerissen hatte, sahen wir eine große Gewitterwolke, die sich im Westen bildete. Viele Leute wollten gehen, um daheim zu sein, bevor das Unwetter losbrach. Und die Wolkenwand rückte schnell näher. Sie brachten mir meine Pfeife, die Pfeife, die ich immer benütze. Ich nenne sie meine Häuptlingspfeife. Ich nahm sie und bat den Großen Geist, den Donner zu teilen, ihn in zwei Hälften zu teilen, auf daß wir unseren Sonnentanz beenden könnten. Für alle sichtbar, teilte sich die Wolke, bevor sie uns erreichte. Ein Teil ging nach Norden, tobte im White River Land, riß die Dächer von den Häusern, zerstörte die Gärten und Felder und ließ nichts auf seinem Platz. Die Wolkenhälfte, die nach Süden zog, in Richtung Pine Ridge, bedeckte alles mit Hagel. Auf dem Tanzplatz schien ohne Unterbrechung die Sonne. Für mich war es der mächtigste Sonnentanz, dem ich je beigewohnt habe. Das war 1964.

Und das Schildkrötenzeichen, von dem dir John erzählt hat, wir wissen, daß das stimmt. Das Herz von *keha*, der Schildkröte, ist wahrscheinlich das Mächtigste, was es gibt. Es schlägt noch zwei Tage, nachdem du das Tier getötet hast. Ungeahnte Stärke und Ausdauer stecken in ihm. Wer solch ein Herz ißt, wird widerstandsfähig. Wer es ißt, nimmt diese Kraft in sich auf. Meine Schwester hat ein Schildkrötenherz gegessen. Sie mußte es in zwei Hälften schneiden, damit sie es schlucken konnte. Es machte sie zu einer starken Frau, tapfer wie ein Krieger. Sie hatte ein Gewächs in ihrer Brust. Die Ärzte sagten, es sei Krebs. Sie zündete fünf Zigaretten an, gab sie ihren Kindern und sagte, sie sollten ziehen, damit die Glut nicht ausginge. Dann nahm sie eine nach der anderen und brannte das böse Ding in ihrem Fleisch bis tief in ihre Brust aus, und ihr Gesicht blieb während der ganzen Zeit ruhig; nicht ein Muskel zuckte. Sie ist jetzt geheilt. Ein Schildkrötenherz hat diese Kraft.

Alle Tiere haben Mächte in sich, denn der Große Geist wohnt in allen, auch in einer kleinen Ameise, in einem Schmetterling, auch in einem Baum, in einer Blume und in einem Felsen. Die moderne Zivilisation des weißen Mannes hält diese Mächte von uns fern und verwässert sie. Um sich der Natur zu nähern, ihre Kraft zu spüren, sie helfen zu lassen, braucht man Zeit und Geduld. Zeit, um nachzudenken und alles herauszufinden. Ihr habt so wenig Zeit, um in euch zu gehen – ihr seid immer in Hetze, Hetze, Hetze. Dieses Hetzen und Hinterherlaufen verkürzt das Leben. Unsere Alten sagen, daß die Indianer der letzten Jahrhunderte keine Herzbeschwerden hatten. Und die Krankheiten, die sie hatten, wußten sie auch zu heilen. Krebs kannten sie nicht. Doch zwischen 1890 und 1920 wurden die meisten Arzneien und Heilmittel, die Tierbündel, die Pfeifen, die alten, geheimen Dinge, die wir über Jahrhunderte aufbewahrt hatten, vom B. I. A. und der Regierungspolizei beschlagnahmt oder zerstört. Sie rissen unsere Schwitzhütten nieder, sie drangen in unsere Wohnungen ein, zerbrachen die Pfeifen, warfen die Medizinbeutel ins Feuer und fegten die Weisheit von Generationen weg. Aber einem Indianer kannst du nicht alles nehmen, auch wenn du ihm scheinbar alles genommen hast: er hat immer noch seinen Mund, um zu beten, und weiß die uralten Lieder zu singen. Er kann immer noch seine *yuwipi*-Zeremonie im dunklen Zimmer abhalten, kann eine kleine Trommel schlagen und kann Kraft und Weisheit zurückkehren lassen. Das tat er auch, doch nicht alle Kräfte konnte er zur Umkehr zwingen. Die Hirschmedizin ist verschwunden. Ebenso die Bärenmedizin. Wir hatten flußaufwärts einen Medizinmann, der vor fünfzehn Jahren starb. Er war der letzte Bärenmedizinmann, den ich kannte. Und er war ein guter dazu. Er war wirklich gut.

Nur wenige Medizinmänner und -frauen sind der weißen Welt bekannt. Es gehört zu ihrem «Beruf», ein bescheidenes, zurückgezogenes Leben zu führen und das Licht der Öffentlichkeit zu meiden. Pete Catches ist hier nur deshalb zu lesen, weil John Fire Lame Deer ihn bei einem seiner Treffen mit dem Schriftsteller Richard Erdoes ums Wort bat. Sein Lakota-Name lautet Petaga Yuha Mani: Der mit Feuerkohlen geht. Er starb im Sommer 1984. Bis zu seinem Tod nahm er am jährlichen Sonnentanz seines Stammes teil. Für seine spirituellen Aufgaben wurde er von den Donnerwesen erwählt: «Ich muß einfach in dieser Weise leben, die ich mir nicht ausgesucht habe, weil sie (die Donnerwesen) mich erwählt haben... Mein ganzes Leben besteht darin, dem Geheiß der Donnerwesen und dem meines Volkes zu folgen und auf das acht zu haben, was mir die Großväter sagen.»

Dick Mahwee

Die nächtliche Macht

Als ich ein junger Mann war, hatte ich Träume, in denen ich Leute behandelte. Ich nahm diese Träume nicht ernst. Mein Onkel war ein Indianerheiler. Er wußte, was auf mich zukam. Er sagte mir, ich solle mich beim Reden vorsehen, nichts Rohes sagen (um nicht die übernatürlichen Geister zu verärgern). Aufgrund dieser Träume wurde ich jedoch nicht zu einem Heiler. Schließlich entschloß ich mich, in die Höhle bei Dayton zu gehen. Ich war damals um die Fünfzig. Mein Onkel wies mich nicht an, dorthin zu gehen. Ich entschloß mich einfach von selbst.

Ich ging gegen Abend in die Höhle. Sobald ich drinnen war, betete ich und bat um die Kraft, Krankheiten zu heilen. Ich sagte: «Die Menschen meines Volkes sind krank. Ich will sie erretten. Ich will sie gesund erhalten. Du kannst mir helfen, sie gesund zu machen. Ich möchte, daß du mir hilfst, sie zu erretten. Wenn sie gestorben sind, gib mir die Macht, sie zurückzubringen (die verlorene Seele wiederzubringen)!»

Dies sagte ich zu dem Geist in der Höhle. Er ist keine Person. Er geht mit dem Dunkel einher. Dies ist ein Gebet an die Nacht.

Dann versuchte ich einzuschlafen. Es war nicht leicht, dort zu schlafen. Ich hörte alle möglichen Geräusche. Ich konnte alle Tiere hören. Bären waren da, Berglöwen, Hirsche und andere Tiere. Sie waren alle in Höhlen im Berg. Nachdem ich eingeschlafen war, konnte ich Leute bei einer Heilzeremonie hören. Sie waren unten am Fuß des Berges. Ich konnte ihre Stimmen und die Gesänge hören. Dann hörte ich den Patienten stöhnen. Ein Heiler sang und behandelte ihn. Eine Frau mit einem Salbeizweig in der Hand tanzte. Sie bewegte sich um das Feuer und hüpfte bei jedem Schritt. Jedesmal wenn sie hüpfte, sagte sie:

«Hə', hə', hə'.» Dann sprenkelte der Schamane mit einem Salbeizweig Wasser über den Patienten. Das Singen und Tanzen zog sich lange hin. Dann hörte das Singen auf. Der Patient war gestorben, und die Menschen fingen an zu weinen.

Nach einer Weile begann der Felsen, neben dem ich schlief, wie berstendes Eis zu krachen. Ein Mann erschien in dem Spalt. Er war groß und dünn. Er hatte die Schwanzfeder eines Adlers in der Hand. Er sagte zu mir: «Du bist hier. Du hast die rechten Worte gesagt. Du mußt tun, wie ich dir sage. Tu es, oder du wirst Schwierigkeiten bekommen. Wenn du behandelst, mußt du den Weisungen folgen, die dir die Tiere geben. Sie werden dir sagen, wie die Krankheit zu heilen ist. Ich habe diese Feder in der Hand. Du mußt dir Federn wie diese besorgen. Du mußt auch die Dinge finden, die dazugehören. Besorg dir dunkle Perlen. Steck sie auf die Federkiele und binde einen Wildlederstreif an die Kiele. Besorg dir auch einen Hirschhuf und Daunen vom Adler. Damit kannst du zu den Menschen gehen und sie heilen. Dies sind deine Waffen gegen die Krankheit. Du mußt dir drei Rollen Kautabak besorgen. Mit ihnen kannst du deinen Patienten sagen, was sie krank gemacht hat, und dann kannst du sie heilen. Der Tabak wird dir auch helfen, wenn du die Krankheit heraussaugst und dir Speichelklumpen im Hals steckenbleiben. Hiermit beginnst du, ein Heiler zu sein. Du wirst deine Gesänge empfangen, wenn du behandelst. Die Gesänge sind jetzt auf einer geraden Linie (fertig zum Gebrauch). Bade im Wasser am Fuß des Felsens, und mal dich mit *I·bi* (weißer Farbe) an.»

Dann wachte ich auf. Es war Tag. Ich schaute mich um, aber ich konnte niemanden sehen. Der Mann war fort, und es gab keinerlei Anzeichen für die Tiere oder die Menschen, die gesungen und behandelt hatten. Dann tat ich, wie der Geist befohlen hatte, und wartete darauf, ein Heiler zu werden. Im Laufe von etwa sechs Jahren hatte ich ausreichend Unterweisung erfahren, um mit dem Heilen anzufangen.

Der Indianerheiler empfängt seine Macht vom Geist der Nacht. Dieser Geist ist überall. Er hat keinen Namen. Es gibt kein Wort für ihn. Die Indianer halten diesen Geist so heilig, daß sie fürchten, der Geist würde böse werden, wenn sie ihn bei einem Namen nennen würden. Keiner hat es je gewagt, ihm einen Namen zu geben.

Adler und Eule geben einem Schamanen keine Macht. Sie sind nur

Boten, die Weisung bringen vom Geist der Nacht. Manche Heiler haben Wasserkinder zu Boten. Sie werden gerufen, wenn der Schamane behandelt. Sie geben ihm nicht seine Macht, sie bringen nur Botschaft vom Geist der Nacht. Wenn der Schamane einen Patienten behandelt, ruft er nach den Wasserkindern, und sie bringen ihm Unterweisung vom Geist.

Zu der Zeit, wenn der Geist der Nacht die Macht zum Behandeln verleiht, weist er den Schamanen an, die Wasserkinder um Hilfe zu bitten oder den Adler, die Eule, den Hirsch, die Antilope, den Bären oder sonst einen Vogel oder ein Tier.

Wenn Schamanen Macht empfangen, so kommt die immer von der Nacht. Sie werden geheißen, nur bei Nacht zu behandeln. Diese Macht hat nichts mit dem Mond oder den Sternen zu tun. Ich kannte eine Frau, die nahm Sonne, Mond und Sterne zu ihrer Macht. Ich sah sie ihre Pfeife stopfen, und gerade als die Sonne aufging, paffte sie und fing an zu rauchen. Ich habe sie dies etliche Male tun sehen. Ich beobachtete sie genau, aber sie benutzte keine Streichhölzer. Ihre Macht entzündete die Pfeife.

Ich rauche, bevor ich in Trance gehe. Während ich in Trance bin, macht keiner irgendein Geräusch. Ich gehe hinaus, um nachzusehen, was mit dem Patienten geschehen wird. Sehe ich einen Wirbelwind, so weiß ich, daß er die Krankheit hervorrief. Sehe ich den Patienten auf Gras und Blumen wandeln, so heißt das, er wird wieder gesund. Bald wird er auf den Beinen sein und umhergehen. Sehe ich den Patienten zwischen frischen Blumen, und er pflückt welche, so heißt das, er wird wieder genesen. Sind die Blumen welk oder sehen aus, als hätte sie der Frost getötet, so weiß ich, daß der Patient sterben wird. Manchmal sehe ich in einer Trance den Patienten über den Erdboden gehen. Läßt er dabei Fußspuren zurück, so weiß ich, daß er leben wird, aber wenn es keine Spuren gibt, kann ich ihn nicht heilen.

Wenn ich aus der Trance zurückkomme, singe ich. Ich singe lauter und lauter, bis ich völlig bei Bewußtsein bin. Dann stellen mich die Männer auf die Füße, und ich mache mit dem Behandeln weiter.

Seine schamanistischen Kräfte erlangte der Paviotso-Heiler Mahwee
erst in der Mitte seines Lebens. Er war bereits fünfzig, als er sich der
Träume über Krankheit und Heilung in seiner Jugend erinnerte und
sich entschloß, in einer heiligen Höhle den Mächten des Überirdischen
zu begegnen. Seine Suche war erfolgreich, und er wurde ein Heiler.
Seine nächtlichen Heilungszeremonien hält er in Trance ab. Dick Mah-
wee stammt vom Pyramid Lake in Nevada. Seine Aussagen verdanken
wir dem Ethnologen Willard Z. Park, der Anfang der siebziger Jahre
heutige Formen des Schamanismus im westlichen Nordamerika er-
forschte.

Rosie Plummer

Die Kraft der Klapperschlange

Als mein Onkel im Sterben lag, wollte er, daß mein Vater seine Macht übernahm. Mein Vater sollte die Macht zu heilen haben. So wies er meinen Vater an, von der Macht zu träumen und auf solche Weise Unterricht über das Heilen zu erhalten. Am nächsten Tag starb mein Onkel. Bald darauf begann mein Vater, Träume zu haben. Mein Onkel erschien ihm in diesen Träumen. Jede Nacht kam er im Traum. Jedesmal kam er in einer anderen Weise. Mein Vater mochte die Träume nicht. Er fürchtete, sein Bruder versuchte, ihn zu holen. Bevor er starb, hatte mein Onkel meinem Vater ein kleines Stück Blei mit einem Loch in der Mitte gegeben. Das Loch war mit Adlerdaunen gefüllt. Mein Vater vergrub das Blei und die Adlerdaunen. Darauf setzte ihm der Geist seines Bruders nicht länger zu. Das Blei und die Federn stellten die Macht meines Onkels dar. Danach wurde mein Vater zu einem mächtigen Schamanen. Seine Macht wies ihn an, Klapperschlangen zu fangen. Sie bissen ihn nicht. Ihm wurde gesagt, er solle Salbei in seine Nasenlöcher stecken, damit ihm die Schlangen nichts täten.

Klapperschlange war die Macht meines Onkels; darauf hatte mein Vater Klapperschlange zur Macht. Jetzt gibt die Schlange mir Macht. Klapperschlange erschien meinem Vater in Träumen. Auf diese Weise lernte er, Schlangenbisse zu behandeln. Klapperschlange wies ihn an, Klapperschlangen zu fangen und von jeder zwei Giftzähne zu nehmen. Dies sollte er tun, bis er zehn Giftzähne hätte. Dann wurde ihm gesagt, er solle zehn Steinperlen nehmen, die die Farbe von Klapperschlangenaugen hatten. Er zog die Perlen und die Giftzähne zusammen auf eine Schnur. Diese Perlenschnur benutzte er, um Klapperschlangenbisse zu behandeln. Er konnte auch Kranke heilen.

Manchmal fing mein Vater Klapperschlangen und legte sie sich um die Hüfte. Gewöhnlich trug er so beim Nachhausereiten Klapperschlangen mit sich. Einmal legte er eine Klapperschlange um mich. Er sagte mir, ich solle mich nicht bewegen. Die Schlange kroch mir über den ganzen Leib, aber sie biß nicht. Er hatte zu jeder Zeit Klapperschlangen bei sich.

Mein Vater starb vor etwa zwanzig Jahren. Fast fünfzehn Jahre später, als ich etwa fünfzig war, begann mein Vater, mir in Träumen zu erscheinen. Er brachte mir seine Macht. Er wies mich an zu heilen. Ich träumte etwa drei- oder viermal von ihm, bevor ich es glaubte, daß ich heilen würde. Nach einer Weile begann die Macht, zu mir zu kommen, wenn ich träumte. Dann hörte ich auf, von meinem Vater zu träumen. Die Klapperschlange sagte mir, was ich tun sollte. Jetzt hilft mir die Schlange heilen. Sie kommt zu mir, wenn ich träume. Mehrmals hat sie mich angewiesen, Schlangen zu fangen, aber ich habe es nicht getan. Das hat mich bis jetzt noch nicht krank gemacht.

Manche Schamanen erhalten ihre Macht von den Wasserkindern. Sie sind die einzigen Menschen, die mit ihnen reden können. Sie ermahnen die anderen Leute, sich nicht über die Wasserkinder lustig zu machen. Diese Schamanen können die Wasserkinder aus dem See holen.

Die Wasserkinder kamen aus eigener Kraft zu Leben. Sie formten sich selbst. Manche Wasserkinder leben in Wasserlöchern, und diese Löcher trocknen nie aus. Die Menschen nennen diese Wasserkinder den «Atem der Wasserlöcher». In den Bergen, wo sie leben, weht immer eine kühle Brise. Sie haben die Macht, den Wind zum Wehen zu bringen, selbst einen sehr starken Wind. Der Wind ist ihr Atem.

Es gibt auch Frauen in den Seen, in denen die Wasserkinder leben. Diese Frauen sind wie die Wasserkinder. Sie haben dieselbe Macht. Große Schlangen leben gleichfalls im See. Wie die Wasserkinder haben auch die Schlangen große Macht. Manchen Schmanen geben sie Macht.

Rosie Plummer «erbte» ihre Berufung als Heilerin und Visionärin von ihrem Vater, der seinerseits der Erbe der Macht seines Schamanenbruders gewesen war. Für die Paviotso stellt der ungerufene Traum die Voraussetzung für die Erlangung der geistigen Kräfte dar. Rosie Plummer war bereits über fünfzig, als ihr in mehreren aufeinanderfolgenden Träumen ihr Vater erschien und ihr mitteilte, daß es ihr bestimmt sei, eine «Puhágam» zu werden. Von da an begann sie, in ihren Träumen Erfahrungen mit den unsichtbaren Mächten zu machen. Schließlich sah sie den Klapperschlangengeist, der bereits ihrem Vater und ihrem Onkel erschienen war. Sie erkannte ihn als ihren Geisthelfer.

Ihre Vorfahren lebten als nomadisierende Jäger, Fischer und Sammler in der Halbwüste des heutigen Nevada und in Honey-Lake-Valley in Kalifornien. Trotz der Veränderungen der Lebensweise und der Enge des Reservatslebens haben sich die Praktiken des Schamanismus bei den Paviotso bis heute gehalten. Rosie Plummer lebt bei Schurz auf der Walker-River-Reservation in Nevada; ihr Bericht entstammt Willard Z. Parks Studie über Schamanismus im Westen Nordamerikas heute.

Alfonso Ortiz

Die letzte Wanderung auf den Berggipfel

An einem Abend im März 1972, nachdem ich an einem religiösen Tanz in dem Pueblo New Mexicos teilgenommen hatte, in dem ich aufgewachsen war, befand ich mich zu Besuch im Haus eines unserer religiösen Ältesten. Er erzählte mir die Geschichte einer Pilgerfahrt, die er mit den zur damaligen Zeit noch der alten Religion anhängenden Stammesangehörigen 1932 unternommen hatte, als er noch ein junger Mann war. Es war Mai, und der Regen war in diesem Frühjahr nur selten und immer nur sehr kurze Zeit gefallen. Das kräftige Wildgemüse, von dem sich unser Volk in besseren Zeiten während solcher Perioden eines allgemeinen Mangels stets ernährt hatte, kam aus der Erde und welkte alsbald unter den sengenden Strahlen der Sonne auf den Feldern und Hügeln dahin. Man hatte Feldfrüchte angepflanzt, aber nun waren auch sie bedroht. So kam es, daß die religiösen Ältesten sich gemeinsam berieten und den Entschluß faßten, allesamt in Begleitung einiger der jüngeren Männer, die ihnen als Wachen und Helfer dienen sollten, eine Pilgerfahrt zum *Tsikomo*, dem heiligen Berg im Westen zu unternehmen. Dort wollten sie beten, meditieren und den Gottheiten, die dort ihren Wohnsitz hatten, Gaben niederlegen. Damit hofften sie, deren spirituelle Hilfe zu erlangen, um lebensspendenden Regen auf die verdorrten Felder unten im Tal herabzurufen.

Unter diesen religiösen Personen befanden sich die Priester des Sommers und des Winters, die Medizinmänner, die Clowns, der Jagdpriester, der damals wie heute sein Amt allein versah, der Kriegspriester sowie eine Gruppe von Priesterinnen, die mit dem Kriegspriester zusammenarbeiteten. Diese heiligen Menschen, die ihr jeweiliges Amt im Interesse des Wohlergehens des Stammes ausüben und in ihre

Positionen erst nach jahrelanger harter Ausbildung initiiert werden, repräsentieren im erhabensten Sinne das, was die Angehörigen der Tewa über sich selbst glauben; was sie waren, was sie sind und was sie bleiben möchten. Auf diesen spezialisierten religiösen Würdenträgern ruht alle Verantwortung für den Verkehr mit der spirituellen Welt und allen Naturkräften im Namen des Stammes, wobei zwischen beiden keine deutliche Trennungslinie gezogen wird. In jenem besonderen Frühjahr setzte das Volk wie eh und je seit den fernen Anfängen einer dunklen Vorgeschichte sein Vertrauen in die Fähigkeit seiner religiösen Führer, die Harmonie von etwas wiederherzustellen, was sie als gestörtes Gleichgewicht in ihren Beziehungen zu den Kräften des Kosmos deuteten.

Aber zurück zur Erzählung des Alten. Nachdem der Ältestenrat den Beschluß gefaßt hatte, zogen sich die religiösen Würdenträger sofort für vier Tage zurück, um sich für ihr heiliges Werk zu reinigen und die für die einzelnen Gruppen charakteristischen heiligen und machtvollen Gegenstände zu besorgen. Am festgelegten Tag machte sich die versammelte Schar, Männer wie Frauen, gemeinsam auf den Weg über den Rio Grande nach Westen. Mein Gastgeber betonte, daß der Aufbruch an einem Tag erfolgte, der nicht anders war als die bereits viel zu vielen heißen, trockenen Tage zuvor, und daß sich am Himmel auch nicht der leiseste Hauch einer Wolke zeigte. Auf ihrem Weg mußten sie ein benachbartes spanisch-amerikanisches Dorf passieren. Dessen Bewohner, in langjähriger Nachbarschaft mit ihnen verbunden, teilten die Sorgen der Tewa über die Trockenheit; sie kannten den Zweck der Pilgerfahrt und waren über sie erfreut. In ihrer Dankbarkeit versuchten sie, den Pilgern Nahrungsmittel und andere Zeichen der Erkenntlichkeit aufzudrängen, als diese das Dorf durchquerten. Die Medizinmänner in der Gruppe hatten jedoch vor dem Aufbruch allen eingeschärft, daß sie auf ihrem Weg zu den heiligen Stätten in den Bergen allesamt «keine Klauen hätten», daß niemand etwas annehmen oder wegführen dürfe, was ihm angeboten werde. So lehnten sie die Nahrungsmittel so höflich sie konnten ab und gingen weiter bis zum ersten einer Reihe von kleinen, ausgetrockneten Flußbetten, auf die sie bis zum Aufstieg am Fuß der Berge noch stoßen würden. Bei diesem Flußbett befand sich ein kleines Pappelgehölz, und hier machten sie Rast, um «Baumhüte» zu verfertigen, kleine Pappelzweige samt ihren grünen Blättern, die zu einem Kreis geflochten und als Hüte getragen wurden. Es war heiß, und sie wußten, daß der Aufstieg beschwerlich sein würde; so trugen sie diese Hüte, mit denen sie ihre Augenpartien schattig und kühl halten wollten.

Bald nach dieser ersten Rast trennten sich zwei kleinere Gruppen von der Hauptgruppe, der Kriegspriester mit seinen Gehilfen und die Priesterinnen mit ihren Helfern; die erste ging nach Südwesten, die andere nach Nordwesten. Sie wollten ihre Gebete und Meditationen an ihren eigenen Heiligtümern verrichten, die noch im Bereich der Hügel am Fuß der Berge, ganz nahe beim Dorf liegen. Diese Heiligtümer werden in der Tewasprache *Owin* oder Dörfer genannt und sind keine Bauten von Menschenhand, sondern besonders heilige Stätten auf Berggipfeln und an anderen hochgelegenen Orten. Jeder unserer religiösen Stände verfügt über einen solchen besonderen machtvollen Platz oder Ort. Die Hauptgruppe setzte indessen ihren langsamen Aufstieg über die niedriger gelegenen Hügel fort. Als sie gerade in den ersten größeren Canyon eintreten wollten, erklärte plötzlich Sun Lake, ein Angehöriger der heiligen Clowns, die Gruppe habe die falsche Richtung eingeschlagen, und drängte darauf, einen anderen, kaum erkennbaren Weg zu nehmen, der nach Nordwesten führte. Die meisten wußten, daß er sich irrte, und versuchten ihn davon abzubringen, die Gruppe zu verlassen; da er jedoch hartnäckig blieb, beschlossen sie, Sun Lake solle selbst feststellen, daß er einem Irrtum erlegen war. So machten sich Sun Lake und seine beiden jungen Helfer allein auf den undeutlich zu erkennenden Weg, während die anderen ihren Marsch fortsetzten, allerdings in langsamerer Gangart, da sie sich überlegten, das Trio werde seinen Irrtum bald bemerken und schleunigst zurückkehren, um sich ihnen wieder anzuschließen. Als sich diese Erwartung jedoch selbst nach geraumer Zeit nicht erfüllte, machte sich eine gewisse Besorgnis bemerkbar, und die Hauptgruppe unterbrach ihre Wanderung. Mittlerweile war den beiden Helfern klargeworden, daß Sun Lake sie immer weiter weg von der Hauptgruppe führte, so daß sie ihn schließlich gegen seinen heftigen Protest überzeugten, daß es besser sei umzukehren, wobei Sun Lake die ganze Zeit über darauf bestand, sie hätten sich trotz allem wirklich auf dem richtigen Weg befunden. Als beide Gruppen wieder beisammen waren, setzten sie ihre Wanderung nach Westen fort, weiter bergan.

Dann, nach etwa zwei Dritteln des Aufstiegs, in einer Höhe von etwa 2700 Metern, wurde ein älterer Clown, der allmählich zurückgeblieben war, plötzlich blaß und legte sich nach Luft ringend neben einem Wacholderstrauch nieder. Seinen jungen Helfern sagte er, er wolle sich ausruhen, sie sollten sich in der Nähe niedersetzen und warten. Besorgt eilte einer der beiden zur übrigen Gruppe voraus, um sie über den Zustand des alten Mannes zu unterrichten. Ein Medizinmann forderte den Helfer auf, umzukehren und bei dem alten Mann zu warten, wie dieser ihm aufgetragen hatte. Kaum hatte er sich neben seinem Gefährten niedergelassen und eine Zigarette gedreht, als beide ein Singen vernahmen, das von der großen Gruppe ausging, wobei die Stimmen der Medizinmänner besonders deutlich zu vernehmen waren. Keiner der beiden jungen Männer hatte ja in seinem Leben diese eigenartigen Gesänge gehört. Plötzlich, der Gesang hatte gerade erst ein paar Minuten gedauert, schoß der alte Mann an seinem Platz im Schatten kerzengerade in die Höhe. Die Helfer bemerkten, daß alle Farbe wieder in sein Gesicht zurückgekehrt war. Mit weit ausholender Gebärde erklärte er, «ich bin fertig, gehen wir weiter!» Obgleich das steilste und anstrengendste Stück des Wegs folgte, fiel der alte Mann nicht wieder zurück, noch erlahmte er in seinen Kräften.

In etwa 3000 Meter Höhe, auf einer abgeflachten Kuppe, ließ die Gruppe den Jagdpriester und seine Helfer zurück, denn dies war seine heilige Stätte. Die anderen gingen weiter, der Jagdpriester konnte jedoch nur bis hierher gehen. Einzig die Clowns, die Medizinmänner und die Priester des Sommers und des Winters samt ihren Gehilfen wanderten die letzte Strecke der Pilgerfahrt weiter, zum Fluß des *Tsikomo*, des heiligen Berges. Dort langten sie genau bei Sonnenuntergang an. Die übriggebliebenen heiligen Männer machten sich daran, ihr Lager zu richten und hießen die Helfer, sich ein eigenes Lager in Ruf-, aber außer Sichtweite zu machen. Noch lange Zeit, während sie zu schlafen versuchten, um für den beschwerlichen letzten Aufstieg auf den Berggipfel in der Morgendämmerung ausgeruht zu sein, vernahmen sie die Stimmen der Priester in der Nähe, deren Gebete und Gesänge sich ineinander woben.

Beim ersten Morgenlicht, als sich die Erde noch gar nicht erwärmt hatte, wurden die Helfer von den Medizinmännern geweckt, die zur Überraschung derer, die sich zum erstenmal in ihrem Leben an diesem Platz befanden, so nackt und bloß vor ihnen standen wie an dem Tag, da sie zuerst das Licht der Welt erblickt hatten. Von irgendwoher in den morgendlichen Frühnebeln erklang die Stimme Sun Lakes: «Laßt uns zusammentreten und wimmern wie die Neugeborenen!»

Die Helfer sahen erst sich, dann die Gruppe der sich versammelnden Priester in der Nähe an, alle so unbedeckt wie am Tag ihrer Geburt. Mein Erzähler flüsterte einem seiner Gefährten leise ins Ohr: «Ich möchte wissen, ob sie jetzt wirklich anfangen, wie ein kleines Kind zu schreien», ohne indes mit einer Antwort zu rechnen. Auf die brauchte er allerdings nicht lange zu warten, denn kaum hatten sich die Priester zu einem Kreis niedergehockt, begannen sie dieselben Lieder zu singen wie tags zuvor, als der alte Clown vor Erschöpfung zusammengebrochen war. Vor dem Schweigen der bewaldeten Hänge des heiligen Berges verstanden die Helfer, warum diese «Schreie von Neugeborenen», in Wirklichkeit Gesänge von großer Macht, den alten Mann am Vortag so schnell wiederaufleben ließen.

Lange währten die Gesänge der Priester, derweilen das Licht zunahm und die Nebel sich auflösten. Dann, gerade als die ersten Sonnenstrahlen aus dem großen Einschnitt in den Sangre-de-Cristo-Bergen weit hinter dem Tal in ihrem Rücken hervorbrachen, erhoben sich die Priester wie ein Mann und riefen ihre Helfer zu sich. Diese bemerkten, daß die Priester flaumige Adlerfedern in ihr langes, wallendes Haar geknotet hatten und lange Adlerschwingenfedern in den Händen trugen, dazu kleine, geschnitzte Gebetsstäbe, an denen Truthahndaunenfedern befestigt waren. Als beide Gruppen zusammenkamen, richteten sich die Augen aller in die Höhe zu dem baumlosen Berghang über ihnen, dessen blaßgrünes Gras noch in der silbrigen Tönung des frühen Morgennebels schimmerte. Mit den Medizinmännern an ihrer Spitze, deren Körper sich dunkel vor dem immer noch fahlen Licht abhoben, machten sich alle an den Aufstieg.

Bei den Pueblo-Indianern dürfen nur solche Personen dazu ausersehen werden, die Gipfel der heiligen Berge zu besteigen, die zu diesem Zweck rituell vorbereitet und geschützt sind, und sie dürfen diese Besteigung erst bei Tagesanbruch beginnen, nachdem sie sich jeglicher Kleidung entledigt und eine ganze Nacht am Fuße des Berges damit zugebracht haben, zu beten und sich auf andere Weise zu reinigen. In dieser Vorschrift verbirgt sich die Vorstellung – die sehr viel über die Bedeutung heiliger Berge für die Pueblovölker aussagt –, daß man sich der reinen Gottheit, die durch den Berggipfel verkörpert wird, nicht eher nähern darf, bis man einen Zustand erreicht hat, der möglichst weitgehend dem der Reinheit und Unschuld entspricht. Wir haben also das Bild des nackten, schmucklosen und unbefleckten Menschen vor uns, der den Segen für seine Gefährten erfleht, indem er in der Morgendämmerung, die Sonne im Rücken, den Gipfel eines Berges ersteigt. Jetzt verstehen wir auch den Sinn der anschaulichen und mächtigen Metapher: «Laßt uns wimmern wie die Neugeborenen!», denn zu diesem Zeitpunkt waren die heiligen Männer nichts anderes als das, so natürlich, hilflos und ohne alle Zier wie am Tag ihrer Geburt, wie es das Gebot für die ihnen bevorstehende Begegnung befahl.

Etwa 200 Meter vor dem Gipfel, in einer Höhe von gut 3600 Metern, trennten sich die Clowns von der Hauptgruppe, nachdem sie einen großen Felsblock etwa vom Umfang eines normalen Zimmers erreicht hatten, zu dessen Füßen eine Quelle entsprang. Hier würden sie bleiben, um ihre Gebete, Gesänge und Meditationen zu verrichten. Dieser mächtige Block ist ihr besonderes Heiligtum und Dorf – die Tewa-Sprache kennt für beide Begriffe nur ein Wort. Die letzte Abteilung der großen Pilgerschar setzte mit kräftigen Schritten ihre Wanderung zum Gipfel fort, die Sonne im Rücken und auf strenges Geheiß der Medizinmänner kein einziges Mal hinter sich blickend. Mein Erzähler erinnerte sich im Gedenken an jenen Augenblick daran, daß alle Kräfte der Erde und des Himmels sich in vollkommener Harmonie zu befinden schienen, und daß es ein gutes Gefühl war, lebendig zu sein. Sobald sie auf der höchsten Erhebung dieses hochragenden, ganz mit Gras bewachsenen Gipfels angelangt waren, versammelten sich wiederum die Priester, diesmal mit zum Gebet gesenkten Häuptern. Der Erzähler konnte nicht das ganze Gebet hören, er erinnerte sich nur noch an die ersten Worte: «So wie sie uns überlassen worden ist, seit der Zeit der Morgendämmerung der Erde, da alles jung und grün war . . .»

Nachdem sie ihr Gebet verrichtet hatten, verschwanden die Medizinmänner sogleich durch einen großen Schrein, der die Form der Fassung eines Schlüssellochs hatte und auf dem höchsten Punkt errichtet worden war. Alsbald tauchten sie wieder auf, beladen mit Kakteen, Disteln, Sand, Asche, Kieselsteinen und anderen Verunreinigungen, die von Zauberern in den Schrein gebracht worden waren, um ihn zu verstopfen und auf diese Weise die lebensspendenden Wasser daran zu hindern, in das trockene Tal tief unten hinabzufließen. Wenn man den Worten des Erzählers Glauben schenken darf, brachte einer der Medizinmänner sogar einen kleinen Wirbelwind mit, der, aus seiner Gefangenschaft befreit, noch einen Augenblick neben dem Schrein verweilte, als sei er überrascht, ehe er sich den westlichen Hang hinab tanzend davonmachte.

Nachdem sie dies alles mit großem Erstaunen und in sicherer Entfernung beobachtet hatten, wurden der Erzähler und die übrigen Helfer von den Medizinmännern aufgefordert, jeweils einen Zweig von den in der Nähe wachsenden Pinien abzubrechen und sämtliche Nadeln zu entfernen. Die Zweige banden sie zu groben Besen zusammen, um den großen Durchlaß des Schlüssellochs freizufegen, der dadurch den Blick unmittelbar zu dem östlich gelegenen Dorf im Tal freigab. Anschließend säuberten sie sorgfältig die gesamte Umgebung, was den halben Vormittag in Anspruch nahm.

In der Theologie der Pueblo-Indianer – nicht nur der Tewa – sind diese wie die Fassung eines Schlüssellochs geformten Schreine, deren unteres Ende stets auf ein bestimmtes Dorf gerichtet ist, Nabel und Erde, heilige Stätten der Vermittlung, an denen die Wasser des Himmels aufgefangen und von dort zu den Feldern im Tal gelenkt werden, wo man ihrer dringend bedarf. Wer somit diesen lebenswichtigen Kanal verstopft, der hindert die Regenwasser daran, zum Dorf und in die Felder der Ebene zu gelangen. Nachdem sie ihre Aufgabe der Reinigung erfüllt hatten, schlossen sich alle Priester wieder zusammen und pflanzten an beiden Seiten des nunmehr wieder offenen Kanals ihre mit dunklen Federbüschen geschmückten Gebetsstäbe auf. Dann näherten sich die Medizinmänner, während sie die tiefen Brummlaute ihres Schutzherren, des Bären, ausstießen, den Helfern, die inzwischen beiseite getreten waren, und schwenkten dabei die großen Adlerschwingenfedern, die sie in ihren Händen hielten, um jedwede Verunreinigung zu vertreiben, die von den meist jungen Helfern möglicherweise zu diesem hochheiligen Platz mitgeschleppt worden war.

Nach diesem letzten Akt der Reinigung verkündeten die Medizinmänner: «Jetzt haben wir alle wieder Klauen», wobei sie mit einer nach unten gerichteten Armbewegung auch die anderen mit einschlossen, die sich unterwegs von der Gruppe getrennt hatten, und der Abstieg begann. Einmal noch blickten sie zurück zu den Federbüschen an den Gebetsstäben, die heftig im Morgenwind flatterten. Und sie sahen auch, wie sich in einiger Entfernung am Himmel eine kleine Wolke abzuzeichnen begann. Auf dem Weg schlossen sich ihnen die Clowns mit ihren Gehilfen an, und nachdem sie an den tieferen Hängen entlang des Wegs verschiedene Pflanzen gepflückt hatten, beschleunigten sie ihre Schritte, da sie wohl wußten, daß jetzt Eile geboten war, und erreichten rasch das Plateau, auf dem der Jagdpriester und seine Helfer am Nachmittag zuvor zurückgeblieben waren. Hier verschnürten die vielen Gehilfen die großen Pflanzenbüschel zu festen Bündeln auf ihrem Rücken; es war die eigentliche Aufgabe, derentwegen man sie mitgenommen hatte.

Als sie eine Reihe gebildet hatten, um den Abstieg fortzusetzen, drehte Sun Lake sich plötzlich mit einer wirbelnden Bewegung herum und blickte unverwandt zum Berggipfel hinauf. Mein Erzähler sagte, Sun Lakes Gesicht habe auf die übrige Gruppe einen starken und ergreifenden Eindruck gemacht. Nach langen Augenblicken des Schweigens begann er mit kräftiger Stimme, aber einem melancholischen Unterton, etwas anzureden, das anscheinend geisterhafte Wesen in der Entfernung waren, die nur er in diesem Augenblick sehen und spüren konnte: «Ja, geht nur, nehmt sie euch und legt sie an, denn deshalb sind wir gekommen, wir haben euch Kleidung, Mokassins, Beinkleider, Hemden und Halstücher gebracht.» Er meinte die Federbüsche an den Gebetsstäben. Kaum hatte er ausgesprochen, war zum erstenmal ein dumpfes Grollen des Donners hinter dem heiligen Berg zu hören. Die immer noch schweigende Schar bemerkte auch, daß die kleine Wolke, die sie vor kurzem erblickt hatten, mittlerweile groß und dunkel geworden war und sich herabgesenkt hatte, den Gipfel auf ihrem raschen Weg alsbald einzuhüllen.

Die Priester trieben zur Eile an, um schnell aus den höheren Regionen zu gelangen, denn sie wußten, daß der Regen nicht mehr lange auf sich warten lassen würde. Inzwischen hatte Sun Lake immer wieder Augenblicke, in denen er seine Gefährten gar nicht zu bemerken schien. Die Medizinmänner blieben dicht in seiner Nähe und beobachteten ihn aufmerksam, mit verständnisvoll besorgten Mienen. Als sie gerade einen dichten Waldstreifen verlassen hatten, versuchte Sun Lake erneut, sie von dem seit dem Vortag deutlich auszumachenden Weg abzubringen, und deutete diesmal auf einen Canyon, der nach Süden verlief. Allerdings war er jetzt von den Medizinmännern umringt, und sie konnten ihn durch Zureden bewegen, daß er – wenngleich widerwillig – auf dem richtigen Weg weiterging. Ihre Gangart beschleunigte sich jetzt zusehends, denn die tiefer gelegenen Hügel und trockenen Flußbetten waren weniger stark zerklüftet als das Hochland hinter ihnen. Die anderen Pilger, von denen sie sich tags zuvor in dieser Gegend getrennt hatten, schlossen sich der Gruppe schweigend wieder an, um gemeinsam den Rio Grande zu überqueren und ins Dorf zurückzukehren. Wieder kamen sie durch die kleine spanische Ansiedlung, und wieder wurden ihnen Nahrungsmittel und sogar gefüllte Weinflaschen aufgenötigt. Diese Nachbarn hatten durchaus einen Grund für ihre Dankbarkeit, denn mittlerweile hatte es zu regnen begonnen, und der Donner hallte in einem langen, tiefen Rollen das ganze Tal wider. Die Pilger nahmen die Gaben voller Dank an, ohne indes auf einen Imbiß oder einen Trunk zu verweilen.

Sie beendeten ihren Zug auch noch nicht, als sie im eigenen Dorf angekommen waren, um jede Familie mit einem Anteil an den Heilpflanzen und dem Tabak zu versorgen, wie der Brauch dies verlangt hätte. So durchnäßt wie sie waren, gingen sie geradewegs zur Kiva, einem religiösen Versammlungsraum. In deren Innerem angelangt, drängten die Medizinmänner Sun Lake nachdrücklich, aber freundlich, sich in der Mitte des Raumes niederzusetzen, während einer von ihnen ein Bündel Heilgegenstände und Tabak besorgte. Alle übrigen wurden aufgefordert, ebenfalls im Raum zu bleiben. Die Medizinmänner entzündeten den Tabak, den sie vom Berg mitgebracht hatten, und bliesen den Rauch über den ganzen Körper von Sun Lake und massierten ihn, wobei sie unablässig leise vor sich hin sangen. Schnell wurde ein Tee aus Heilkräutern zubereitet, den Sun Lake trinken mußte, nachdem ein Segen darüber gesprochen war. Ganz allmählich schien etwas wie ein Nebel von ihm abzufallen. Lange Zeit blickte er in Gedanken einen nach dem anderen der Versammelten an, als ob er sie an diesem Tag zum erstenmal in seinem Leben sähe. Schließlich gab er den Medizinmännern durch ein Zeichen zu verstehen, daß er bereit sei zu sprechen. Er berichtete, er habe während der ganzen Pilgerfahrt in den Bergen Stimmen und Gesänge gehört, die auf ihn eine mächtige Anziehungskraft ausübten. Bis zum jetzigen Augenblick hatte er sie bald stärker, bald schwächer unablässig vernommen – am stärksten, als er versuchte, die Gruppe den falschen Weg in den Canyon zu führen und als er einen letzten Blick auf den Berggipfel zurückwarf, um die geisterhaften Wesen vielleicht dort oben zu sehen. Die Medizinmänner sagten ihm wiederum ganz freundlich, daß die ewigen Wesen, die in den Bergen wohnen, ihn zu sich gerufen hätten, daß er jedoch ins Pueblo zurückgekehrt sei, weil für ihn als jungen Mann die Zeit noch nicht abgelaufen sei. Zum Nutz und Frommen aller Versammelten wiederholten die Medizinmänner, daß die Heiligen der Berge häufig jene rufen würden, die sich dorthin wagten, damit die Jungen, Unvorbereiteten, noch nicht Initiierten nicht in diese Gegend gingen. Es war durchaus passend, daß sie bei dieser Gelegenheit den berufsmäßigen Spaßmacher gerufen hatten, der stets Gelächter und fröhliche Stimmung mit sich bringt.

Abgesehen von den dramatischen Ereignissen von Sun Lakes Erlebnis können wir aus dieser epischen Schilderung etwas über das Leben erfahren, das jenseits aller kulturellen Besonderheit oder von Ort und Zeit liegt, denn es ist eine Erzählung, die vieles bedeuten kann, weil jeder von uns sie auf seine Weise vernimmt. Um den Leser noch mehr an ihr teilhaben zu lassen, möchte ich gern noch etwas über den Zusammenhang sagen, in dem sie erzählt wurde, danach etwas über die Person des alten Erzählers und schließlich etwas Weiteres zur Geschichte selbst, indem ich ihr eine Deutung gebe.

Ich war eine Woche zuvor im Haus dieses alten Mannes erschienen, um ihn zu bitten, für mich einen Teil der religiösen Ausrüstung zu besorgen, die ich am folgenden Sonntag tragen wollte, da ich in der Zeremonie der gelben Maismädchen mittanzen würde, einem religiösen Tanz, den wir zur Zeit der Frühlings-Tagundnachtgleiche aufführen. Ich konnte die Gegenstände nicht selbst zusammenbekommen, teils weil ich nicht wußte, wie ich es anstellen sollte, zum Teil aber auch, weil ich in der folgenden Woche in Stammesangelegenheiten nach Washington und anschließend nach Harvard reisen mußte, um zwei Vorlesungen zu halten. Überdies hatte dieser Mann, da ich selbst keinen Großvater hatte, während meiner letzten Initiationsjahre für mich die Rolle eines Lehrers und Betreuers übernommen; auch hatte er für mich das Stirnband gewoben, das ich trage. Obgleich er damals wegen seines Alters und etlicher Leiden die meiste Zeit bettlägerig war, willigte er erfreut in meine Bitte ein. Tatsächlich konnte er seine Freude darüber nicht ganz verbergen, daß ich mein Anliegen in der traditionellen, zeremoniellen Weise vorgebracht hatte. Ich bin sicher, daß er ebenso wie viele andere der Stammesältesten sich gefragt hat, ob ich mich noch immer der alten Lehren erinnerte und daran glaubte, da ich mich doch inzwischen notgedrungen in einer vorwiegend nicht-indianischen Umwelt bewegte. Als an jenem Sonntagabend Washington und Harvard hinter mir lagen und wir die anstrengende, aber geistig erfrischende Zeremonie beendet hatten, kehrte ich zum Haus des alten Mannes zurück, und als ich mich wiederum in der traditionellen, ehrerbietigen Weise bei ihm bedankte, geriet er in eine Stimmung, in der er über erhabene Dinge sprechen wollte. Er bat mich, neben ihm niederzusitzen, und breitete sodann vor mir das epische Gemälde jener letzten Massenpilgerfahrt zum Berggipfel aus.

Aber nun zu dem Mann selbst, dessen Name zu seinen Lebzeiten Donner lautete. Ich gedenke heute dieses Namens mit Ehrfurcht, denn kaum einige Monate nach diesem Sonntagabend unternahm er eine letzte, einsame Wanderung auf den Berggipfel. Er ging heim. Die größte Zeit seines Lebens war dieser Mann ein meisterlicher Liedermacher gewesen, ein hingebungsvoller Bewahrer der heiligen mündlichen Überlieferung und ein selten fehlender Teilnehmer an sämtlichen Zeremonien unseres Volkes. In den Jahren nach 1932 diente er immer wieder als religiöser wie als weltlicher Sachwalter seines Stammes. Auch bewirtschaftete er seine Felder noch sehr viel länger als er eigentlich gemußt hätte, und er hörte selbst dann nicht damit auf, als andere ihm seine sorgfältig gehegten Pflanzen bei stockfinsterer Nacht wegstahlen. Er tat dies, weil er nicht daran glaubte, daß irgendeine andere Lebensform die richtige wäre, und Müßiggang als Alternative für irgend etwas war ihm sein ganzes Leben lang nie in den Sinn gekommen. Selbst nachdem ihn die letzte, langwierige Krankheit an sein Haus fesselte, packte er das Leben beim Schopf und lernte Weben, und von nun an verfertigte er im Bett lange, prächtige Schärpen, die von den Frauen bei Zeremonien getragen werden konnten.

Aber warum war *ich* es, dem *er* diese Geschichte erzählte, und gerade zu dieser Zeit? Diese Frage drängt sich beständig auf, und wenn ich im folgenden eine Antwort darauf zu geben versuche, so geschieht dies in der inbrünstigen Hoffnung, dabei die Erzählung selbst nicht zu entwürdigen. Unter einem bestimmten Aspekt gesehen, brachte der alte Mann lediglich seine eigene Form des Dankes zum Ausdruck, denn in seinen Augen hatte ich ihn geehrt, nicht nur, weil ich ihm die Ehrerbietung entgegenbrachte, die seine in langen Jahren erworbene Weisheit verlangte, sondern auch, weil ich für ihn Leben gewonnen hatte, indem ich mit einem von ihm verfertigten Gegenstand tanzte. Nach unseren heiligen Lehren gewinnt ein ritueller Schmuckgegenstand, den jemand gefertigt hat und der anschließend von einem anderen beim Tanz getragen wird, Leben und Segen ebenso gewiß für den Tänzer wie für den, der ihn gemacht hat. Dennoch ist dies lediglich eine Erinnerung daran, daß das alte, irdische Prinzip der Gegenseitigkeit bei den Tewa noch geradeso gilt wie bei anderen Völkern. In Wirklichkeit hatte der alte Mann andere, weit subtilere Gründe, mir seine Geschichte zu erzählen. Zum einen wußte er, daß er dieses Leben bald verlassen würde, doch zuvor wollte er mir ein letztes Geschenk überreichen, das größte, das er zu geben hatte, die lebendige, pulsierende Erinnerung an seine stolzeste, erhabenste Zeit auf Erden.

Aber selbst damals war ich nicht so eitel anzunehmen, das Geschenk sei für mich allein bestimmt, noch glaube ich, daß er eitel genug gewesen wäre zu meinen, er allein hätte das Recht zu einem solchen Geschenk. Er erinnerte und mahnte mich zugleich an eine gepflegte Tradition, die in diesem besonderen Landstrich entstanden war, in diesen Bergen, eine gehegte Tradition, die ungezählte tausende von Jahren in die Zeit zurück reicht. An diesem Abend schmiedete er ein neues Glied in die ungebrochene Kette dieser Tradition, und er wußte, daß es an der Zeit war, weil er zugleich wußte, daß seine eigene Zeit, da er auf den Berg gehen würde, nahe war. In dieser Hinsicht wiederholte er lediglich ein allgemeines menschliches Drama, ein Drama, das in seiner Tewa-Manifestation so lange wiederholt werden würde, als dieses Land von Tewa bewohnt wird. Indem er mir ein klein wenig über sein Leben zu der Zeit erzählte, da er in meinem Alter gewesen war, erzählte er mir die Wirklichkeit von der tiefen Einheit des Lebens. Er sprach zu mir von «allem Leben, das heilig und des Erzählens wert ist, und von uns Zweibeinern, die es mit den Vierbeinern und den Flügeln der Luft und allen grünen Dingen teilen», wie es Black Elk, der Heilige Mann der Oglala-Sioux ausgedrückt hat, als er von seinem eigenen Leben sprach. Ich habe diese Erzählung episch genannt. Sie begann solche Ausmaße anzunehmen, weil sich, während der alte Mann sprach, in ihm eine unsichtbare Kraft bemerkbar machte. Während er erzählte, stellte ich fest, daß seine anfangs schwache und zittrige, von Husten gepeinigte Stimme zusehends an Kraft und Gleichmaß gewann. Nach einiger Zeit erhob er sich aus seinem Bett, und sein Gesicht schien von dieser inneren Kraft durchglüht. Als in seiner Erzählung die Pilger den Gipfel des Berges erreicht hatten, stand er plötzlich auf und ging im Zimmer hin und her, einem Zimmer, das seine innere Kraft nicht länger eindämmen konnte. Seine Verwandten hatten mir zuvor gesagt, der alte Mann könne nicht gehen, und seit einigen Wochen habe er dies ohne fremde Hilfe nicht mehr getan, aber jetzt konnte er nichts anderes. Plötzlich war er dort, auf diesem Berggipfel, und in meiner Erinnerung war sein Gesicht das eines jungen Mannes zu einer anderen Zeit, aber an einem nahen Ort. Schließlich verließ ich ihn leise, ohne ein Wort, um in meiner eigenen Einsamkeit über seine Erzählung nachzudenken, denn in diesem Augenblick gab es nichts mehr zu sagen.

Aus der Distanz einiger Jahre scheint es mir heute, als sei es die

Demonstration der Macht eines Glaubens gewesen, der Macht des Wortes und die Macht einer wegweisenden Vision, alles in einem, denn dieser Mann nährte die Einheit seiner Vision die ganzen letzten 40 Jahre seines Lebens hindurch, während die menschliche Welt um ihn herum umstürzende Veränderungen erfuhr. Und so möchte ich ihn in meiner Erinnerung behalten, und so möchte ich ihn verlassen, wie er mit feurigen Augen durch sein kleines Zimmer geht, am Ende über seiner Erzählung für Minuten das Husten vergißt und den Blick auf eine Welt richtet, die weder durch Mauern noch durch Monumente versperrt ist, die der Mensch für den Menschen errichtet hat, auf ein reineres Bild, das ich, dem die Weisheit noch fehlte, nur sehr schwach wahrzunehmen vermochte.

Und es ist abermals die Macht der mündlichen Überlieferung, daß dann, wenn ihre tiefe Wahrheit zur richtigen Zeit weitergegeben wird, zu einer Zeit der Heiligkeit und erhabener, transzendenter Entschlüsse, ihre unerschöpflichen Bedeutungen in ihrer Gesamtheit erfaßt werden können, weil der Empfänger bereit ist. Darin hatte der alte Mann seine Zeit gut gewählt, denn kaum zwei Stunden zuvor dröhnten die Trommeln, riefen ein weiteres Mal Mutter Erde wach, und Gesänge wurden an die ewigen Wesen in den Bergen gerichtet, die den Regen schicken sollten. Als einer der Tänzer hatte ich durch das unaufhörliche Schlagen der Trommeln, die langen Gesänge und die Rassel in meiner Hand gefühlt, wie die wogenden Rhythmen des Kosmos meine tanzenden Füße durchströmten, auf, nieder, seitwärts, in alle Richtungen. Für einige wenige Stunden hatte ich das Gefühl, als sei ich das lebendige, pulsierende Bindeglied zwischen den kosmischen Ebenen, zwischen der Welt hier unten, unserer Welt, und der Welt oben. Ich fühlte mich, als hätte ich, wenn auch nur kurze Zeit, die tiefe Einheit des Lebens begriffen. Das wußte der alte Mann, und so glaubte er, ich könnte lernend etwas erfahren. Ich hoffe, er hatte recht damit.

Alfonso Ortiz, geboren 1939 in San Juan Pueblo in New Mexico, ist einer der wenigen indianischen Kulturanthropologen Nordamerikas.

Er ist auch einer der wenigen Ureinwohner, die trotz akademischer Karriere im weißen Amerika den Kontakt zu ihrem Volk nicht verloren haben. Die Zeremonien der Tewa stehen genauso in seinem Terminkalender wie die Vorlesungen an der University of New Mexico in Albuquerque, dessen Fakultät er als Professor für Ethnologie angehört. Er ist Mitherausgeber der beiden «Südwestbände» des zwanzigbändigen «Handbook of North American Indian», das die Smithonian Institution in Washington, D. C. verlegt.

Brooke Medicine Eagle

Kinder der Regenbogenfrau

Heut fand ich ein paar dürre, bleiche Knochen
Und las sie auf, tat sie in einen Sack,
Sie auszuwerfen und die Zukunft zu befragen,
Wenn mich modernes Zeug im Stich gelassen hat.

Die Suche nach dem Gesicht, auf die ich gegangen bin, unternahm ich
mit meiner Lehrerin vom Stamm der Nord-Cheyenne. Sie ist fünfund-
achtzig Jahre alt und ist als *Die Hüterin der heiligen Büffelmütze* bekannt. Bei ihrem Volk heißt sie *Die Frau, die alles weiß*. Sie und eine
jüngere Medizinfrau führten mich an einen Ort in South Dakota, den
man Bear Butte nennt. Es ist Prärieland, das allmählich ansteigt und
in die Black Hills übergeht. Das ist der traditionelle Ort des Fastens
und der Visionssuche für die Sioux und die Cheyenne, und das schon
seit Jahrhunderten und aber Jahrhunderten. Die Cheyenne halten es
so, daß du fastest und dich an Leib, Seele und Gefühlen reinigst.
Dann begibst du dich für vier Tage und Nächte nur mit einem Lenden-
schurz bekleidet und einer Büffelfelldecke auf die Spitze eines Berges, und dort bleibst du, ohne Essen oder Wasser, und betest um ein
Gesicht. Auf diese Art Suche bin ich gegangen.

Die jüngere Medizinfrau führte mich die Kuppe hinauf. Sie bereitete und segnete ein Salbeibuschbett auf einem äußerst felsigen Hügel
auf halbem Weg. Dies sollte mein Bett sein. Nachdem wir eine Pfeife
geraucht und Gebete gesprochen hatten, ließ sie mich allein. Ich
brachte also die Zeit dort damit zu, zu fasten und um ein Gesicht zu
beten.

Es wurde gerade dunkel. Oben auf dem Berg kann ich das Land unter mir überblicken: Dort unten ist ein See, in weiter Ferne liegen die Black Hills, und ich kann die Lichter von Rapid City sehen. Ich hoffe, es fängt nicht an zu regnen, denn ich will hier oben wirklich nicht naßgeregnet werden. Ein paar Wölkchen huschen über den Himmel, aber es ist noch ziemlich warm, später Herbst. Ganz friedvoll liege ich hier einfach da. Und neben mir taucht eine Frau auf, älter als ich, aber eigentlich keine alte Frau. Sie ist sehr einfach angezogen, Wildleder, und es überrascht mich, daß ihr Gewand keine Perlenstickerei aufweist. Sie trägt ihr rabenschwarzes Haar in langen Zöpfen, und sie steht neben mir und fängt an, zu mir zu sprechen. Wie sie so zu mir spricht, vernehme ich ihre Worte, jedoch nicht mit den Ohren; eigentlich höre ich sie überhaupt nichts sagen. Mir ist, als flöße sie mir etwas durch den Nabel ein, und es strömt durch mich hindurch, und manches davon kann ich mir zu Worten deuten, aber nicht alles, als gäbe sie mir etwas durch meinen Magen ein und ließe es dann aufsteigen. So müssen die Worte, die ich dem beilege, meine eigenen sein, und im Laufe der Zeit habe ich mehr und mehr von dem entdeckt, was sie mir erzählte.

Dann ziehen die Wölkchen, die vor dem Mond waren, ab, und wie sie dahinziehen, flirren Regenbogen im Schein des Mondes über ihr Kleid, und ich kann erkennen, daß ihr Kleid mit Kristallperlen besetzt ist, Hunderten von winzigen Kristallperlen; bei der leisesten Bewegung flirren zarte Regenbogen über sie hin. Um diese Zeit etwa regt sich noch etwas anderes. Vom höher gelegenen Teil des Berges herab wird es allmählich hell, und ich höre sanfte Trommelschläge, sehr sanft. Es gibt einen Tanz, den die Frauen tanzen, und der ist sehr sanft. Und von jenem Berg herab kommen langsamen, leisen und sanften Schritts die alten Frauen, die Geister jenes Landes, jenes Berges, alte grauhaarige Frauen, indianische Frauen, sie tanzen herab. Entweder sind sie Licht oder sie bringen Licht. Auf gewundenem Pfad kommen sie den Berg herab und umkreisen dann den Hügel, auf dem ich bin. Und wie sie im Kreis darum herum tanzen, sehr schnell, da bildet sich in jenem Kreis ein weiterer Kreis, ein Kreis junger Frauen, meines Alters, meiner Zeit, junge Frauen, die ich kenne, und auch sie tanzen. Diese beiden Kreise tanzen und treiben, und sie beginnen, sich ineinander zu verweben und wieder auseinander, wiegend ineinander überzugehen und wieder auseinander. Und dann bildet sich in diesem Kreis noch ein weiterer Kreis von sieben alten

Großmüttern, weißhaarigen Frauen, Frauen, die für mich bedeutsam sind, machtvollen alten Frauen.

In der indianischen Tradition findet sich ein erstaunliches Maß an Humor. Und der Humor stellt sich ein, während diese ganze so sehr ernste, sehr langsame und sehr schöne Zeremonie stattfindet. Da kommt meine Freundin: mit fliegendem Haar kommt sie den Berg herab gerannt. Immer kommt sie zu spät. Sie ist ein sehr edler Mensch, aber sie ist sehr unstet. In den Kreis kommt Dianne geflogen, ihr Haar wallt herab – wie immer ist sie zu spät dran. Und auf ihrer Hand trägt sie eine Taube. Die Regenbogenfrau blickt auf mich herab und sagt: «Ihr Name ist Mondtaube», und sie lächelt. Dianne läßt dann die Taube fliegen. Die Kreise um mich herum verschwinden, und ich bin wieder allein mit der Regenbogenfrau.

Sie sagte zu mir, daß die Erde in Not ist, daß das Land in Not ist und daß hier auf diesem Land, dieser Schildkröteninsel, Turtle Island, diesem nordamerikanischen Land, ein Gleichgewichten not tut. Sie sagte, daß die drängende, aggressive, analytische, intellektuelle, aufbauende, machende Energie ein sehr großes Übergewicht über die weibliche, empfangende, gewährende, sich ergebende Energie gewonnen hat. Sie sagte, was not tut, ist ein Aufrichten und Gleichgewichten. Und da wir das Gleichgewicht verloren haben, müssen wir mehr Nachdruck auf das Sich-Ergeben legen, darauf, empfangend, gewährend, nährend zu sein. Sie sprach zu mir als Frau, und mir war es bestimmt, diese Botschaft vor allem an Frauen weiterzugeben. Aber nicht nur den Frauen tut es not, in dieser Weise zu erstarken; uns allen tut dies not, Männern wie Frauen gleichermaßen.

Frauen sind in diesen Raum hineingeboren. Es ist natürlicher für uns, empfangend und nährend zu sein. So ist es einer Frau in diesem Körper bestimmt. Doch selbst die Frauen in unserer Gesellschaft tun sich dabei schwer. Keine von uns hat jemals gelernt, dies geschehen zu lassen. Wir wissen, wie wir etwas *tun*, wir wissen, wie wir etwas *herstellen*, etwas *machen*, etwas *versuchen*. Aber wir müssen zulassen, offen sein, uns ergeben, dienen. Dies sind Dinge, von denen wir nicht viel wissen. Sie sagte mir also, daß vor allem Frauen jenen Ort finden müssen, die Stärke ihres eigenen Ortes finden müssen, und daß auch die ganze Gesellschaft, Männer und Frauen, dieses Gleichgewicht braucht, damit wir uns selbst ins Lot bringen können.

Des weiteren sagte sie zu mir, daß wir auf diesem nordamerikanischen Kontinent alle Kinder des Regenbogens sind, wir allesamt; wir sind Mischblütige. Und vor allem an mich wandte sie sich und sagte, sie habe das Gefühl, ich würde eine Botin zwischen den Kulturen sein, über die Regenbogenbrücke hinweg, von der alten Kultur zur neuen, von der indianischen Kultur zur herrschenden Kultur und wieder zurück. Und in gewissem Sinne können wir in dieser Generation das alle sein. Wir können dazu beitragen, die Kluft zu überbrücken, die Brücke in das neue Zeitalter des Gleichgewichts zu bauen.

Über solche Dinge sprach sie zu mir, darüber, uns zu reinigen, so daß wir durchlässig sind für Liebe und Licht und Ergebung. Und als sie geendet hatte, stand sie einen Augenblick lang ruhig da. Ihre Füße blieben an Ort und Stelle, sie aber schoß über das Firmament in einem Regenbogen, der sich über die Himmel spannte, mit ihrem Kopf an der Spitze des Bogens. Und dann begannen die Lichter, die den Regenbogen bildeten, zu erlöschen, beinah wie ein Feuerwerk am Himmel, erloschen von ihren Füßen aus und erloschen und erloschen. Und sie war fort.

Als ich am nächsten Morgen aufwachte, war der Abschluß des Regenbogens, der in der Nacht zuvor zu wachsen begonnen hatte, auf der anderen Seite des Himmels. Und eine Zeitlang tauchten danach Tag für Tag immer wieder Regenbogen in meinem Leben auf.

Es gibt nur sehr wenige Frauen, die den Pfad des Schamanen gehen, und doch ist dies mein Weg. Ich wurde auf der Crow-Reservation in Montana aufgezogen. Mein Blut ist Sioux und Nez Percé. Als ich auf der Reservation aufwuchs, wurde indianische Tradition dort sehr klein geschrieben. Mehr und mehr jedoch kehre ich auf den Stammesweg zurück. Dies geschah, als ich anfing, meine Gesichte zu haben; durch meine Gesichte wurde ich auf die alten Wege zurückgezogen. Ich habe es mir nicht von außen her ausgesucht. Es kam einfach so.

Da ist noch ein Gefühl, das sich für mich mit der Suche nach dem Gesicht verbindet: Wenn die traditionellen Indianer beteten, dann hießen ihre Gebete immer: «Nicht nur für mich selbst bitte ich darum, sondern auf daß die Menschen leben mögen, mögen die Menschen leben.» Jeder von uns kann träumen, aber wenn du ein Gesicht suchst, so tust du dies nicht nur für dich selbst, sondern auf daß die Menschen leben mögen, daß für uns alle das Leben besser werde, nicht nur für mich, sondern für alle Menschen.

Ich sehe meine Aufgabe darin, in jeder mir möglichen Weise dazu beizutragen, daß die Erde geheilt werde. Ich fühle, daß wir in einer

Zeit leben, in der die Erde verzweifelt nach Heilung verlangt. Überall wo wir hinsehen: Trockenheiten, Erdbeben, Stürme, Umweltverseuchung. Ja, die Erde selbst verlangt nach Heilung. Und ich fühle, daß in jeder Weise, in der ich helfen kann, meine Berufung liegt: sie ganz, das heißt heil zu machen, auf diese Ganzheit acht zu haben, nicht nur in uns selbst, sondern auch in der Verbindung zur Erde.

Das indianische Volk ist das Volk des Herzens. Als der weiße Mann in dieses Land kam, da sollte er den Intellekt, jene analytische, intellektuelle Daseinsweise mit sich bringen. Und das indianische Volk sollte das Herz ausbilden, die Gefühle. Und jene beiden sollten sich einen, um das neue Zeitalter zu bauen, in Gleichgewicht, nicht das eine *oder* das andere.

Das geht jetzt erst seit etwa zweihundert Jahren so, und ich denke, wir sehen allmählich, wie die Kraft dieses Landes, jene empfangende Kraft, wieder zurückkehrt und daß sich nach und nach ein Gleichgewicht abzuzeichnen beginnt. Und ich fühle: das, was wir sind, ist dieses Land. Wir sind jene Kinder, von denen Regenbogenfrau gesprochen hat. Wir sind die, denen es aufgetragen ist, dies zu tun. Wir sind jene Verschmelzung.

In der Philosophie der wahren Indianer ist Indianersein eine Haltung, ein Geisteszustand; Indianersein ist ein Daseinszustand, der Ort des Herzens. Dem Herzen gewähren, der Energieverteiler auf diesem Planeten zu sein; deinem Herzen, deinem Empfinden, deinem Fühlen gewähren, deine Energie zu verteilen; jene Energie aus der Erde zu ziehen und vom Himmel herunter; sie herunterzuziehen und vom Herzen – der wahren Mitte deines Wesens – aus zu verteilen, das ist unsere Aufgabe.

Etliche Überlieferungen sprechen von vier oder fünf verschiedenen Welten und sagen, der Schöpfer habe all diesen Welten ein einfaches Gesetz gegeben: daß wir in Harmonie und Gleichgewicht mit allen Dingen leben sollten, einschließlich der Sonne. Und ein ums andere Mal haben die Menschen diese Harmonie zerstört; auch wir haben diese Harmonie zerstört. Und wieder haben wir es ohne irgendwelche Not getan. Wenn wir dieses Gleichgewicht nicht wiederherstellen, so ist dies unsere letzte Chance.

Wir müssen zu Klarheit und Widerstandslosigkeit gelangen, bevor wir nach einem Gesicht suchen – zum Ergeben und Lassen. Wenn du nicht willens bist, dich jetzt in deiner eigenen Erfahrung zu bewegen, dann wird sich dir das Gesicht nicht öffnen. Du mußt dich in jenem

Kreis bewegen, in dem es keinen Widerstand gibt, kein Hoch, noch Tief, in dem es keine harten Ecken zum Drüberstolpern gibt. Dann, eines Tages, wirst du selbst dieser Kreis.

Brook Medicine Eagle ist die Ururgroßnichte von Chief Joseph, dem berühmten Führer der Nez Percé. Ihr zeremonieller Name lautet: «Tochter des Regenbogens des Morgenstern-Clans, deren Helfer Sonne und Mond sind und deren Medizin der Adler ist».

Sie wuchs während der wirtschaftlichen Depression auf dem Reservat der Crow in Montana auf und war Mitte zwanzig, als sie Schülerin von Josie Limpsie wurde, einer Medizinfrau der nördlichen Cheyenne. Gleichzeitig ging sie den weißen Bildungsweg: In Denver, Colorado, studierte sie Psychologie und Mathematik und erwarb den Magister in Sozialpsychologie. Nach einigen Aufträgen verschiedener Universitäten verabschiedete sie sich von der akademischen Welt und widmete sich fortan Dichtung, Gesang, Tanz und Heilung in der spirituellen Tradition ihres Volkes.

Die Beschreibung, die sie 1977 gegenüber der Ethnologin Joan Halifax von ihrer Vision auf dem heiligen Berg Bear Butte gab, entspricht der einer Frau, deren Sorge und Arbeit vorrangig weltweiten Belangen gelten.

FIKTIONEN
SCHREIBEN ALS RITUAL DER GEGENWART

Jimmie Durham

Geronimo liebte Kinder

Schaue ich auf alte Photos von Geronimo
Habe ich immer das Gefühl, gleich schießt er auf den Photographen.

Hey   Wüstenhabicht!   Sohn von Stein und Kaktus.
Bruder von Coyote   Lehrer von Tecolote.

Hey   du alter Knacker!   Hör auf,
uns zum Narren zu halten wie ein Kaninchen –
wir wissen, daß du nicht tot bist.

Geronimo hatte viele Kinder
Geronimo nahm sich Zeit, mit den Kindern zu reden
Geronimo liebte Kinder
Geronimo weinte um seine Kinder
Geronimo sah viele hungrige Kinder
Geronimo sah viele von Soldaten gemordete Kinder
Geronimo sah alle Kinder
Geronimo kämpfte für seine Kinder

Hey   Old Road-Runner!   In den Lagern flüstern sie.
Sie singen von deinem Ritt auf dem trockenen Wind.

Geronimo   Paß auf!   Da nimmt einer unsere Kinder.
Du tapferer, heiliger, alter Lederfetzen
Schießt du jetzt oder nicht?

128

Die Augen der jungen Männer
Die Tränen der Mütter
zeigen deinen Wolfsgeist.

Versuch nicht, mir was vorzumachen   Alter
Ich sehe dein trotziges Lachen
in den Beinen unserer hockenden Puma-Krieger.
Und ich sehe, wie deine Windhand die Kinder zur Sonne dreht.

Schießt du jetzt oder nicht?

Jimmie Durham, Cherokee, geboren 1940 in Texas, zählte lange zu den führenden Köpfen des indianischen Widerstands auf politischer Ebene. Er war federführend bei der Vorbereitung der großen UNO-Konferenz der Ureinwohner beider Amerikas, 1977 in Genf, beteiligt. Er hatte Anfang der siebziger Jahre in Genf bildende Kunst studiert, nach Wounded Knee 1973 der politischen Arbeit aber Vorrang gegeben: Er gründete in der Schweiz die Solidaritätsorganisation Incomindios und in den USA das International Indian Treaty Council. Zehn Jahre später zog er sich wieder von der politischen Bühne zurück. Heute lebt Jimmie Durham als Bildhauer und Schriftsteller in New York.

Simon J. Ortiz

Howbah Indians

Eines Nachts sprang ich plötzlich aus dem Bett.
«Howbah Indians», sagte ich.
«Was?» fragte meine Frau.
«Howbah Indians», wiederholte ich.
«Das kam mir gerade in den Sinn.»
Es war angenehm, sich zu erinnern.
Also schrieb ich es auf einen Notizblock.
Howbah Indians.

«Was machst du da?» fragte sie.
«Ich denke gerade an Adler», entgegnete ich.
Und dann erklärte ich ihr:
«Es bedeutet, ihr Indianer alle zusammen –
so wie ihr in Oklahoma sagt: Willkommen, ihr alle zusammen.»

Adler kaufte sich eine Whiting Brother-Tankstelle, das heißt, er zahlte für eine Konzession oben in San Fidel. Geraume Zeit hatte er dort schon gearbeitet, hatte eine Khakiuniform mit dem Schriftzug Whiting Brothers auf der rechten Brusttasche getragen, und eines Tages war er dann sein eigener Herr. Er strahlte jedesmal, wenn er aus seinem Häuschen eilte, um einem für zwei Dollar Benzin zu verkaufen, den Ölstand zu prüfen und die Windschutzscheibe zu putzen.

Als erstes stellte er ein Schild auf, das aussah, als wäre es hundert Meter lang; so wie ein hoher Bretterzaun. Die Farben der Whiting Brothers-Kette waren gelb und rot, und so malte er auch das Schild – riesige rote Buchstaben auf grellgelbem Grund; man konnte schon aus zehn Meilen Entfernung lesen: *Howbah Indians.* Wir waren ganz stolz auf ihn.

Ob sie ihm nun gehörte oder ob er nur der Pächter war, weiß ich nicht mehr so genau – aber ich bin sicher, daß er von den Weißen in irgendeiner Form abhängig war. Aber das zählte nicht. Was zählte, war, daß die Leute glaubten, er wäre der Besitzer. Und sie lachten, wenn sie zu ihm sagten, «Gaimuu, shtuumu kudra Tankstelle. Von Chevron oder Conoco brauchst du kein Benzin mehr zu kaufen».

Ich weiß noch genau, als Adler nach Korea mußte. Das war 1951, und ich war gerade in der dritten Klasse. Eines Abends begleiteten meine Eltern und ich ihn an den Highway, der damals noch «U. S. 66» hieß. Heute heißt er «Interstate 40». Als wir den Highway erreichten, las Adler am Straßenrand ein paar Kieselsteine auf und warf sie mit aller Wucht von der Seite her auf den Straßenbelag, und wenn sie auftrafen, sprühten sie Funken. Ich tat es ihm nach, und einige Male gelang es mir ebenfalls, die Funken sprühen zu lassen. Es müssen Feuersteine gewesen sein; jedenfalls kann ich mich an alles erinnern, was sich seit jenem Sommerabend zugetragen hat.

Wie lange Adler Besitzer der Tankstelle in San Fidel war, weiß ich nicht. Wahrscheinlich nicht sehr lange. Die Black Bull-Bar lag gerade gegenüber. Wenn man von Westen her die Hügelkuppe erreichte, am Antelope-Laden vorbei, konnte man das Schild sehen – es nahm praktisch den ganzen östlichen Horizont ein: *Howbah Indians*.

Mein Vater lacht heute noch, wenn er daran denkt, wie er und ein anderer Mann für den alten Pasquale ein Haus errichteten. Adler war damals ein kleiner Junge und mischte ihnen Schlamm. Der andere Mann hänselte den Jungen, indem er ihn immer wieder «Payatyamo» nannte und dabei lachte. Abends auf dem Nachhauseweg fragte Adler meinen Vater, was Payatyamo bedeutete. Mein Vater mußte lachen und zeigte auf Adlers Hosenstall – «Das da bedeutet es.» Payatyamo war der Name einer Kochina-Puppe, die einen Krieger darstellte und einen beträchtlichen Ruf für ihre Männlichkeit genoß.

Ich erinnere mich an das ungewisse, langsam aufsteigende Gefühl von Trauer in meinem Innern, wie meine Eltern und ich die roten Rücklichter des Greyhound-Busses verfolgten, die in der Kurve bei Owls Cove im Westen unseren Blicken entschwanden. Später, als es längst Winter war, betrachtete ich stumm und voller Sorge die Bilder im Life-Magazine, auf denen man äthiopische Soldaten sah, die in der schneebedeckten koreanischen Erde festgefroren waren.

Noch viel später, als er heimkehrte, und bevor er die Tankstelle kaufte, sagte er immer: «Ich habe Korea dreimal zu Fuß durchmessen. Einmal, glaube ich, bis hoch nach China, über den Yalu-Fluß. Manchmal höre ich die Chinesen heute noch, wie ihre angsterfüllten Stimmen bei Nacht hügelauf und hügelab gellen.» Ende der fünfziger Jahre wurde Adler vom Stamm auf ein Jahr lang zum Sheriff ernannt, um ihn ein wenig zu zügeln und ihm ein Gefühl der Verantwortlichkeit zu geben.

Und dann kaufte er die Tankstelle und stellte das Schild auf. *Howbah Indians*. Einige Jahre darauf – ich glaube, das war während meiner Dienstzeit in der Armee – war er mal eine ganze Woche lang verschwunden. Zunächst machte sich keiner besondere Sorgen, man kannte die Stimmungen, die ihn ab und zu überkamen. Man kannte die Stimmungen und Gefühle der jungen Männer, die oft genug mit ihnen durchgingen. Vielleicht trieb Adler sich auch auf den Straßen von Gallup oder Albuquerque herum. Aber dann fand ihn einer, nicht weit von jener Stelle, wo er mit seiner Frau und seinen Kindern wohnte, im vom Regen abgeschwemmten Erdreich. Er lehnte an einer steinharten Lehmschicht und war verletzt. Es sah aus, als wäre er mit dem Gesicht auf einen Stein gefallen, aber die Beamten vom Büro für indianische Angelegenheiten kümmerten sich nicht groß darum.

Das war im Winter.

Wenn heute einer von Adler spricht, dann breitet er die Arme aus, und jeder erinnert sich an das grellgelbe und rote Schild am Horizont: *Howbah Indians* – Willkommen miteinander Indianer. Und jeder lacht in Gedanken an diese Erinnerung und wie wichtig sie ist.

Simon J. Ortiz, geboren 1941, verbrachte die ersten zwanzig Jahre seines Lebens in Acoma, einem Keres-Pueblo westlich von Albuquerque, New Mexico. Er studierte an den Universitäten von New Mexico und Iowa und diente drei Jahre in der amerikanischen Armee.

Nach dem Studium arbeitete er als Journalist, Lehrer und Lektor. Unter anderem unterrichtete er an der San Diego State University, am Institute of American Indian Arts und am Navajo Community College. Seit den sechziger Jahren ist er schriftstellerisch tätig.

Lance Henson

Morgenstern

morning star *

in the wallow that morning with only scattered
rounds
not a word passed

yet
near the end the old women stopped chanting
lifting their broken hands they stood

listening it is said to the laughter of children
in the cold
howling
wind

morgenstern

an diesem morgen in der büffelsuhle mit nur vereinzelten schüssen
wurde kein wort gesprochen

---

* «Morning Star» nannten die Lakota den Cheyenne-Häuptling Bull Knife.
Das Poem ist einer kleinen Gruppe Cheyenne gewidmet, die auf der Flucht
starb, nachdem man sie 1878 im Fort Robinson in Nebraska gefangengehalten
hatte.

doch
kurz vor dem ende ließen die alten Frauen das singen
sie hoben ihre gebrochenen hände und standen

man sagt sie hörten kinderlachen
im kalten
heulenden
wind

go go hoh/ni meod

hi do nah/na ma nist/sti doh/hist tah nov
no mi gun/vip eht/eyo eh down/mahp
eh dion/im bohmp dists/voheh
digh ho eh/eh hi/goht

na mah nist/diski/iiiss

spechtlied

ich mache diesen klang auf der erde

das gerollte blatt voll wasser
hält einen spiegel des himmels

an einer stillen stelle

mache ich diesen kleinen klang

Lance Henson ist ein Dichter der Tsitsista, wie sich die Cheyenne selbst bezeichnen. Sein Tsitsista-Name ist Ma-ha-go: Dachs; seine Heimat ist Oklahoma. Er gehört der Black Belt Karate Association an, der Dog Soldier Warrior Society seines Stammes und der Native American Church, einer Peyote-Glaubensvereinigung.

Veröffentlichungen: Keepers of the Arrow, 1972; Naming the Dark, 1976; Mistah, 1979; Buffalo Marrow on Black, 1980; In a Dark Mist, 1982; A Circling Rememberance, 1984; Selected Works 1970 – 1983, 1985.

N. Scott Momaday

Der Weg zum Regenberg

«The Way to Rainy Mountain» ist eine Wanderung in die eigene Vergangenheit, eine Pilgerreise an einen heiligen Ort nordwestlich der Wichita Mountains im heutigen Oklahoma, ein Wachrufen der Vergangenheit, ausgelöst durch den Tod der Großmutter. N. Scott Momaday folgte der Route seiner Vorfahren, als sie von den Quellen des Yellowstone in die großen Ebenen zogen und ein Reitervolk wurden. Im Folgenden einige Ausschnitte aus diesem literarischen Ritual – Etappen auf dem Weg zum Regenberg.

Sie hieß Aho, und sie gehörte zu der letzten Kultur, die sich in Nordamerika entfaltete. Ihre Vorfahren stiegen vor beinahe drei Jahrhunderten vom Hochland im Westen Montanas hinab. Sie waren ein Bergvolk, ein rätselhafter Stamm von Jägern, deren Sprache nie mit Sicherheit einer linguistischen Gruppe zugeordnet werden konnte. Im späten siebzehnten Jahrhundert begannen sie eine lange Wanderung nach Süden und Osten. Es war eine Reise der Sonne entgegen, und sie führte in ein goldenes Zeitalter. Auf dem Wege freundeten sich die Kiowas mit den Crows an, und von ihnen erhielten sie die Kultur und die Religionen der Plains. Sie erwarben Pferde, und ihr uralter Nomadengeist war plötzlich vom Boden befreit. Sie erwarben Tai-me, die heilige Puppe des Sonnentanzes, die von diesem Augenblick an Gegenstand und Symbol ihrer Verehrung wurde. Dadurch hatten sie teil am göttlichen Wesen der Sonne. Nicht zuletzt erwarben sie sich auch ein Gefühl der Vorsehung und damit Kühnheit und Stolz. Als sie die südlichen Plains erreichten, waren sie ein verwandeltes Volk. Sie waren nicht mehr Sklaven der bloßen Notwendigkeit zum Überleben. Sie waren ein fürstlicher und gefährlicher Stamm von

Kämpfern und Dieben, Jägern und Sonnenpriestern. Ihrer Schöpfungsgeschichte zufolge hatten sie die Welt durch einen hohlen Stamm betreten. Ihre Wanderung schien wie die Frucht einer alten Weissagung, denn sie entstiegen nun tatsächlich einer sonnenlosen Welt.

Obwohl meine Großmutter ihr langes Leben im Schatten von Rainy Mountain verbrachte, lag die grenzenlose Landschaft im Inneren des Kontinents wie Erinnerung in ihrem Blut. Sie konnte von den Crows erzählen, die sie nie gesehen hatte, von den Black Hills, wo sie nie gewesen war. Ich wollte mit eigenen Augen sehen, was sie vollkommener mit dem geistigen Auge gesehen hatte. Und so reiste ich fünfzehnhundert Meilen, um meine Wallfahrt zu beginnen.

Weißt du, alles muß einmal beginnen, und so geschah es: Die Kiowas kamen einer nach dem anderen durch einen hohlen Stamm auf die Welt. Es waren viel mehr als jetzt, aber nicht alle von ihnen kamen heraus. Eine Frau, deren Bauch mit einem Kind angeschwollen war, blieb in dem Stamm stecken. Danach konnte niemand mehr hindurch, und deshalb sind die Kiowas zahlenmäßig ein kleiner Stamm. Sie sahen sich um und erblickten die Welt. Es machte sie froh, so viele Dinge zu sehen. Sie nannten sich Kwuda: «Hervorkommen».

Sie nannten sich Kwuda und später Tepda, was beides «hervorkommen» bedeutet. Und noch später nannten sie sich Gaigwu, ein Name, der etwas bezeichnet, dessen beide Hälften sich in ihrem Aussehen unterscheiden. Unter Kiowa-Kriegern war es einst Brauch, sich das Haar nur auf der rechten Seite des Kopfes zu schneiden, und zwar in einer Linie auf Höhe des Ohrläppchens, während sie das Haar auf der linken Seite lang wachsen ließen und es in einem dicken, in Otterfell gehüllten Zopf trugen. In Zeichensprache deutet man «Kiowa» dadurch an, daß man die Handfläche nach oben zeigend und leicht ausgehöhlt neben der rechten Seite des Kopfes hält und aus dem Handgelenk heraus hin und her kreisen läßt. Man nimmt an, daß Kiowa von der abgeschwächten Komanche-Form von Gaigwu abgeleitet wird.

Ich erinnere mich, wie ich im Frühjahr in die nördlichen Great Plains kam. Wiesen mit blauen und gelben Blumen bedeckten die Hänge, und ich sah unter mir die stille, in der Sonne glänzende Ebene, die sich aus dem Gesichtskreis entfernte. Zuerst versagt das Unterscheidungsvermögen des Auges, es nimmt nur das Land selbst auf, ganz und undurchdringlich. Aber dann beginnen die kleinsten Details aus der Tiefe hervorzutreten – Herden und Flüsse und Baumgruppen – und jedes von ihnen hat eine vollkommene Existenz im Sinne von Ferne und Stille und Alter. Ja, dachte ich, jetzt sehe ich die Erde, wie sie wirklich ist. Nie wieder werde ich Dinge so sehen, wie ich sie gestern oder vorgestern gesehen habe.

An Sommernachmittagen ging ich im Wachita River schwimmen. Die Strömung war langsam, und das warme, braune Wasser schien stillzustehen. Es war ein geheimer Ort. Dort im tiefen Schatten, umgeben von dichtem, überhängendem Pflanzenwuchs der Ufer, heftete sich meine Aufmerksamkeit auf die Flügel einer Libelle oder die rasche Bewegung einer Wasserspinne. Das große, weite Land in der Ferne widersetzte sich beinahe der Vorstellungskraft. Und doch war es da, nur einen Steinwurf entfernt. Einmal, auf dem Ast eines Baumes sitzend, erblickte ich mich selbst in dem braunen Wasser. Und dann sprang ein Frosch vom Ufer und zerbrach das Spiegelbild.

Ein Wort hat Macht in und durch sich selbst. Aus dem Nichts wird es zu Klang und Bedeutung. Es bringt alle Dinge hervor. Mit Hilfe von Worten kann ein Mensch sich unter ebenbürtigen Bedingungen mit der Welt auseinandersetzen. Und das Wort ist heilig. Der Name eines Menschen ist sein Eigentum. Er kann ihn behalten oder verschenken, ganz wie es ihm gefällt. Bis in die jüngste Vergangenheit erwähnten die Kiowas nie den Namen eines Toten. Dies wäre respektlos und unehrenhaft gewesen. Die Toten nehmen ihre Namen mit sich aus der Welt.

Vor langer Zeit erging es den Kiowas schlecht. Sie waren hungrig, und es gab nichts zu essen. Da war ein Mann, der hörte seine Kinder vor Hunger weinen, und er machte sich auf, nach Nahrung zu suchen. Er marschierte vier Tage lang und wurde sehr schwach. Am vierten Tag erreichte er einen tiefen Canyon. Plötzlich brachen Donner und Blitz über ihn herein. Eine Stimme sprach zu ihm: «Weshalb folgst du mir? Was willst du?» Der Mann fürchtete sich. Das Wesen, das da vor ihm stand, hatte die Füße eines Rehs, und sein Körper war mit Federn bedeckt. Die Kiowas seien hungrig, gab der Mann zur Antwort. «Nimm mich mit», sagte das Wesen, «und ich werde dir geben, was immer du willst.» Seit diesem Tage gehört Tai-me zu den Kiowas.

«Die wichtigste und zentrale Figur der Kado- oder Sonnentanzzeremonie ist Tai-me. Dies ist ein kleines Bildnis, weniger als zwei Fuß lang, das eine in ein Gewand aus weißen Federn gehüllte menschliche Figur darstellt, die einen aus einer einzigen, aufrechtstehenden Feder und Anhängern aus Hermelinfell bestehenden Kopfschmuck trägt. Um den Hals der Figur hängen blaue Perlenschnüre, und Gesicht, Brust und Rücken sind mit Mustern bemalt, die Sonne und Mond symbolisieren. Das Bildnis selbst besteht aus dunkelgrünem Stein, dessen Form in etwa einem Menschenkopf und einer menschlichen Brust ähnelt und wahrscheinlich mit derselben Technik geformt wurde wie die Steinfetische der Pueblostämme. Die Figur wird in einer Lederschachtel aufbewahrt, die sich in der Obhut des Hüters befindet, dessen Amt erblich ist. Sie wird unter keinen Umständen zu einer anderen Zeit als der des jährlich stattfindenden Sonnentanzes gezeigt, während dessen sie an einem kurzen, aufrechtstehenden Stab nahe der Westseite der Medizinhütte befestigt ist. Zuletzt wurde sie im Jahre 1888 gezeigt.» *James Mooney, Bureau of American Ethnology, 17th Annual Report, 1895–1896.*

Einmal besah ich mit meinem Vater und meiner Großmutter das Tai-me Bündel. Es hing an einem Stoffstreifen von der Gabelung eines kleinen zeremoniellen Baumes. Ich brachte eine Opfergabe von leuchtend rotem Stoff, und meine Großmutter betete laut. Es schien, als seien wir eine lange Zeit dort gewesen. Ich war nie zuvor in der Gegenwart von Tai-me gewesen – und auch seitdem nicht mehr. Der Raum war erfüllt von großer Heiligkeit, als ob dort ein alter Mensch gestorben sei oder ein Kind geboren worden wäre.

Wenn ein Pfeil gut gearbeitet ist, so findet man die Abdrücke von Zähnen auf ihm. Daran läßt sich seine Qualität erkennen. Die Kiowas fertigten vortreffliche Pfeile und machten sie mit ihren Zähnen gerade. Dann spannten sie den Bogen mit ihnen, um zu prüfen, ob sie auch wirklich gerade waren. Einst lebten ein Mann und seine Frau, die waren bei Nacht allein in ihrem Tipi. Beim Schein des Feuers fertigte der Mann seine Pfeile. Nach einiger Zeit fiel ihm etwas auf: Das Tipi hatte eine kleine Öffnung, wo zwei Häute zusammengenäht waren. Da draußen war jemand und sah herein. Der Mann arbeitete weiter, aber er sagte zu seiner Frau: «Draußen ist jemand. Hab keine Angst. Laß uns unbekümmert sprechen, wie von alltäglichen Dingen.» Er nahm einen Pfeil und begradigte ihn mit den Zähnen. Dann legte er ihn, wie es sich gehörte, an den Bogen, spannte ihn und zielte, zunächst in diese Richtung, dann in jene. Und dabei sprach er ständig, als ob er sich mit seiner Frau unterhielte. Aber was er sagte, war dies: «Ich weiß, daß du da draußen bist, denn ich fühle deinen Blick auf mir. Wenn du ein Kiowa bist, verstehst du, was ich sage, und du wirst mir deinen Namen nennen.» Es kam aber keine Antwort, und der Mann fuhr auf die gleiche Art und Weise fort, mit dem Pfeil in verschiedene Richtungen zu zielen. Schließlich richtete er den Pfeil auf die Stelle, wo sein Feind stand, und ließ die Sehne des Bogens los. Der Pfeil traf genau in das Herz des Feindes.

Die alten Männer waren die besten Pfeilschnitzer, denn neben ihrer Handwerkskunst brachten sie Zeit und Geduld mit. Die jungen Männer, die Kämpfer und Jäger, waren bereit, einen hohen Preis für gute Pfeile zu bezahlen.

Als mein Vater ein Junge war, kam oft ein alter Mann zu Mammeda-
tys Haus, um ihm seine Ehre zu erweisen. Er war ein hagerer, alter
Mann mit Zöpfen, er war eindrucksvoll in seinem Alter und seiner
Haltung. Er hieß Cheney, und er war ein Pfeilschnitzer. Jeden Morgen, so erzählte mir mein Vater, bemalte Cheney sein runzliges Gesicht, ging nach draußen und betete mit lauter Stimme zur aufgehen-
den Sonne. In meiner Vorstellung sehe ich diesen Mann, als sei er in
diesem Augenblick gegenwärtig. Ich weiß, wo er steht und wohin
seine Stimme über die wogenden Gräser hinweg dringt und wo die
Sonne über dem Land hochsteigt. Dort, bei Morgendämmerung,
kann man die Stille spüren. Sie ist kalt und klar und tief wie Wasser.
Und sie schlägt dich in ihren Bann und läßt dich nicht mehr los.

Aho kann sich an etwas erinnern, etwas sehr Seltsames. So trug es sich
zu: Weißt du, das Tai-me Bündel ist nicht sehr groß, aber es geht
große Macht von ihm aus. Einmal besuchte Aho die Frau des Wäch-
ters über Tai-me. Die beiden saßen beisammen und ließen die Zeit
verstreichen, als sie plötzlich einen schrecklichen Krach hörten, als ob
ein Baum oder ein anderer sehr schwerer Gegenstand umgefallen sei.
Sie fürchteten sich und machten sich daran herauszufinden, was um
Himmels willen geschehen sei. Es war Tai-me; Tai-me war zu Boden
gefallen. Niemand weiß warum, es gab keine Ursache, soweit man
dies feststellen konnte.

Ein großer, eiserner Kessel stand vor dem Haus meiner Großmutter
neben der nach Süden gelegenen Veranda. Er war riesig und unver-
rückbar, so glaubte ich zumindest als Kind. Ich konnte mir nicht vorstellen, daß jemand stark genug war, um ihn anzuheben. Ich weiß
nicht, woher er kam, er war schon immer dagewesen. Er klang wie
eine Glocke, wenn man an ihn schlug, und mit den Fingerspitzen
konnte man eine ganze Weile danach das schwarze Metall singen spüren. Er wurde dazu verwandt, das Regenwasser aufzufangen, mit dem
wir unsere Haare wuschen.

Östlich des Hauses meiner Großmutter steigt die Sonne aus der Ebene empor. Ich glaube, einmal in seinem Leben sollte der Mensch seine Gedanken auf die in seiner Erinnerung lebende Erde konzentrieren. Er sollte sich einer Landschaft in seinem Erfahrungsbereich hingeben, sollte sie von so vielen Blickwinkeln wie nur möglich betrachten, sich über sie wundern, bei ihr verweilen. Er sollte sich vorstellen, daß er sie zu jeder Jahreszeit mit seinen Händen berührt und den Klängen lauscht, die in ihr ertönen. Er sollte sich die dort lebenden Kreaturen und die schwächsten Luftbewegungen vorstellen. Er sollte sich des blendenden Lichtes zur Mittagszeit erinnern und all der Farben der Morgendämmerung und des Einbruchs der Nacht.

N. Scott Momaday gehörte zu den ersten Schriftstellern, denen es gelang, dem indianischen Amerika in der US-Literatur einen ebenbürtigen Platz einzuräumen. Für seinen 1968 erschienenen Roman «House Made of Dawn» erhielt er den Pulitzer-Preis. Obgleich ein Kiowa, wuchs er in der Nachbarschaft der Navajo im Südwesten auf. Dort lebt er auch heute: an der University of Arizona in Tucson lehrt er Literatur mit dem Schwerpunkt auf mündlicher Überlieferung. Gastvorlesungen führen ihn gelegentlich an die Universität von Regensburg.

Roberta Hill

Grenzreise

«Wer hat uns das Abschiednehmen weggenommen?»

für Jacob

I

Wirst du dich an Tagen, an denen Büffelgras der Dämmerung
klappernden Samen entgegenneigt, der heißen Winde erinnern,
die auch Fremde deinen Schreien gegenüber nüchtern werden lassen?
Wirst du dich des dunkleren Pferdes erinnern, dein Großvater,
der durch seine Jahre dein Lachen beschleicht?
Autolichter weckten die verblichenen Felder. Der Motor dröhnte
schmale Erleichterung von Einsamkeit. In jenen harten süßen Tagen,
als Feuer flackerte und Mondlicht die Schwelle kleidete,
stand dein Vater draußen
und beobachtete das sandige Gestein südlicher Sterne.

Diese Erinnerungen ruhen im Brunnen
deines Kinderblicks, während ich von diesem fernen Raum aus
die Jahre zähle, mein Sohn, die uns
einer Landschaft aus Winterluft näher bringen sollen. Dein Vater
hat mich überrascht, als ich ahnungslos war,
vor meiner Blütezeit. Wir nehmen ihn mit uns
durch reiche Länder, die Grenzen verdienen bessere Namen.

Wisconsin ist noch genauso wie damals als wir die algengrünen Wasser
ritten.
Sein Ruder zerschlug des Sees grünen Glanz,

144

und ich, unbeholfen in meiner Nacht,
ließ mein Herz flatternd am Ufer zurück. Die Docks stehen noch,
die Häuser mit Brettern vernagelt. Fledermäuse flogen zickzack über
unserem Bett,
Nächte schnellen Regens, ich war seine Geliebte.

Mein Schwalbenblut wollte Wind. Ich steuerte nach Westen, verließ
ihn.
Der trockene rote Staub von Rosebud kreiste durch sein Haar
wie Winterspatzen. Es ist die Zukunft, Jacob,
die unsere aufgezäumten Träume destilliert
und das Herz mit Zufällen plagt. Doch ich muß fragen,
was der Schmerz dort eintreibt, welche Zeichen und Schatten
mich dazu gebracht haben, dem Morgen entgegenzuwandern.

II

Der Clark Fork sprudelt als saubere Straße dem Meer entgegen.
Westlich der Stadt, mehr Berge. Das Brausen, die Wasserwelle
bricht diese granitenen Knochen. In Nebenflüssen freuen sich ge-
schliffene Steine.
Wir leben verzaubert in unseren Gezeiten.
Er wärmte meinen Schritt, Oktober. Wir folgten Gleisen
entlang dem breiten Fluß, wo Züge
ein träges Kreischen in den Kristall des Nachmittags preßten
und der Wind den Herbst der Gegend ausrief. Wir schliefen
in einem Keller mit unseren Wurzeln, Unkrautwurzeln
und Angelwürmern.

Eines kobaltenen Morgens fand Mośle Schnee
auf dunklen Bäumen. Wir schliefen so tief, gleich welche Masken
wir besaßen, gleich welche Jahresringe uns verbargen,
sie fielen in den Abgrund zwischen die Grenzen unseres Wachseins.
Die inneren Zungen verstummten in dem Moment, da wir so weit
kamen,
des anderen Leiden in Gezeiten voll Licht eingehüllt zu sehen.
Hatten wir bei dem ersten Schneegeruch eine Brücke überquert?
Ein strahlender Glanz wärmt immer noch diesen traurigen Abgrund.
Dort finde ich ihn immer,
in jener prophetischen Dämmerung,

voller Schmerz über die Seltenheit der Berührungen.

Wir sammelten Kräuter im Januar und ruhten uns in des Schnees flachem Glitzern aus,
während smaragdene Luft in die Richtung Spokane liegenden Berge bedrängte.
Unter den Kiefern des Patty Canyon war ich seine Geliebte.

Wir überquerten Schluchten und Gipfel, bereisten
die Grenzen. Stadt durch Feld,
Feld durch Tag, so zogen wir. Mein Bernstein, diese Geschichte.
Ich sammle alle die Tage zusammen, während sie
sich in eine einfache Entfernung zurückziehen. Menschsein
macht uns reich genug.

III

Er ging an dem Tag, an dem der Tau früh aufstand, während der Wind
Bergkiefern kräuselte. Er ließ die Schatten zurück,
die sich an die Nordenden der Häuser klammerten und den
in den Ritzen in Stockman's Bar geklemmten Tabak.
Auf einer Kante in Richtung Livingston schlief
das einzige Zeichen der See.

Die Welt bewegt sich, diese im Boom entstandenen Städte werden
nicht dauern.
Eines Tages wird der Nebel entlang der Wasserscheide in menschlicher Form aufsteigen,
und uns gelb von diesen Wegen abhebend, werden wir tanzen,
um die Stämme singender Sterne willkommen zu heißen.

Mein Lager an einem trägen Fluß aufschlagend, folgte ich
seiner Spur durch Rosebud, Burdock*
und fand mich in einer größeren Stadt,
wo Autos ihre Dunkelheit aufheulten, das summende Dröhnen
deiner sich nähernden Ankunft. Mein Spatz, deine Federn
wurden zu Haaren als der erste uneheliche Mond diese Winterwolken
aufhellte. Dein Vater weinte und wanderte
bei Dämmerung durch den Regen,
einem Bruchstück früherer Beweglichkeit nachjagend.
Nebel hielt entlang des Mississippi Wache.

Unser Reichtum, dieses aufgeworfene Gras.

Ich kenne die Straße, wo das Alter beginnt: zwei Kinder schluchzen
in dem trüben, grünen Gang, während ihr Vater
auf der ausgefransten Couch sitzt und dem Vergessen Seifenblasen
zubläst.
Ich flüsterte mit dir im Halbdunkel, wohnte beim Fluß, der Sonnenuntergang war anders.
Dort, als die Sonnenblumen uns zudeckten, war ich seine Geliebte.

Welche zwanzigtausendjährigen Flüsse hast du geritten,
um mich zu berühren? Du wirst einen April haben, wenn
du tief aus deiner Lunge heraus
das neue Gras, das vom Nachtwind kommt, riechen kannst.
Ich sang in jenen verlassenen Räumen.
Die Spinne lehrte mich ihre Träume zu weben.

IV

Ein Kohlenschiff, das mit Leben beladen ist,
so schleppe ich Lebensmittel diese engen Treppen hinauf.
Auf der schweigenden Wand knüpft die Sonne
mit schnellen Schatten eine wartende Frau,
den Duft von Trauer, das Geräusch früher Sommerblätter.

Neue Vögel zwitscherten im Ahorn als dein Vater kam,
auf meinen Nabel klopfte und rief, «Komm raus, es ist Zeit.»
Du klammertest dich an meine verzweigten Rippen und rührtest dich
nicht.
Wir fuhren nach Red Scaffold durch Mitternachtsregen,
Bäume wurden zu Kerzenleuchtern, grün mit zitternden Flammen,
wir entkamen einem dichten privaten Sturm und schliefen
auf dem Boden da ein einziger fruchtbarer Stern flackerte und fiel.

Im Osten ein violetter Vorhang. Langsames gelbes Licht. Wir
pumpten Luft in die mit rostigen Schrauben verstopften Reifen
und holperten über die Furchen. Eine Antilope, ihre Zwillinge gleich
hinter sich,
schneidet den Dunst, das frühe Feld.
Ich blühe mit der Sonne und wimmere. Selbst noch ein Kind,
stöhne und brülle ich meinen Weg in dein Leben,

während du plötzlich wegspringst, Schluckauf in deinem Schrei.

Wir wollten den Kontinent zurückhaben,
der Schaum und Donnerwolken im Kielwasser führt.
Dein Vater richtete sich nach Westen. Ein Fuchs, so roch er
deine Luft aus Zimt und Moschus, dann hielt er still, den Kopf schräg,
während deine Schreie auf dem Wind davonschwebten.
Sohn, auf dieser harten dunklen Erde bin ich immer noch seine Geliebte.
Feuer flatterte in der Grube, hundert Goldamseln falten
ihre Flügel. Dein Vater singt, Nordlichter
sinken auf unsere fremden Jahre herunter.

Wenn die Morgendämmerung die Grillen aufscheucht, höre ich
immer noch den alten Chevy aufheulen. Der volle Mond,
der halb oben auf einem indigofarbenen Horizont schwebt, hat uns
mit seinem Glanz gekennzeichnet, und wir, in unserem Exil verfolgt,
sehnen uns danach, daß seine gewölbte und goldene Wohnung
uns die Hügel entlang begleitet.

V

Ein langsames Kreisen der Sterne, ein anderes Jahr erschließt die
Eagle Bowl.
Wenn das alte Jahr seine Türen schließt, trägt eine Eidechse
die dünnen Hörner des Mondes. Wir badeten
in dem schlammigen warmen Wasser des Cherry Creek. Ein Falke
in der Luft über uns klappt sich zusammen, voller Schmerz, und fällt.
Donner antwortet in der Ferne. Ich beneidete sie um ihr Heim.

Als wir das Eidechsenjahr antraten, sagte mein Vater,
die zerwühlten Decken bedeuteten Nebel und stille Berge. Er betrachtete
die Gabelung eines jeden Flusses, «Ich möchte in einem grünen Wind
mit den ersten paar Sternen an einem sich bewegenden Horizont spazieren.»
Löwenzahn kam herunter und verzauberte die Luft
mit einem Hintergrund aus Dunst. Sie tanzten über Feld und Weg,
jedes vollkommen in seinen Kreisen wie die Spirale einer Muschel,
und ich ertrage einen Überrest ihres Meeres und tanze

auf der Suche nach dem Blick, der Berührung eines anderen,
während ich in meinem Blut den Schaum und das Salz ihres müßigen
Schmerzes fühle,
bis ich die Gezeiten des Menschseins wieder höre.

Jeden Frühling hält dich dein Vater. Riech seinen Nacken, die
blühende Pflaume. Sing diese durchdringende Schönheit in Eidech-
senzunge.
Durch und in deinem Sein sind wir Geliebte. Hand in Hand
steuern wir auf einen langen weißen Morgen zu,
während Glühwürmer vom Cut Meat Creek unsere Augen und Haare
finden.
Wir werden da sein und von den abgeblätterten, vom Wetter bearbei-
teten Schwellen winken.

An diesem fünften Oktober belasten diese kleinen Todesfälle meine
Träume. Ich schaue durch den Regenbogen deiner Haare, Mićinkśi,
und sehe wie die Blätter wieder gelb werden.
Der Mond ist untergegangen. Schau wie tief die Sterne.

Mośle, du kommst mit uns durch diese Welt,
und obwohl du den Mantel über der Schulter trägst,
springst du einen Kiesweg hinunter, jahrhundertelang,
während Fruchtfliegen dieser Herbstsonne entgegenwirbeln.

*Roberta Hill stammt aus Wisconsin und gehört zu den Oneida, und
damit zu den Haudenoshaunee, den Sechs Nationen der Irokesen. Sie
ist Lehrerin am Sinte Gleska College auf der Rosebud Sioux Reservation in South Dakota. Grenzreise schrieb sie für ihren Sohn Jacob.*

* Rosebud, Burdock: Wortspiel – Rosebud und Burdock sind einerseits Ortsna-
men, Städte durch die sie ihm folgt, andererseits liegen Pflanzenbilder vor. So
bedeutet Rosebud Rosenknospe und Burdock Klette, zwei Aspekte ihrer Bindung
an den Mann. (Anm. d. Übers.) – Mićinkśi (mi-tschink-schi) – Lakota für ‹mein
Sohn›. – Mośle (mosch-le) – kleiner Fuchs.

James Welch

Yellow Calf

Der Ich-Erzähler ist auf der Suche nach seiner Identität. Er ist ein Blackfoot, aber sein Name bleibt unausgesprochen – er repräsentiert den jungen Indianer, der zwischen den Kulturen nach seinen Wurzeln sucht. Ihm fehlt die Verbindung seiner Vorfahren zur Erde, in seinen Adern ist Kälte: Winter im Blut. Im folgenden, 18. Kapitel von Welchs Roman, trifft der «Held» auf einen Stammesältesten.

Vor uns, fest im Boden versenkt, stand eine Hütte aus Holzwerk und Lehm. Das Holz war rissig und gebleicht, der Lehm dunkel, als hätte man ihn eben erst hineingeputzt. Es gab keine Fenster in dieser Hütte, nur einen in die Erde gegrabenen Zugang. Wildwuchs und Unkraut waren auf allen Seiten in einem Abstand von etwa dreißig Meter zurückgeschnitten, und so war ein Fleck weißer Erde freigelegt, ein hartes Stück Erde in das sich keine Spur eindrücken konnte, weder von Mensch noch Tier. Der Fluß glitt in einiger Entfernung zwischen zerklüfteten Hängen dahin. Und dort stand der alte Mann. Als wir uns näherten, hob er den Kopf mit der Würde eines erfahrenen Hundes, der Witterung hat.

«Guten Tag», sagte ich. «Hallo, Yellow Calf!» Die Sonnenstrahlung wurde von der heißen Erdfläche zurückgeworfen.

Er trug keine Schuhe. Seine Hosen waren an den Knien ausgebeult, an den Schenkeln und an der Vorderseite schmutzig und fleckig von langer Abnutzung, aber sein sandbraunes Hemd mit den hellen Schnallen war sauber, sogar gebügelt.

«Wie geht's?» fragte ich. Er schien verwirrt.

«Ich bin der Sohn von First Raise – ich bin schon einmal mit ihm hiergewesen.»

«Ah, ja – natürlich! Du warst damals so ein Bub... ein ganz schlauer», sagte er.

«Es war irgendwann im Winter», sagte ich.

«Ja, ein Bub... mit First Raise. Du hast es damals sehr wichtig gehabt.»

Ich band Bird an die Pumpe und ließ Wasser in ein Emailbecken fließen. «Mein Vater hat dich Yellow Calf genannt...» Das Wasser war braun. Ich lockerte die Zügel und nahm Bird die Unterlegtrense aus dem Maul. Das Wasser mußte ihm nach den langen Jahren seltsam schmecken. «Und jetzt behauptet Teresa, du wärst tot. Ich glaube fast, du bist gestorben und hast es nicht gemerkt.»

«Wie... was soll's? Tot?» Er grub die Hände in seine Taschen. «Manchmal möcht ich... aber nicht wirklich.»

«Du bist also immer noch Yellow Calf, wirst immer noch so genannt.»

«Ich habe viele Namen, aber dieser eine genügt. Manche Leute nennen mich Bat Man, weil sie glauben, ich sauge ihrem Vieh das Blut aus den Adern. In der Nacht.»

Ich mußte lachen. «Das schmeichelt dir sicher. Es bedeutet nämlich, daß sie Angst vor dir haben.»

«Ich will gar nicht, daß man mir schmeichelt. Das hab ich nicht nötig. Ich bin alt und lebe allein. Man braucht Freunde, um sich über Schmeicheleien zu freuen.»

«Du mußt wirklich ein weiser Mann sein. Du lehnst Freunde und Schmeicheleien ab.»

Ich merkte, wie er in den Hosentaschen seine Hände zu Fäusten ballte. Er wies mit dem Kopf zur Hütte. «Ich habe Kaffee drüben.»

Erst als er zu gehen begann – seine Füße schienen gleichzeitig vorwärts und seitwärts zu treten –, wurde mir klar, daß er vollkommen blind war. Es war schon merkwürdig, daß ich dies ganz vergessen hatte, aber vielleicht war er damals noch nicht blind gewesen.

Er griff nach dem Türrahmen und trat beiseite, damit ich als erster eintreten konnte. Er folgte mir und schloß die Tür, dann machte er sie wieder auf. «Du brauchst sicher etwas Licht.»

Das Innere der Hütte war sauber und kärglich. Es enthielt eine Schlafstatt, einen Küchentisch und zwei Stühle. Ein kleiner Holzofen stand gegenüber an der Wand. Neben dem Ofenrohr hing ein vergilbter Kalender. Er zeigte den Dezember 1936 an. Ein heller Geschirrschrank machte den Hausrat komplett. Yellow Calf bewegte sich leicht in diesem Raum, war vertraut mit allen Möbeln und Gegenständen. Er holte zwei Tassen aus dem Geschirrschrank, die eine aus Porzellan, die andere aus Blech, und schenkte ein. Der schwärzliche Kaffeetopf stand hinten auf dem Ofen. Ich hustete, um ihn wissen zu lassen, wo ich war, aber er reichte mir bereits die Tasse.

«Das tut gut. Genau das Richtige», sagte ich.

«Er ist etwas zu stark. Willkommen!» Er ließ sich auf die Schlafbank nieder und lehnte sich bequem an die Wand.

Es war kühl, beinahe feucht in der tiefgelegenen, nicht gerade geräumigen Behausung, und ich dachte an den armen alten Bird draußen, der an die Pumpe gebunden war. Er könnte jederzeit einen Hitzschlag kriegen.

«Du führst deinen Haushalt gut, alter Mann.»

«Ich habe schon viele Jahre Übung darin. Es ist leichter, es kärglich zu haben, als die vielen Sorgen des Besitzes zu tragen.»

«Besitz macht nur Kummer», stimmte ich ihm zu und dachte an mein Gewehr und meinen elektrischen Rasierapparat.

«Nur, wenn man ihn nicht braucht.»

«Oder wenn man ihn braucht – wenn man ihn braucht und nicht hat.»

«Nimm mich zum Beispiel – ich habe kein Auto.»

«Aber du brauchst auch keins. Du kommst auch so zurecht.»

«Mit einem Auto wäre es leichter. Du hast bestimmt eins.»

«Nein.»

«Wenn du ein Auto hättest, könntest du mich in die Stadt mitnehmen.»

Ich nickte.

«Es würde das Leben erleichtern», fuhr er fort. «Man wäre nicht so abhängig von den anderen.»

Ich fragte mich, wie der alte Mann ein Auto fahren wollte. Vielleicht hatte er Radar und fuhr nur bei Nacht.

«Man braucht gute Schuhe, um ein Auto zu fahren», sagte ich.

«Daran habe ich auch schon gedacht.» Er steckte seine Füße unter das Bett, als ob er in Verlegenheit wäre.

«Wahrscheinlich gibt es sowieso ein Gesetz gegen das Barfußfahren.»

Er seufzte. «Ja, das glaube ich auch.»

«Du brauchst dich hier draußen nicht darum zu kümmern.»

«Das würde ich nicht sagen.»

«Wieso?»

«Der Mann vom Wasseramt kommt regelmäßig heraus, um die Hauptschleuse zu regulieren – er schaut immer nach mir. Ich kann ihn immer beim Schleusentor unten hören.»

Ich lachte. «Du bist zu nervös, Großvater – außerdem, was hast du denn zu verstecken, wovor müßtest du dich denn schämen?»

«Das würdest du wohl gern wissen...» Sein Kinn fiel herab, und seine Schultern bewegten sich auf und ab.

«Komm schon, sag's mir. Was hast du da in deinen Hosen?»

«Das würdest du wohl gern wissen...» Sein Mund öffnete sich noch weiter, aber es kam kein Ton heraus.

«Ich wollte wetten, du hast hier irgendwo eine Frau versteckt. Ich weiß schon, wie ihr alten Vögel das macht.»

Seine Schultern schüttelten sich weiter. Dann begann er zu husten. Er hustete und schüttelte sich, dabei hielt er seine Tasse vom Bett weg, bis sein Anfall von Heiterkeit oder was immer es war, vorüber war.

Er stand auf und ging zum Herd. Als er nach meiner Tasse griff, berührte seine Hand mein Handgelenk. Die Haut seiner Finger war glatt, wie aus Papier, ähnlich wie der Bauch einer Klapperschlange. Er goß Kaffee in die Tasse, bis etwa einen Zentimeter unter dem Rand, bis zu seinem Finger, den er hineingehalten hatte.

«Wie kommt es, Yellow Calf, daß du sagst, du wärst nur halb tot, und doch bewegst du dich wie ein Geist. Wie kann ich sicher sein, daß du nicht ganz tot bist und nur deinen Spaß mit mir treibst?»

«Könnte ich ein Geist sein und dabei gleichzeitig dem Vieh das Blut aussaugen?» Er lehnte sich wieder zurück, seine Lippen verzogen sich zu einem dünnen Lächeln.

«Nein, vermutlich nicht. Aber ich kann mir nicht helfen, ich habe das Gefühl, mit dir stimmt irgend etwas nicht. Kein Mann sollte allein leben.»

«Wer ist allein? Rehe und Hirsche kommen – abends –, sie kommen und äsen beim Graben auf der anderen Seite. Ich kann sie hören. Wenn sie pfeifen, pfeif ich zurück.»

«Und verstehen sie dich?» Ich sagte das nur zum Spaß.

Seine Augen blieben mir im Düster des Raumes verborgen.

«Meistens – die meisten kann ich verstehen.»

«Und worüber reden sie?»

«Es ist schwierig... Über normale Sachen, aber einige sind besonders schwer zu verstehen.»

«Reden sie vom Wetter?»

«Nein, nein, das nicht. Das überlassen sie den Menschen.» Er sog
an den Lippen. «Nein – sie reden meistens von...» Seine Sinne durch-
maßen den Raum mit seltsamer Wachsamkeit. «Nun, von vergangenen Zeiten. Sie erzählen sehr viel darüber. Sie sind gar nicht glücklich.»

«Nicht glücklich? Aber sicherlich ist für das Wild ein Jahr so gut wie
das andere. Was willst du damit sagen?»

«Die Zeiten ändern sich – die Zeiten haben sich verändert. Sie sind
nicht glücklich.»

«Ach so, das hat mit den Jahreszeiten zu tun! Wenn ihre Bäuche
voll sind, erinnern sie sich an Zeiten, als es ihnen schlechter ging – und
wenn sie frieren, erinnern sie sich an...»

«Nein!» Die Schärfe seiner Stimme erschreckte ihn selbst. «Ich will
dir etwas klarmachen: es geht tiefer, als du glaubst. Sie sind nicht
glücklich in der Welt, wie sie heute ist. Sie wissen, was für schlechte
Zeiten wir haben. Sie können es vom Mond ablesen, daß die Welt
nicht im Lot ist.»

«Aber das ist unmöglich.»

«Sie verstehen die Zeichen. Die ganze Welt ist nicht im Lot.»

Ein Lüftchen kam auf, raschelte in den Blättern der hohen Baum-
wollpappeln unten am Graben. Es ging schon auf den späten Nachmittag zu.

Mir war, als seien wir an dem Punkt angekommen, an dem man das
Gesprächsthema besser wechselte. Aber ich war neugierig, und es
interessierte mich, was im Kopf von Yellow Calf umging.

«Andere Tiere – verstehst du die?»

«Einige, einige besser als andere.»

«Hmmm», meinte ich.

«Diese Erde ist aus dem Lot.»

«Hmmm...»

«Die Menschen erfahren als letzte davon, natürlich.»

«Und du?»

«Selbst mit ihren Maschinen...»

«Hmmm...»

«Ich habe meine Ideen.»

«Zum Beispiel den Mond?»

«Unter anderem – manchmal scheint es mir, man müsse sich in den Wind neigen, um geradezustehen.»

«Du neigst dich in diesem Moment genügend, möcht' ich sagen. Wirklich!»

«Du glaubst den Tieren nicht.» Das war eine Feststellung. Eine Feststellung, die weder herausfordern noch verletzen sollte.

«Das würde ich nicht so einfach behaupten», sagte ich.

«Du glaubst mir nicht.»

«Es ist keine Frage des Glaubens, verstehst du? Wenn ich dir glaube, dann ist die Welt nicht im Lot.»

«Aber du hast keine andere Wahl.»

«Du könntest unrecht haben – du könntest glauben und trotzdem unrecht haben. Die Rehe könnten unrecht haben.»

«Du willst ihnen nicht glauben.»

«Ich kann es nicht.»

«So lassen wir es.»

«Es tut mir leid.»

«Das braucht es nicht! – Wir können nichts ändern. Sogar die Tiere können nichts ändern. Sie sehen nur die Zeichen.»

James Welch, Sohn eines Blackfoot und einer Gros Ventre, wurde 1940 in Montana geboren. Nach dem Besuch der University of Montana lehrte er dort mehrere Jahre «Creative Writing». Seit seinem großen Erfolg von «Winter in the Blood» 1974 lebt er als freier Schriftsteller.

Leslie M. Silko

Zeremonie

Hauptfigur ist Tayo, ein junger Laguna, der aus dem Zweiten Weltkrieg mit einem psychischen Schock nach Hause zurückkehrt. Er hat im Südpazifik seinen Halbbruder sterben sehen und war Zeuge bei der Hinrichtung japanischer Kriegsgefangener, die für ihn Brüder waren. Die Behandlung in einem kalifornischen Veteranenhospital bleibt fruchtlos. «Die Medizin», erkennt Tayo, «wirkt nicht auf solche Weise, weil die Welt nicht auf solche Weise läuft.» Auf der Suche nach Heilung trifft er auf einen Powiwow der Navajo in Gallup, Arizona, den Medizinmann Old Betonie. Der alte Mann holt Tayo in den magischen Kreis eines Sandbildes und versucht, die zerbrochene Einheit zwischen dem Individuum Tayo und seiner sichtbaren und unsichtbaren Umwelt wiederherzustellen.

Der Alte hatte von Anfang an etwas Vertrautes an sich gehabt. Jetzt drehte Tayo sich um, um herauszufinden, was das war. Er musterte seine Kleidung; die alten Mokassins mit schiefgetretenen Elchledersohlen, das Leder mit dunklen Flecken von Schlamm und Fett; die grauen Wollhosen waren an den Knien ausgebeult und fadenscheinig, und die Ellbogen des Alten stachen braun durch die Ärmel des blauen Arbeitshemds aus Baumwolle. Er sah ihm ins Gesicht. Die Wangenknochen schwangen sich wie die Flügel eines Falken von der breiten Nase weg; er trug einen dichten, herabhängenden Schnurrbart; die Haare waren stahlgrau. Dann sah ihm Tayo in die Augen. Sie waren haselnußbraun wie seine eigenen. Der Medizinmann nickte. «Meine Großmutter war eine ungewöhnliche Mexikanerin mit grünen Augen», sagte er.

Wie der alte Mann mußte er sich bücken, als er durch die niedrige

Türöffnung trat. Ein kühler Luftzug strömte zur Tür, und noch bevor sich seine Augen dem Dämmerlicht des Raumes angepaßt hatten, konnte er riechen, was es darin gab; die vielfältigsten Kräuter- und Wurzelgerüche waren überlagert vom Duft des Bergsalbeis und etwas so gewöhnlichem wie Currypulver. Durch das Aroma getrockneten Wüstentees hindurch nahm er massigere Dinge wahr: den scharfen gegerbten Geruch alter, in messingbeschlagene Kisten eingenähter Felle; den Dunst alter Zeitungen und alter Pappe, deren Staub nach den Jahren schmeckte, die sie zum Verrotten gebraucht hatten.

Der Alte wies in die Tiefe des kreisrunden Raums. «Die Westseite ist auf die altüberlieferte Weise in den Hügel gebaut. Sand und Erde als Dach; fast genau halb unter Grund. Du kannst es fühlen, nicht?»

Tayo nickte. Er stand mit den Füßen in dem hellen Kreis von Sonnenlicht unter dem Mittelpunkt der Holzbalkendecke, wo sich die Öffnung für den Rauch befand. Die Größe des Raumes ging in dem Durcheinander fast bis zur Decke gestapelter Kisten und Schachteln nicht unter.

Der alte Betonie deutete auf ein wolliges braunes Ziegenfell auf dem Boden unter der Deckenluke. Tayo setzte sich, nahm aber die Augen nicht von den Pappkartons, die den großen Raum füllten; manche Schachteln waren an den Seiten eingedrückt, quollen über von alten Kleidern und Lumpen; aus anderen starrten dicht an dicht gepackt getrocknete Wurzeln wie Fühler und rötliche, mit alten Baumwollfäden säuberlich zu Bündeln zusammengeschnürte Weidenruten. Die Schachteln waren schief gestapelt, manche Stöße lehnten sich gegen andere und fanden nur an den aneinandergrenzenden Kanten Halt. Aus den Schachteln ohne Deckel ragten die aufgerichteten braunen geflochtenen Henkel von Einkaufsbeuteln heraus; Sträußchen aus getrocknetem Salbei und die braunen Blätter von Bergtabak, in Lagen silberiger ungesponnener Wolle gewickelt, füllten die Woolworth-Beutel bis zum Rand.

Er sah Bündel von Zeitungen mit aufgerollten, brüchigen und braun verfärbten Rändern wie eine Barrikade vor Telefonbüchern aufgestapelt, deren Jahrgänge sich auf viele große Städte verteilten – St. Louis, Seattle, New York, Oakland –, und er begann im Haus des alten Mannes eine neue Dimension zu spüren. Sein Herz klopfte schneller, und er fühlte, wie seine Beine blutleer wurden. Er wußte die Antwort, bevor er die Frage in Worte fassen konnte. Das Licht von der Tür her schnitt Pfade durch das dicke bläulichgrüne Glas und

Coke-Flaschen; seine Augen folgten dem Licht, bis ihm schwindlig und übel war. Er wollte das Ganze als den Plunder eines alten Mannes abtun, Überbleibsel, die aus den Jahren abgefallen waren, aber die Schachteln und Kisten, die Bündel und Stapel waren eindeutig Teil des Musters: sie folgten den konzentrischen Schatten des Raumes.

Der Alte lächelte. Seine Zähne waren groß und weiß. «Laß dir Zeit», sagte er, «versuch nicht, gleich alles auf einmal zu sehen.» Er lachte. «Wir sammeln diese Sachen seit langer Zeit – seit Hunderten von Jahren. Sie hat es schon gemacht, bevor ich geboren wurde, und er arbeitete schon daran, bevor sie kam. Und immer so weiter in der Zeit zurück.» Er unterbrach sich lächelnd. «Darüber zu reden ist genauso schlimm, nicht? Zu viel, um alles auf einmal zu schlucken.»

Tayo nickte, aber jetzt hingen seine Augen an den Deckenbalken, wo an Holzpflöcken und Nägeln mit viereckigen Köpfen Beutel und Säckchen baumelten. Harte geschrumpfte Fellbeutel und schwarze Ledersäckchen mit gehämmerten Silberknöpfen waren Dinge, die er verstehen konnte. Sie gehörten zu den Siebensachen eines Medizinmanns, lagen neben den bemalten Rasseln aus Flaschenkürbissen und den Klappern aus Hirschhufen für die Zeremonie. Aber bei diesem Alten hörte es damit nicht auf; unter den Medizinbeuteln und -säckchen aus ungegerbter Tierhaut sah er an den Wänden ganze Schichten alter Kalender hängen, deren Jahresfolge durcheinander und untergegangen war, als ob dann und wann die ältesten Kalender heruntergefallen oder unter den neueren hervorgeholt und dann über die jüngstvergangenen Jahrgänge gehängt worden wären. Ein paar zeigten den Januar, als hätte man die Monate auf den darunterliegenden Blättern nicht mehr umgewendet oder abgerissen.

Der alte Betonie wies mit einer weiten Gebärde seiner Arme auf den Hogan. «Und was mache ich mit alledem?» Er nickte bedächtig. «Vielleicht hast du es gerochen, als du hereinkamst. In den alten Zeiten war es einfach. Ein Medizinmann konnte ohne all diese Dinge auskommen. Aber heutzutage...» Seine Stimme verklang, und er nickte, ließ Tayo den Gedanken selbst zu Ende führen.

Tayo studierte die Bilder und Namen auf den Kalendern. Er erkannte die Namen von Warenhäusern in Phoenix und Albuquerque, aber in den letzten Jahren hatte der Alte die Kalender der Santa Fé-Eisenbahn bevorzugt, auf denen indianische Szenen abgebildet waren – Navajos als Schafhirten. Hirschtänzer in Cochiti, kleine Pueblo-Kinder, die Burros scheuchten. Seinen Augen folgten kalte Schauer in seinem Nacken: er erkannte die Bilder für die Jahre 1939 und 1940 wieder. Josiah hatte jedes Jahr die Kalender vom Santa Fé-Bahnhof mit nach Hause gebracht; in der Reservation gab es diese Kalender häufiger als die Coca Cola-Kalender. Es bestand kein Grund zu erschrecken. Der Alte hier hatte es bloß genauso gemacht.Er versuchte seine Empfindungen durch Reden abzuschütteln.

«Diese zwei kenne ich noch», sagte er.

«Das gibt mir doch einen Punkt, wo ich anfangen kann», sagte der alte Betonie und steckte sich die kleine braune Zigarette an, die er gerollt hatte. «All diese Sachen tragen lebendige Geschichten in sich.» Er wies auf den Santa Fé-Kalender. «Ich bin da unten einer ihrer besten Kunden. Ich bin 1903 mit dem Zug nach Chicago gefahren.» Seine Augen glänzten jetzt, und er blickte Tayo gerade in die Augen. «Ich weiß», sagte er stolz, «die Leute sind immer überrascht, wenn ich ihnen die Orte aufzähle, wo ich überall hingekommen bin.» Er wies auf die Telefonbücher. «Ich hab die Bücher mit all den Namen darin mitgebracht. Den Dingen auf der Spur bleiben.» Er strich sich über den Schnurrbart, als erinnere er sich an manches.

Tayo beobachtete ihn und versuchte zu entscheiden, ob der Alte log. Er war sich nicht sicher, ob damals die Indianer überhaupt mit dem Zug hatten fahren dürfen. Der Alte lachte über den Ausdruck in Tayos Gesicht. Er wischte sich den Mund mit dem Hemdärmel ab.

«Sie hat mich zur Schule geschickt. Sherman Institute, Riverside, Kalifornien. Das war das allererste Mal, daß ich mit dem Zug gefahren bin. Mein ganzes Leben lang hatte ich von den Hügeln hier oben aus die Züge beobachtet. Ich sagte ihr, es sehe aus wie eine Schlange, die durch die Rotfelsmesas kriecht. Ich sagte, ich wollte nicht weg. Ich war damals schon ein großer Junge. Größer als die übrigen. Aber sie sagte: ‹Es wird jetzt in allen Sprachen weitergetragen, drum mußt du auch Englisch können.›» Er fuhr sich wieder mit den Fingern über den Schnurrbart, immer noch lächelnd, als dächte er schon an die nächsten Geschichten, die er erzählen wollte. Aber aus seinem dicken grauen Schnurrbart löste sich ein einzelnes Haar, und seine Aufmerksamkeit richtete sich mit einem Mal auf das Haar zwischen den Fingern. Er stand auf und ging in den Hintergrund des Hogans. Tayo hörte Schlüssel klirren und das blecherne Scheppern eines sich öffnenden Kastens; das Schloß schnappte zu, und der Alte kam zurück und setzte sich; das Haar war fort.

«Ich laß mich auf kein Risiko ein», sagte er, als er sich wieder auf dem Ziegenfell niedergelassen hatte. Tayo konnte seinen eigenen Puls in den Ohren pochen hören. Er wußte nicht genau, wovon der Alte redete, aber er hatte eine Ahnung. «Hat dich nie jemand über diese Dinge belehrt?»

Tayo schüttelte den Kopf, aber er wußte, der Medizinmann konnte sehen, daß er log. Er wußte, was sie mit Haarsträhnen machten, wenn sie welche fanden; er wußte, was sie mit den Schnipseln von Fingernägeln und Zehennägeln machten, wenn sie welche fanden. Er atmete schneller, und er fühlte, wie ihn mit jedem Schlag seines Herzens die Angst überschwemmte. Sie wollten ihn nicht um sich haben. Sie gaben ihm die Schuld. Und jetzt hatten sie ihn hierher geschickt, und das würde sein Ende sein. Die Polizei von Gallup würde seine Leiche in den Büschen entlang des großen Arroyos finden, und er wäre einfach einer von den zweien oder dreien, die sie jede Woche tot auffanden. Er dachte wieder daran, wegzulaufen; er war stärker als der Alte, und er könnte mit Gewalt hier herauskommen. Aber der Schmerz über den Verrat stieß ihn in den Hals wie eine Faust. Er blinzelte, um die Tränen zurückzuhalten, aber er regte sich nicht. Er war des Kämpfens müde. Wenn keiner mehr übrig war, dem man vertrauen konnte, dann hatte er keinen Grund mehr zum Leben.

Der Alte lachte und lachte. Er lachte, und wenn sein Gelächter schon nachzulassen schien, schüttelte er den Kopf und fing wieder von vorn an zu lachen.

«Ich war auf der Weltausstellung in St. Louis, Missouri, in dem Jahr, wo sie Geronimo zur Schau stellten. Die Weißen hatten eine Todesangst vor ihm. Einige wollten ihn sogar in Fußeisen gelegt haben.»

Tayo blickte nicht auf. Vielleicht war er diesmal wirklich verrückt. Vielleicht lachte der Medizinmann gar nicht immerzu; vielleicht setzten sich die Träume und die Stimmen wieder durch.

«Wenn du mir nicht traust, gehst du besser vor Einbruch der Dunkelheit los. Man kann heutzutage gar nicht vorsichtig genug sein», sagte Betonie und wies auf den Blechkasten, wo er die Haare aufbewahrte. «Ich könnte sowieso keinem helfen, der Angst vor mir hat.» Er begann leise vor sich hinzusummen, ein Lied, das Tayo nur undeutlich hören konnte, das ihn aber an Schmetterlinge erinnerte, die von Blume zu Blume gaukeln.

«Sie schickten mich nach dem Krieg in dieses Haus. Es war weiß. Alles in diesem Haus war weiß. Außer mir. Ich war unsichtbar. Aber dort hatte ich keine Angst. Ich hatte nicht das Gefühl, daß sich hinter mir etwas heranschlich. Ich hab nicht um Rocky und Josiah geweint. Da gab es keine Stimmen und keine Träume. Vielleicht gehöre ich in dieses Haus zurück.»

Betonie zog seinen Tabaksbeutel aus der Hemdtasche. Er rollte sich mit braunem Weizenpapier eine dünne kleine Zigarette und hielt Tayo den Beutel hin. Er nickte bedächtig, um anzudeuten, daß er zugehört hatte.

«Stimmt schon», sagte der Alte, «du könntest in dieses weiße Haus zurück.» Er zog an der Zigarette und starrte auf den roten Sandboden. Dann blickte er plötzlich auf, und seine Augen leuchteten; ein breites Schmunzeln lag auf seinem Gesicht. «Aber wenn du das tun willst, kannst du genausogut dort runtergehen, zu den übrigen, kannst im Dreck schlafen, billigen Wein kotzen, dich über die Frauen wälzen. Stirb auf die Art und bring's hinter dich.» Er schüttelte den Kopf und lachte. «In dem Krankenhaus da begraben sie die Toten nicht, sie bewahren sie in den Zimmern auf und reden mit ihnen.»

«Es gibt Geschichten über mich», begann Betonie mit ruhiger voller Stimme. «Vielleicht hast du welche gehört. Sie sagen, ich bin verrückt. Manchmal sagen sie Schlimmeres. Aber ganz gleich, was sie sagen, sie vergessen mich nicht, auch wenn ich nicht hier bin.» Tayo hütete sich vor seinen Augen. «Ist schon wahr», sagte Betonie, «wenn ich mit dem Zug weg bin, hundert Meilen von hier, machen die Navajos immer noch einen großen Bogen um meinen Hogan.» Er rauchte eine Weile und starrte auf das kreisförmige Sonnenlicht auf dem Boden zwischen ihnen. Was Tayo fühlte, war mächtig, aber er vermochte sich nicht darüber klarzuwerden, was es war.

«Mein Onkel Josiah war an dem Tag dort. Dabei weiß ich, daß er nicht dort sein konnte. Er war Tausende Meilen weit weg, zu Hause in Laguna. Wir waren auf den Philippinen im Dschungel. Ich begreife das. Ich weiß, daß er nicht dort sein konnte. Aber ich habe nun mal dieses Gefühl, und es will nicht weggehen, auch wenn ich weiß, daß er nicht dort war. Ich hab das Gefühl, als ob er dort war. Ich hab das Gefühl, als ob er dort unter den japanischen Soldaten war, die umgekommen sind.» Tayos Stimme bebte; er spürte, wie ihm die Tränen in die Augen stiegen. Plötzlich war das Gefühl da, so stark, wie es an jenem Tag im Dschungel gewesen war. «Er hat mich geliebt. Er hat mich geliebt, und ich hab nichts getan, um ihn zu retten.»

«Wann ist er gestorben?»

«Während wir fort waren. Er ist gestorben, weil niemand da war, um ihm nach den Rindern suchen zu helfen, als sie jemand gestohlen hatte.»

«Rocky», sagte Betonie leise, «erzähl mir von Rocky.»

Die Tränen liefen Tayo zu beiden Seiten der Nase herab und tropften ihm vom Kinn; während sie fielen, schrumpfte das Hohle in seiner Brust zu einem schwarzen Loch zusammen, und er wartete darauf, in sich selbst zusammenzufallen.

«Es war das eine, das ich hätte tun können. Für sie alle, für all die Jahre, die sie mich bei sich behalten haben – für alles, was meinetwegen geschehen war ...»

«Du hast immerzu etwas getan. Die ganze Zeit, und jetzt bist du an einer wichtigen Stelle in dieser Geschichte.» Er machte eine Pause. «Die Japaner», fuhr der Medizinmann fort, als versuchte er, sich an etwas zu erinnern. «Es ist nicht zu verwundern, daß du ihn unter ihnen gesehen hast. Du hast gesehen, wer sie waren. Vor dreißigtausend Jahren waren sie keine Fremden. Du hast gesehen, was das Böse angerichtet hat: du hast gesehen, daß sich die Hexerei über die ganze Welt verbreitet hat.»

«Und diese Rinder ...»

Die Leute von Cubero nannten sie den Schwan der Nacht. Sie hat ihm von den Rindern erzählt. Sie hat ihm zugeredet, sie zu kaufen. Tantchen sagte, daß ...»

Der Alte winkte mit beiden Armen ab. «Erzähl mir nicht von deiner Tante. Ich will von diesen Rindern und dieser Frau hören.»

«Sie hat mir einmal etwas gesagt. Über unsere Augen. Haselnußbraun-grüne Augen. Ich habe es nie begriffen. War sie schlecht, wie Tantchen immerzu sagte? Haben die Rinder ihn umgebracht – habe ich zugelassen, daß die Rinder ihn umbrachten?»

Der Alte war aufgesprungen. Er umkreiste die Feuergrube und ging dabei immer hinter Tayo entlang. Er war erregt, und von Zeit zu Zeit sprach er etwas auf Navajo vor sich hin.

Betonie wühlte in den Pappkartons, bis der Staub aufflog und sein Gesicht verhüllte. Schließlich zog er ein braunes Spiralheft mit eingerissenem Deckel heraus; er blätterte langsam durch die Seiten und bewegte dabei leicht die Lippen. Er setzte sich wieder Tayo gegenüber, das Notizbuch auf dem Schoß.

«Ich beginne etwas zu sehen», sagte er mit geschlossenen Augen, «ja. Etwas sehr Wichtiges.»

Der Raum war kühler als vorher. Das Licht von der Öffnung im Dach wurde unbestimmt und grau. Die Sonne ging unter. Betonie zeigte mit einem Finger auf ihn.

«Das läuft schon eine lange lange Zeit. Sie werden dich hindern wollen, die Zeremonie zu vollenden.»

Das Hohle in ihm war plötzlich zu eng für den Zorn. «Hör zu», sagte Tayo durch die zusammengebissenen Zähne, «ich bin krank gewesen, und die meiste Zeit weiß ich nicht, ob ich immer noch verrückt bin oder nicht. Ich weiß nichts von Zeremonien oder diesen Sachen, von denen du sprichst. Ich weiß nicht, wie lange irgendwas schon läuft. Ich brauche einfach Hilfe.» Die Worte erschütterten seinen Körper, als hätten sie eine eigene Spannkraft, die beim Sprechen freigesetzt wurde.

«Wir alle warten seit langer Zeit auf Hilfe. Aber es ist nie leicht gewesen. Die Menschen müssen es tun. Du mußt es tun.»

Betonies Worte klangen, als setzte er einem kleinen Kind etwas Einfaches, aber Wichtiges auseinander. Aber Tayos Magen krampfte sich um die Worte wie in seine Eingeweide gebohrte Messer. In den Worten des Alten lag etwas Umfassendes und Erschreckendes. Er wollte den Medizinmann anschreien, wollte die Worte hinausschreien, mit denen die weißen Doktoren auf ihn eingeschrien hatten – er solle nur an sich denken und nicht an die anderen, er werde nie gesund, solange er Worte wie «wir» und «uns» gebrauchte. Aber er hatte die Antwort die ganze Zeit gewußt, selbst während die weißen Doktoren ihm einredeten, er könne gesund werden, und er versuchte, ihnen zu glauben: die Medizin wirkte nicht auf solche Weise, weil die Welt nicht auf solche Weise lief. Seine Krankheit war nur ein Teil von etwas Größerem, und seine Heilung würde er nur in etwas Großem und Allumfassendem finden.

«Ich muß dir einige Dinge sagen», begann Betonie leise. «Die Menschen haben heutzutage eine feste Vorstellung von den Zeremonien. Sie glauben, die Riten müssen ganz genauso ausgeführt werden, wie sie immer gemacht wurden, vielleicht, weil ein einziges Versehen oder ein Fehler genügt, und die ganze Zeremonie muß abgebrochen und die Sandzeichnung vernichtet werden. Soviel ist richtig. Sie glauben, wenn ein Sänger sich bei irgendeinem Teil des Rituals vergreift, kann großer Schaden geschehen, können gewaltige Kräfte entfesselt werden.» Er schwieg eine Weile und blickte durch den Rauchfang in den Himmel. «Soviel mag auch noch richtig sein. Aber vor langer Zeit, als den Menschen diese Zeremonien gegeben wurden, begann bereits die Veränderung, und wäre es nur das Altern der gelben Flaschenkürbis-rassel oder das Schrumpfen der Haut um die Adlerklaue herum, und wären es nur die von Generation zu Generation wechselnden Stimmen, die den Gesang anheben. Du siehst, auf vielerlei Weise haben die Zeremonien sich immerzu gewandelt.»

Tayo nickte; er blickte auf die Medizinbeutel, die von der Decke hingen, und versuchte sich die Gegenstände vorzustellen, die sie enthielten.

«Einst genügten die Zeremonien, so wie man sie ausgeführt hatte, für die Welt, wie sie damals war. Aber nachdem die Weißen gekommen waren, begannen die Elemente in dieser Welt sich zu verschieben; und es wurde notwendig, neue Zeremonien zu schaffen. Ich habe Änderungen in den Ritualen eingeführt. Das Volk mißtraut dem sehr, aber nur dieses Wachstum erhält die Zeremonien stark.

Das hat sie mich vor allem anderen gelehrt: Dinge, die sich nicht verändern und nicht wachsen, sind tote Dinge. Das sind die Dinge, die das Hexervolk will. Die Hexerei wirkt, indem sie den Menschen Angst macht, indem sie ihnen Furcht vor dem Wachstum einflößt. Aber das ist immer notwendig gewesen, und jetzt noch mehr denn je. Sonst schaffen wir es nicht. Wir überleben nicht. Eben darauf rechnet die Hexerei: daß wir uns an die Zeremonien in der Form klammern, wie sie immer waren, und dann wird ihre Macht triumphieren, und das Volk wird nicht mehr sein.»

Er wollte dem alten Betonie glauben. Er wollte das Gefühl seiner Worte in sich lebendig erhalten, um glauben zu können, daß er wieder gesund werden konnte. Aber als der Alte hinausging, nahm er plötzlich den alten Hogan bewußt wahr: der rote Sandboden war ungleichmäßig gefegt; aus den Schachteln quollen Lumpen; die Kisten waren voll von dem Gerümpel und Plunder, den ein alter Mann aufhebt – Notizbücher und Schnurrbarthaare. Die Einkaufsbeutel waren aufgeplatzt, und die Kräuter und Zweige stachen durch Risse in dem braunen Papier. Die Kalender, die Betonie gratis bekam, und die Telefonbücher, die er auf seinen Reisen aufgegabelt hatte – das alles schien plötzlich so erbärmlich und klein, verglichen mit der Welt der Weißen, wie er sie kannte – eine Welt des Komforts in den breit hingelagerten Häusern, die er in Kalifornien gesehen hatte, eine Welt des Überflusses, gemessen an dem Essen, das er aus der Offiziersmesse weggetragen und in die Abfalltonnen geworfen hatte. Die Kleidung des Alten war schmutzig und abgetragen, wahrscheinlich zusammengelesen wie seine Kalender. Die abgelegten Sachen, die die Weißen nicht mehr haben wollten. Alles, was Betonie besaß, steckte in diesem Raum. Welcherlei Heilkraft steckte da drin?

Voll Zorn sprang er auf die Beine; sie waren steif vom langen Hokken. Hier hatten die Weißen mit ihren Versprechungen die Indianer sitzenlassen. Alles, was sie dir versprochen haben, Rocky, es war nicht anders als mit den übrigen Versprechungen, die sie gemacht haben.

Er ging hinaus in die Abendluft, die kühl war und nach dem Wacholderrauch vom Alten roch. Betonie saß am Feuer und bewachte die brutzelnden Hammelrippchen auf einem Grill, den er vom Kühler eines Autowracks in der Mülltonne da unten geborgen hatte. Der Grill lagerte auf zwei großen Sandsteinen, zwischen denen die Kohlenglut unter dem schmurgelnden Fleisch zusammengeschoben war. Tayo blickte auf das Tal hinab, auf die Lichter der Stadt und die Scheinwerfer und Rücklichter längs der Fernstraße 66.

«Sie haben sich fast alles genommen, nicht?»

Der Alte blickte vom Feuer auf. Während er das Fleisch mit einem gegabelten Stock wendete, schüttelte er bedächtig den Kopf. «Wir kommen immer darauf zurück, stimmt's? Es war so vorherbestimmt. Mit all dem Zorn und der Enttäuschung. Und auch mit dem Schuldgefühl. Die Indianer wachen jeden Morgen ihres Lebens auf und sehen das gestohlene Land vor sich, immer noch zum Greifen nah, und mit dem Diebstahl brüsten sie sich auch noch. Und der Wunsch ist stark, die Dinge zurechtzurücken, sich das Gestohlene zurückzuholen und die anderen daran zu hindern, zu zerstören, was sie sich genommen haben. Aber sieh, Tayo, wir haben mit den Zerstörern und den Dieben gekämpft, soweit wir konnten: soweit es uns noch überleben ließ.»

Tayo kam heran und kniete sich neben die Rippchen, die über der weißen Glut des Feuers brieten.

«Sieh», sagte Betonie und wies ostwärts zum Mount Taylor, der im letzten Dämmerlicht dunkelblau aufragte. «Sie machen sich bloß etwas vor, wenn sie glauben, er gehört ihnen. Die Urkunden und Papiere bedeuten gar nichts. Es ist das Volk, das dem Berg gehört.»

Tayo stocherte in der Glut und sah zu, wie die Kohlenstücke die Gestalt verloren und zu weißer Asche zusammensanken. «Ich weiß manchmal nicht so recht», sagte er, «weil meine Mutter mit weißen

Männern gegangen ist.» Hier blieb er stecken, unfähig, weiterzusprechen. Die Geburt hatte seine Mutter verraten und Schande über die Familie und das Volk gebracht.

Der alte Betonie hockte sich bequem auf die Fersen und blickte in die Ferne hinaus. «Nichts ist so einfach», sagte er, «man schreibt nicht alle Weißen ab, genau wie man nicht allen Indianern traut.» Er wies auf den Kaffeetopf im Sand am Rand der Glut und dann auf das Fleisch. «Iß jetzt erst mal», sagte er.

Tayo nagte das Fleisch von den Hammelrippchen und warf die Knochen einem mageren gelben Hund zu, der hinter dem Hogan vorkam. Hinter dem Hund kam ein Junge von fünfzehn, sechzehn Jahren mit einem Armvoll Feuerholz. Er kniete sich mit dem Holz ans Feuer; Betonie sprach auf Navajo mit ihm und deutete mit einem Kopfnikken auf Tayo.

«Das ist mein Gehilfe», erklärte er Tayo. «Sie nennen ihn Shush. Das bedeutet Bär.» Es war dunkel, aber im Lichtschein des Feuers konnte Tayo sehen, das etwas Eigenartiges an dem Jungen war, etwas Abwesendes in seinen Augen, als wäre er allein auf einem fernen Berggipfel, und das Feuer und der Hogan und die Lichter der Stadt unter ihnen existierten nicht.

Er war ein kleines Kind,
lernte gerade
auf eigenen Beinen zu gehen.
Seine Familie fuhr mit dem Wagen
in die Berge bei
Fluted Rock.

Es war Herbst und
sie sammelten Piñonzapfen.
Ich denke, er wanderte einfach davon,
als er seinen Brüdern und Schwestern
zwischen die Bäume folgen wollte.
Die Tante glaubte, er wäre bei seiner Mutter,
und sie dachte, er wäre bei ihrer Schwester.

Und als sie ihn suchten am nächsten Tag,
führten die Spuren in den Cañon
nah zu dem Ort, der den Bären allein
gehörte. Sie gingen

so nahe heran an jenen Ort,
wie sie konnten,
wohin sich nie ein menschliches Wesen
hinwagen durfte,
und die Spuren der kleinen Füße
verliefen sich zwischen Bärenspuren.

Und so schickten sie nach diesem
Medizinmann. Und er wußte,
wie man das Kind zurückrufen konnte.
Es war nicht viel Zeit.
Der Medizinmann
kam angerannt, und seine Gehilfen
folgten ihm nach.

Sie alle trugen Bärenkraut
um Handgelenke und Fußgelenke
und um den Hals gebunden.

Er grunzte laut und er scharrte vor sich in den Boden,
er ließ den Eingang zur Bärenhöhle nicht aus den Augen.
Er grunzte und gab ein tiefes Knurren von sich.
Schon bald kamen die kleinen Bären heraus,
weil er Mutterbär-Laute machte.
Er grunzte und knurrte ein bißchen weiter,
und dann kam auch das Kind heraus.
Es lief schon wie seine Geschwister,
es ging schon auf allen vieren.

Sie konnten das Kind nicht einfach nur greifen,
ihn nicht so einfach zurückholen,
denn er stünde für immer dazwischen
und würde sicherlich sterben.

Sie mußten ihn rufen
Schritt für Schritt
brachte der Medizinmann dann
das Kind zurück.

So bekamen sie ihn wieder zurück
vor langer Zeit
aber danach

war er nie wieder ganz derselbe
nicht wie die anderen Kinder.

Tayo stand auf und ging unruhig um das Feuer; der Junge nahm ein
paar Rippchen und verschwand wieder hinter dem Hogan. Der Alte
legte etwas Holz nach. «Du brauchst dich nicht vor ihm zu fürchten.
Manche Leute tun so, als ob alles, was geschieht, auf Hexerei zurück-
zuführen wäre, während die Hexerei in Wirklichkeit nur auf einen
kleinen Teil davon Einfluß hat.» Er wies in die Richtung, wo der
Junge hingegangen war. «Unglücksfälle kommen vor, und wir können
wenig dagegen tun. Aber sei nicht zu schnell dabei, etwas gut oder
schlecht zu nennen. Es gibt ein gewisses Gleichgewicht, eine harmoni-
sche Abstimmung zwischen den Dingen, die sich immerzu verschiebt,
stets neu bewahrt werden muß. Bei den Bären geht es recht friedlich
zu; die Leute sagen, das sei der Grund, warum die Menschen selten
von ihnen zurückkehren. Es ist eine Sache der Übergänge, verstehst
du; die Wandlung, das Werden muß man sorgfältig überwachen. Dasselbe würdest du mit den Setzlingen tun, während sie auf dem Acker
zu Pflanzen werden.»

Bemerkung zu Bärenmenschen und Hexen

Verwechsle nicht jene, die zu den Bären gehen, mit den Hexen.
Menschliche Wesen, die bei den Bären leben, tragen kein Bärenfell.
Sie gehen nackt und wissen nicht, daß sie sich von ihrer Bärenver-
wandschaft unterscheiden. Die Hexer kriechen in das Fell toter Tiere,
aber sie können mit Gegenständen und Körpern nur herumspielen.
Lebende Tiere haben ein Grauen vor den Hexenmenschen. Sie wit-
tern den Tod. Deshalb können Hexer ihnen nicht nahekommen. Deshalb halten sich die Menschen Hunde um ihre Hogans. Hunde heulen
vor Angst, wenn sich Hexentiere nähern.

Der Wind erhob sich und fachte das Feuer an. Tayo sah eine rote
Flamme unter der weißen Glut hervorkriechen; er hob ein Stück Wa-
cholderholz vom Boden auf und warf es hinein. Es fing Feuer. Er
rollte das Harz von dem Holz zwischen den Fingern und blickte auf
Gallup hinab.

   «Ich hab dir noch nichts von Emo erzählt», sagte er, «ich habe dir noch nicht erzählt, was Rocky zugestoßen ist.» Er wies auf die Lichter im Tal. «Etwas an den Lichtern da unten, etwas an den Autos und Neonreklamen erinnert mich an die beiden.»

«Ja», sagte der Alte, «meine Großmutter wollte diesen Hügel nicht verlassen. Sie sagte, von hier aus kann man die ganze Welt sehen.»

«Rocky wollte aus der Reservation weg; er wollte etwas aus sich machen. Irgendwo in einer großen Stadt.»

«Da unten sind sie. Solche wie dein Bruder. Da unten sind sie.»

«Er hat es aber nicht geschafft. Ich sollte ihm helfen, daß er wieder heimkommt. Sie rechneten auf ihn. Sie waren stolz auf ihn. Das war ich ihnen schuldig. Nach allem, was passiert war. Ich war es ihnen schuldig.» Er blickte den Alten an, aber der starrte auf die Lichter da unten, folgte den Scheinwerfern von Westen her, bis sie als Schlußlichter im Osten verschwanden. Er schien nicht zuzuhören.

«Das da hat keine Grenzen», sagte Betonie. «Als es losgelassen wurde, schweifte es überallhin, von den Bergen und Ebenen in die kleinen und großen Städte; Flüsse und Ozeane haben es nicht aufhalten können.» Der Wind wehte gleichmäßig, und die Stimme des Alten ging fast darin unter.

«Emo spielt mit diesen Zähnen – menschlichen Zähnen –, und er sagt, verglichen mit den Weißen haben die Indianer nichts. Er redet nur davon, was sie alles für Städte und Maschinen und Essen haben. Er sagt, das Land taugt nichts, und wir müssen darauf ausgehen, was sie haben, und es ihnen wegnehmen.» Tayo hustete und versuchte, die Beengung in seinem Hals loszuwerden. «Na, ich weiß nicht, wie ich es sagen soll, aber es scheint doch so zu sein. Man braucht sich ja bloß umzusehen. Und deshalb frage ich mich», sagte er und merkte, wie die Spannung in seinem Hals die Tränen herauspreßte, «ich frage mich, was die indianischen Zeremonien gegen die Krankheit ausrichten können, die von ihren Kriegen, ihren Bomben, ihren Lügen herrührt?»

Der Alte schüttelte den Kopf. «Das ist die Hinterlist der Hexerei», sagte er. «Wir sollen glauben, alles Böse liegt bei den Weißen. Dann forschen wir nicht weiter, um zu erkennen, was wirklich vorgeht. Wir sollen uns von den Weißen absondern, sollen unwissend und hilflos unserem eigenen Untergang zusehen. Aber die Weißen sind nur Werkzeuge, die die Hexerei benutzt; ich sage dir, wir können mit den Weißen zurechtkommen, mit ihren Maschinen und Überzeugungen. Wir können es, weil wir die Weißen erfunden haben; die indianische Hexerei hat nämlich die Weißen überhaupt erst geschaffen.»

Vor langer Zeit,
zu Anbeginn,
da gab es nicht Weiße auf dieser Welt,
nichts Europäisches.
Und diese Welt
hätte noch heute das gleiche Gesicht,
wäre nicht das eine:
die Hexerei.
Diese Welt war schon vollkommen,
auch ohne die Weißen.
Es gab bereits alles,
auch Hexerei.

Und dann geschah es.
Diese Hexenleute kamen zusammen.
Manche kamen von weit, weit her
über Ozeane,
über Berge.
Schlitzaugen hatten die einen,
andere schwarze Haut.
Sie kamen alle zum Wettstreit zusammen,
wie man heut Baseball-Turniere hat,
nur war dies ein Wettbewerb
in geheimen Dingen.

Also jedenfalls
kamen sie alle zusammen,
Hexenleute aus allen Richtungen,
Hexer aus allen Pueblos
und allen Stämmen.
Navajo-Hexen waren da,
solche von Hopi und ein paar von Zuni.

Sie hielten ihren Hexenrat,
das war es nämlich.
Weit oben in den Lavafelshügeln,
nördlich von Cañoncito
da trafen sie sich,
um in Höhlen
in Tierfellen ihren Unfug zu treiben.

Fuchs, Dachs, Luchs und Wolf
umkreisten das Feuer,
und beim vierten Mal
schlüpften sie in die Haut dieses Tieres.

Aber diesmal war das nicht genug,
und einer von ihnen,
vielleicht ein Sioux oder ein Eskimo,
begann zu prahlen.
«Das war noch gar nichts,
seht mal das.»

Und so begann der Wettbewerb.
Dann hoben einige die Deckel
von ihren Kochkesseln
und riefen die übrigen herbei
hineinzuschauen:
tote Babies brodelnd in Blut,
aus dem Schädel kreisrunde Löcher geschnitten,
ausgesogen das ganze Gehirn.
Hexenmedizin,
zu trocknen und zu Pulver zu reiben
für neue Opfer.

Andere entfalteten Lederbündel
mit lauter ekelhaften Dingen:
dunkle Feuersteine, verglühte Reste
von verbrannten Hogans,
wo Tote lagen,
Hautlappen
von Fingerkuppen abgeschnitten,
abgetrennt vom Penisende und von der Klitorisspitze.

Schließlich blieb nur noch einer übrig,
der hatte noch nicht großgetan
mit Zaubermitteln und Zauberkräften.
Das Hexenwesen stand im Schatten
jenseits des Feuers,
und nicht einer wußte,
woher es kam,
von welchem Stamm

und ob es Mann war oder Frau.
Aber das wichtigste war dies
nicht dunkle Donnerkohlen wies es vor,
nicht rote Kugeln aus Ameisenhaufen.
Es hieß sie einfach zuzuhören:
«Was ich habe, ist eine Geschichte.»

Zunächst da lachten sie alle
jedoch das Hexenwesen sagte:
Okay
macht nur und lacht,
wenn ihr wollt,
aber indem ich die Geschichte erzähle
fängt sie an zu geschehen.

Von jetzt und hier in Gang gebracht,
in Gang durch unsere Hexerei,
um für uns zu wirken.

In Höhlen jenseits des Ozeans,
in den Höhlen dunkler Berge,
Menschen mit weißer Haut
wie der Bauch eines Fisches
und mit Haar bedeckt.
Dann entfremden sie sich der Erde,
dann entfremden sie sich der Sonne,
dann entfremden sie sich Tieren und Pflanzen.
Sie sehen kein Leben,
was sie erblicken,
sind nichts als Gegenstände.
Die Welt ist für sie ein totes Ding,
die Bäume und Flüsse leben nicht,
die Berge und Steine leben nicht,
Hirsch und Bär sind Gegenstände.
Sie sehen kein Leben.

Sie fürchten.
Sie fürchten die Welt.
Sie zerstören, was sie fürchten.
Sie fürchten sich selbst.

172

Der Wind wird sie über den Ozean wehen,
Tausende von ihnen in Riesenbooten,
wimmelnd wie Larven
aus einem zerstörten Ameisenhaufen.

Gegenstände werden sie tragen,
mit denen schießen sie den Tod
schneller als Augen blicken können.

Sie werden die Dinge töten,
die sie fürchten,
all die Tiere,
und hungern werden die Menschen.

Das Wasser werden sie vergiften,
abziehen werden sie das Wasser,
und es wird Dürre sein,
und hungern werden die Menschen.

Sie werden fürchten, was sie finden
Sie werden die Menschen fürchten
Sie töten, was sie fürchten.

Ausgelöscht werden ganze Dörfer,
hingemetzelt ganze Stämme.

Leichen für uns.
Blut für uns.
Töten töten töten töten.

Und die sie nicht töten,
sterben auch so,
an der Zerstörung, die sie sehen,
am Verlust,
am Verlust ihrer Kinder,
der Verlust wird auch die übrigen noch vernichten.

Gestohlene Flüsse und gestohlene Berge,
gestohlenes Land wird ihre Herzen fressen,
reißt von der Großen Mutter weg ihren Mund,
und hungern werden die Menschen.

Sie werden furchtbare Seuchen bringen,
die unter den Menschen unbekannt waren.
Aussterben werden ganze Stämme,
mit eiternden Geschüren bedeckt,
Blut scheißend,
Blut kotzend.
Leichen für unser Werk.

Von jetzt und hier in Gang gebracht,
in Gang durch unsere Hexerei,
um für uns zu wirken.

Und sie nehmen sich diese Welt
von Ozean zu Ozean,
sie werden sich gegeneinander wenden,
sie werden sich gegenseitig vernichten.
Hier oben
in diesen Hügeln
werden sie Steine finden
mit grünen und gelben und schwarzen Adern.
Und mit diesen Steinen legen
sie das letzte Muster über die Welt
und jagen alles in die Luft.

Jetzt und hier in Gang gebracht,
in Gang gebracht,
um zu zerstören
und zu töten,
Werkzeuge in unserer Hand
Werkzeuge die für uns handeln,
unsere Hexerei vollziehen,
all das Leid,
all die Qual
für die Totgeborenen,
die Mißgestalteten,
für die Unfruchtbaren
und die Toten.

Wirbelnd
wirbelnd
wirbelnd

wirbelnd
jetzt und hier in Gang gebracht,
in Gang gebracht.

Da sagten all die anderen Hexer:
«Okay, du hast gewonnen,
dein ist der Preis.

Doch all das, was du eben sagtest –
das ist gar nicht komisch
und klingt gar nicht gut.
Auch ohne das läuft es bei uns okay,
wir kommen auch ohne so etwas zurecht.
Nimm sie zurück,
diese Geschichte,
ruf sie zurück.»

Aber das Hexenwesen schüttelte bloß den Kopf,
sah all die anderen in ihren stinkenden
Tierhäuten, Fellen und Federn an.
Es ist schon losgelassen.
Es nähert sich bereits.
Es gibt keinen Ruf zurück.

Sie ritten vor Sonnenaufgang los. Der Alte saß auf einer mageren
Pintostute, deren Hüftknochen und Rippen durch das Fell stachen
wie die Federn in einem alten Autositz. Aber sie war kräftig und er-
klomm geschickt den schmalen felsigen Pfad nördlich von Betonies
Hogan. Der Gehilfe des Alten ritt ein schwarzes Pony, tief über seinen Hals gekauert, das Gesicht in seine Mähne gedrückt. Vielleicht
ritt er so, um sich zu wärmen, denn vor Sonnenaufgang war es kalt in
diesen Vorbergen; die Nachtluft der hohen Berge war frostig vom
Licht der Sterne und den Schatten des Mondes. Der braune Wallach
stolperte mit Tayo; er zügelte ihn und ließ ihn langsamer gehen. Hinter ihnen im Tal war die Fernstraße nur eine schwache dunkle Ader im
gelben Sand und roten Fels. In dem Wind, der über das steinerne
Rückgrat der Kuppe blies, roch er Piñonkiefer und Salbei. Sie ließen
den roten Sandstein und das Tal hinter sich und ritten in die Lavafels-
vorberge und Kiefern der Chuska Mountains hinauf.

   «Die zweite Nacht bleiben wir hier», sagte Betonie und wies auf
einen vom Rand der Steilwand zurückgesetzten Hogan aus Steinen.

Tayo stand bei den Pferden und blickte den Pfad hinab auf den Weg zurück, den sie gekommen waren. Die Plateaus und Cañons breiteten sich unter ihm aus wie Wolken, die sich bis über den Horizont hinaus ineinanderschachtelten. Die Welt unten war fern und klein; unter einem so blauen, unermeßlich weiten Himmel, daß sogar die Wolken sich darin verloren, wirkte sie zwergenhaft. Weit im Süden lagen bei Zuni rauchige blaue Kuppeln im Höhennebel. Er strich sich mit der Hand über den Kopf und fühlte die Sonne. Der Bergwind war kühl; er roch wie tief in moosigem schwarzem Fels verborgene Quellen. Er sah keine Zeichen dessen, was auf die Erde losgelassen worden war: die Fernstraßen, die Städte, sogar die Zäune waren weg. Hier war der höchste Punkt der Erde; er konnte es spüren. Das hatte nichts mit genauen Messungen der Höhe zu tun. Es war ein besonderer Ort. Er lächelte. Er fühlte sich stark. Er mußte seine eigene Hand berühren, um sich zu erinnernm welches Jahr es war: dicke striemige Narben von dem zersplitterten Flaschenglas.

Seine Schwiegermutter schöpfte Verdacht.
Sie roch eines Morgens Kojotepisse
und sagte ihrer Tochter davon.
Sie meinte, Kojote steckt dahinter.
Sie wußte, ihr Schwiegersohn war weg.

Niemand konnte wissen, was Kojote ihm angetan hatte.
Zu viert folgten sie den Spuren des Mannes.
Sie folgten ihnen bis zu der Stelle,
wo er Hirschfährten fand.
Sie fanden die Stelle,
wo der Hirsch die Pfeilwunde empfing,
wo der Mann anfing ihn zu verfolgen.

Dann fanden sie die Stelle, wo Kojote ihn erwischte.
Ohne Fragen liefen die Kojotefährten genau dort lang,
genau um die Spuren im Sand herum,
wo der Mann gelegen hatte.

Die menschlichen Spuren bogen ab
dem Berge zu ,
wohin der Mann gekrochen sein mußte.
Sie folgten den Spuren bis zu einer Steineiche,

wo er eine Nacht verbracht hatte.
Von dort war er noch eine Strecke weitergekrochen
und hatte unter einer Zwergeiche geschlafen.
Dann liefen seine Spuren zu einer Piñonkiefer
und dann unter den Wacholder,
wo er auch eine Nacht schlief.

Die Spuren führten immer weiter,
aber endlich holten sie ihn ein,
als er unter dem Wildrosenbusch schlief.
«Was ist passiert? Bist du derjenige,
der vor vier Tagen wegging, mein Enkel?»
Er brachte nur ein Kojotewinseln hervor.
«Vor vier Tagen bist du weggegangen,
bist du derjenige, mein Enkel?»
Der Mann versuchte zu sprechen,
aber nur ein Kojotelaut war zu hören,
und der Schwanz wedelte hin und her,
fegte Furchen in den Sand.
Er litt an Durst und Hunger,
er war fast zu schwach, den Kopf zu heben.
Aber er nickte mit dem Kopf «ja».

«Er ist es wirklich,
aber was können wir tun, ihn zu retten?»
Sie liefen zu den heiligen Stätten,
sie fragten, was zu tun wäre.

«Auf dem Gipfel des Dunklen Berges
fragt die vier alten Bärenwesen.
Sie sind die einzig mögliche Hoffnung.
Sie haben die Macht, den Geist zu heilen.
Immer wieder mal
ist das schon vorgekommen.»

Große Fliege sagt ihnen Bescheid.
Die alten Bärenwesen versprachen zu kommen.
Sie sagten:
Richtet Steineiche her,
Zwergeiche,
Piñonkiefer,

Wacholder und Wildrosenzweige.
Macht Reifen,
bindet Kräuterbündel zu Reifen.
Macht vier Bündel,
bindet sie mit Yukka,
Kiefer gemischt mit verkohlten Kräutern,
Schlangenwurz und Grammagras und Bergsalbei.
Macht vier Bündel.

Die Regenbogen waren durchkreuzt.
Sie hatte er vorher zum Reisen benutzt.
Ihre Absicht war,
ihm diesen Weg aufs neue zu öffnen.

Sie bildeten den Pollen-Knaben genau
in der Mitte der Zeichnung aus weißem Mais.
Seine Augen waren blauer Pollen,
sein Mund war blauer Pollen,
auch sein Hals.
Und Prisen von blauen Pollen bezeichneten
seine Gelenke.

Er saß in der Mitte der Sandzeichnung aus weißem Mais. Die durch-
kreuzten Regenbogen waren in der Zeichnung hinter ihm. Betonies
Gehilfe scharrte den Sand beiseite und versenkte den Fuß der Reifen
in kleinen Gruben, so daß sie in gewissem Abstand voneinander auf-
rechtstanden, die Steineiche ihm am nächsten und der Reifen aus
Wildrosenzweigen an der Tür. Der Alte malte eine dunkle Bergkette
neben den entferntesten Reifen, die nächste, nähere, malte er blau,
dann rückte er auf ihn zu, kniete hin und machte die gelben Berge;
und direkt vor ihm malte Betonie die weiße Bergkette.

Der Gehilfe arbeitete in den Schatten jenseits der dunklen Bergkette; er arbeitete mit dem schwarzen Sand, bildete nebeneinander-
laufende Bärenfährten nach. Rechts längs der Bärenfährten malte der
Alte Tatzenabdrücke in Blau, dann in Gelb, schließlich in Weiß. Sie
schlossen es gemeinsam mit einem großen Regenbogen ab, der sich
weit über alle Bergketten wölbte. Betonie gab ihm einen Korb mit
Gebetshölzern zum Halten.

en-e-e-ya-a-a-a-a!
en-e-e-ya-a-a-a-a!

en-e-e-ya-a-a-a-a!
en-e-e-ya-a-a-a-a!

In gefährlichen Gegenden bist du gereist,
voll Gefahr bist du gereist,
an einen gefährlichen Ort bis du gereist,
voll Gefahr e-hey-ya-ah-na!

An den Ort
wo strudelndes Dunkel den Weg begann,
entlang dem Grat der Felswand,
entlang an Stätten sanften Winds,
entlang am Rande blauer Wolken,
entlang am Ufer klaren Wassers.

Strudelndes Dunkel kam von Norden,
strudelndes Dunkel zog nach Osten,
es drehte ab nach Süden,
es endete im Westen.
Strudelndes Dunkel kreiste abwärts
und in der Mitte stieg es auf.

Der Gehilfe trat aus dem Schatten hervor; er brummte wie ein Bär. Er
hob den Kopf, als wäre er ihm schwer, und er schnüffelte in die Luft.
Er stand auf und ging zu Tayo; er beugte sich vor, griff nach den Gebetshölzern, und während er sie sich fest ans Herz drückte, sprach er
in deutlichen Worten. Da trat der Alte heran und brachte Tayo quer
über den Scheitel einen Schnitt bei; es geschah ganz plötzlich. Es kam
ihm unerwartet, aber der dunkle Feuerstein war scharf, und der
Schnitt war kurz. Dann griffen beide nach ihm; sie hoben ihn an den
Schultern an und setzten seine Füße in die Bärenfährten, und Betonie
begleitete ihn durch jeden der fünf Reifen mit einem Gebet.

eh-hey-yah-ah-na!
eh-hey-yah-ah-na!
eh-hey-yah-ah-na!
eh-hey-yah-ah-na!
eh-hey-yah-ah-na!

Tayo fühlte, wie das Blut ihm über die Kopfhaut sickerte; er fühlte
Rinnsale in seinem Haar. Während er nacheinander durch die Reifen
kroch, lief es ihm langsam den Kopf herab, über das Gesicht und den
Hals.

e-hey-yah-ah-na!
e-hey-yah-ah-na!
e-hey-yah-ah-na!
e-hey-yah-ah-na!

Am Dunklen Berg,
vom Berg geboren,
den Berg entlanggeführt,
bringe ich dich durch meinen Reifen,
bringe ich dich zurück.

Meine Fährten folgend
gehe heim,
meinen Fährten folgend
komm heim, kehr glücklich
zurück und sei daheim,
kehre wieder zurück zu langem Leben und Glück,
kehre zurück zu langem Leben und Glück.

e-hey-yah-ah-na!
e-hey-yah-ah-na!
e-hey-yah-ah-na!
e-hey-yah-ah-na!

Am Dunklen Berg,
vom Berg geboren,
fährt seine Hand den Berg entlang,
Ich ließ den gezackten Blitz hinter mir,
ich ließ den geraden Blitz hinter mir.

Ich besitze den Tau,
ein Sonnenstrahl leuchtet aus mir
Ich wurde vom Berg geboren,
hinter mir bleibt ein Pfad wilder Blumen.
Ein Regentropfen fällt aus mir,
ich gehe heim,

ich gehe zurück, wo ich hingehöre,
ich gehe heim ins Glück,
ich gehe zurück in ein langes Leben.

Als er durch den letzten Reifen kroch,
war es nicht zu Ende.
Sie wirbelten ihn in Sonnenrichtungen herum,
und er genas,
er stand auf.
Die Regenbogen führten ihn zurück
in sein Heim, aber es war nicht vorbei.
Allerlei Böses hing ihm noch an.

Vom letzten Reifen aus führten sie ihn durch die Türöffnung. Es war dunkel, und der Himmel glänzte von Sternen. Die Kälte traf das Blut auf seinem Kopf; seine Arme und Beine zitterten. Der Gehilfe brachte ihm eine Decke; sie führten ihn an den Rand des Steilhangs, und der Medizinmann wies ihn an, sich zu setzen. Hinter sich hörte er, wie Holz und Strauchwerk zu Anbrennholz zerkleinert wurde. Er roch ein Feuer. Sie gaben ihm Indianertee zu trinken, und der alte Betonie hieß ihn schlafen.

Er träumte von den gescheckten Rindern. Sie hatten ihn gesehen und zerstreuten sich zwischen Wacholderbäumchen im hohen gelben Gras in der Nähe der tropfenden Quelle unterhalb der Mesas. Einige hatten gescheckte Kälber, die hinter ihnen herliefen, ihre knochigen Rümpfe blinkten weiß auf und verschwanden zwischen den Bäumen. Er versuchte ihnen nachzulaufen, aber ohne Pferd hatte es keinen Zweck. Sie waren fort, rannten wieder nach Südwesten, auf die hohe, einzelnstehende Mesa zu, die das Volk Pa'to'ch nannte.

Er erwachte zitternd. Er stand auf, und die Decke glitt zur Erde. Er wollte noch in dieser Nacht aufbrechen, die Rinder zu suchen; es gab keine Ruhe, bis er sie fand. Er sah sich nach Betonie und seinem Gehilfen um. Die Pferde hatten sie an eine große Piñonkiefer angebunden, aber jetzt waren sie fort. Er befühlte an seinem Scheitel die Stelle, wo die Schnittwunde war; sie war nicht geschwollen oder heiß. Sie tat nicht weh. Er stand am Rand des Steilhanges und blickte in die Tiefe hinab: die Cañons und Täler waren dickes, staubähnliches Schwarz; ihre unterschiedlichen Tiefen und Höhen zeichneten sich als blassere Schwarztönungen ab. Er erinnerte sich an das Schwarz der

Sandzeichnungen auf dem Boden des Hogans; die Hügel und Berge waren die Berge und Hügel, die sie im Sand nachgebildet hatten. Er atmete tief die kalte Bergluft ein; es gab keine Grenzen; die Welt da unten und die Sandzeichnungen im Hogan wurden in dieser Nacht eins. Aus allen Richtungen waren die Berge in dieser Nacht dort versammelt worden.

Er hörte jemand die Westseite des Hanges heraufkommen. Er drehte sich um. Betonie sah in der Dunkelheit noch größer aus. Er winkte Tayo zu, sich zu setzen. Er setzte sich neben ihn und holte den Tabak und das Weizenpapier aus der Hemdtasche. Er rollte sich eine dünne Zigarette, ohne auf seine Hände zu schauen, und blickte unverwandt zum Osthimmel hinauf. Er steckte sie an und paffte in kurzen Stößen, ohne den Rauch zu inhalieren.

«Es begann alles vor langer, langer Zeit. Mein Großvater, Descheeny, war damals ein alter Mann. Die Jäger kamen gerade vom South Peak zurück. Sie hatten zwei Monate lang Hirsche gejagt und das Fleisch getrocknet. Die Burros waren mit Säcken voll Dörrfleisch und Bündeln steifgetrockneter Felle beladen. Die Navajos waren auf der Hut. Sie wollten keine Schwierigkeiten mit den Soldaten im Fort in San Mateo. Sie schlugen ihr Nachtlager in einem schmalen tiefen Cañon nordwestlich von der Siedlung auf, und sie machten keine Lagerfeuer. Die Nacht war warm, und der Himmel war hell von Sternen, die wie Feuer flammten. Die älteren Männer saßen in ihre Decken gehüllt, rauchten und suchten den Himmel nach Sternschnuppen ab. Aber die jungen Männer standen abseits bei den Pferden, flüsterten miteinander und lachten oft. Sie ließen eine Zigarette im Kreise gehen, und das rote Licht der Glut wanderte im Dunkeln zwischen ihnen hin und her. Sie wollten nicht die ganze Nacht herumsitzen und zuhören, wie die alten Männer rülpsten und sich Kinnhaare auszupften, bis sie schnarchten. Sie wollten in Richtung der Siedlung reiten, nur um mal nachzusehen, ob womöglich ein verlaufenes Pferd oder verirrte Ziegen sich auf den Hügeln vor der Stadt herumtrieben. Seit vielen Jahren hatte es keine Überfälle mehr gegeben, aber sie konnten sich das Gefühl ausmalen, bei Nacht zwischen Piñonkiefern zu reiten, durch den kühlen Wind am Rand der Ebene entlangzugaloppieren.

Die alten Männer blieben gelassen. Sie saßen da und schnitzten sich Zahnstocher aus den kleinsten Piñonzweigen. Sie kannten das Gefühl, die Pferde durch die kühle Luft rennen zu lassen; sie waren seit über einer Woche langsam in Staub und Sonne neben den Burros hergezogen. Sie sahen zu, wie die jungen Männer ihre Pferde losbanden; jemand bemerkte, es sei eine verführerische Nacht, und alle alten Männer lachten und setzten sich bequem zurecht, um wieder den Himmel zu beobachten und sich die Geschichten zu erzählen, die sie für Nächte wie diese bereit hatten.

Die Sterne verbreiteten ein ganz besonderes Licht, blasser und klarer als Mondlicht. Die Reiter konnten die dichte Masse der Bäume und die massiven Umrisse der Felsbrocken erkennen, waren aber dennoch von der Dunkelheit geschützt. Als sie so nahe herangekommen waren, daß sie Holzrauch riechen konnten, zügelten sie die galoppierenden Pferde zum Kanter und dann zum Trab. Die Pferde waren erregt und erhitzt; sie schüttelten die Köpfe und versuchten den Reitern die Zügel aus der Hand zu ziehen. Die Reiter konnten ihre Wärme spüren und den Pferdeschweiß riechen. Sie schauten ostwärts auf das kleine quadratische Muster der Stadt in dem Tal, das vom Westhang des großen blauen, noch dick in Schnee gehüllten Gipfel herabkam. Sie konnten die matten Umrisse einiger Fenster sehen. Sie ritten langsam, ständig horchend und spähend. Sie erwarteten nicht, etwas zu finden, denn sie wußten, wie sorgsam die Mexikaner bei Nacht ihr Vieh sicherten. Sie waren schon damit zufrieden, so nahe heranzureiten, daß sie den Holzrauch rochen und aus der Ferne die Dorfhunde bellen hörten.

Sie hatten die Pferde gewendet und ritten an einem Piñonhügel entlang zum Lager zurück. Sie hatten gerade eine grasige Lichtung überquert und wollten wieder in den Wald, als ihre Pferde jäh stehenblieben und in panischer Angst herumfuhren. Da war etwas an der großen Piñonkiefer am Rand der Lichtung; die Pferde scheuten davor zurück und schnaubten, als die Männer näher heranreiten wollten. Sie wären in schnellem Galopp davongeritten, hätte nicht einer von ihnen einen hellen Gegenstand aus dem Baum fallen sehen, schwebend leicht wie ein Vogel. Er stieg ab, ging langsam zu dem Baum hinüber und hob den Gegenstand auf. Es war ein blauer Spitzenschal. Die übrigen kamen auch heran, und sie drängten sich zusammen und spähten in das Gezweig des großen Baumes.

Sie halfen einem Mann auf den großen Ast hinauf, um sie herunterzuholen. Er bewegte sich auf sie zu und erwartete, sie werde sich sträuben, aber sie kam von allein herunter, ließ sich leicht in die dürren Nadeln unter dem Baum fallen. Sie schrie nicht, wie es Gefangene tun, schnatterte auch nicht mit tränenüberströmtem Gesicht in ihrer eigenen Sprache. Sie hielt den Mund fest geschlossen, die Zähne unter den schmalen Lippen zusammengebissen, und starrte sie aus haselnußgrünen Augen an, Augen mit einem eigentümlichen Nachtfunkeln wie bei einem Wolf oder Luchs. Der Wind kam aus den Bäumen und peitschte ihr das offene Haar um das breite braune Gesicht. Der Wind riß auch die Zuversicht der Männer mit sich fort; ein frostiger Schauer durchlief sie, wenn sie sie anschauten. Jeder Mann war bereit, sie loszulassen, sich so schnell wie möglich aus dem Staub zu machen, aber keiner wollte derjenige sein, der seine Furcht eingestand. Schließlich war sie erst zwölf oder dreizehn, und sie würde einen guten Preis bringen.

Sie banden sie an einen kleinen Baum in einer Lichtung, wo sie sie sehen konnten. Aber sie ließ die Männer die ganze Nacht nicht aus den Augen, starrte sie unverwandt an, bis sie Angst hatten, zu ihr hinzusehen. Am Morgen waren die alten Männer schweigsam. Sie witzelten und lachten nicht, als sie die Burros beluden. Sie gaben ihr ein Pferd zum Reiten und ritten selbst abwechselnd zu zweit auf einem Pferd; keiner von ihnen wollte ihr zu nahe kommen. Am späten Nachmittag machten sie in einem von Rotfelsmesas umgebenen Cañon halt, um die Tiere rasten zu lassen. Die alten Männer berieten, wie sie sie loswerden könnten; niemand sprach es aus, aber sie wußten alle, daß sie sie nicht einfach laufenlassen oder an einen Baum gebunden zurücklassen konnten. Jetzt saßen sie in der Klemme. Sie würden sie töten, sobald sie jemanden fanden, der wußte, wie. Die alten Männer ließen sich mit tiefer Verachtung über die Dummheit der jungen Männer aus. ‹Bloß gut, daß der alte Descheeny in der Nähe wohnt›, sagte einer von ihnen, ‹der muß uns helfen.›

Früh am nächsten Morgen ritten sie in die Chuska Mountains. Sie hielten an den Quellen im weißen Lehm an und schickten jemand den Berg hinauf, Descheeny zu suchen. Sie betrachteten die mexikanische Gefangene und die mit Fleisch beladenen Burros; sie überlegten, wieviel Descheeny verlangen würde, um sie aus dieser Lage zu befreien. Zuerst kamen Descheenys Frauen den Berg herab; sie sahen sich alles neugierig an, dann stiegen sie den Pfad wieder hinauf.

‹Wie sieht sie aus?› fragte er seine Frauen, bevor sie etwas sagen konnten. ‹Wer?› sagten sie, sich dumm stellend, wie sie es oft machten, wenn sie ihn aufbringen wollten. Aber diesmal lächelte er und erhob sich von seinem Platz an der Tür. ‹Macht mir bloß keinen Ärger, Herrschaften›, sagte er, setzte seine alte Dachsfellmütze auf und griff nach seinem Knotenstock, ‹sonst heirate ich sie womöglich noch.›

Descheeny stand auf dem Pfad über der Quelle und musterte sie. Sie kniete am Rand des Teiches und wusch sich. Descheeny kam zu den Jägern herunter, die so taten, als ob sie Geschirre zurechtrückten und Sattelgurte festschnallten.

‹Hübsche Ladung Fleisch habt ihr da›, sagte er und wies mit dem Kinn auf die Bündel.

‹Wir haben auch noch was anderes, vielleicht hast du es schon gesehen›, sagte der großgewachsene Mann wie nebenbei. ‹Sie ist ziemlich wertvoll, aber sie hält uns auf. Du weißt ja, wie sie sind. Sie weinen und kreischen.› Descheeny lächelte über ihre Lügen. Er schüttelte den Kopf. ‹Ich sehe schon, was ihr habt. Für zwei, drei Lasten Fleisch helfe ich euch. Sonst...› Seine Stimme verklang, und die Jäger begannen untereinander zu flüstern.

Er konnte etwas Spanisch. ‹Ich bin zu alt, mich mit dir abzugeben›, sagte er. ‹Morgen bringen wir dich zu deinen Leuten zurück. Wir werden ihnen versichern, daß du von den Männern nicht berührt worden bist. Du kannst in dein früheres Leben zurückkehren.› Descheeny war mit sich zufrieden; er fand, die Worte klangen angemessen großmütig und feinfühlig. Er beobachtete ihr Gesicht; es blieb unverändert.

‹Wir sagen deinen Leuten, wo man dich gefunden hat. Oben in einem Baum, nicht? In den Bergen, spät in der Nacht.› Sie lachte ihn aus; ihre Nasenflügel blähten sich, und ihre Miene war höhnisch.

‹Du kennst die Antwort, alter Mann, spar dir deine Spielchen. Du weißt, was die Leute dort mit mir machen.›

‹Wir wollen dieses junge Ding nicht hier haben›, erklärten die drei Schwestern ihrem Ehemann. ‹Es ist eine Schande, daß du jede Nacht mit ihr schläfst. Wir versuchen unsere Kinder zu lehren, nichts Fremdes anzurühren, aber jeden Tag sehen sie, daß du es tust, du alter Greis.› Also brachte er sie ins Winterhaus am Fuß der Berge, im Südwesten, wo die gelben Vorberge aus Sandstein über den Fluß blickten.

Mitten in der Nacht hörte er sie im Hogan herumschleichen, die leisen Geräusche von angehobenen Korbdeckeln und aufgerollten Wildlederbündeln, das Rascheln von Samen und getrockneten Blättern, das Klappern der Adleraugen und Wolfszähne, wenn sie an ihren Schnüren aus seinem Beutel gezogen wurden. Dann war es still.

‹Alter Mann, ich höre dich. Schlaf weiter.› – ‹Mir wird kalt, wenn du nicht dicht neben mir bist. Komm, leg dich wieder hin.›

‹Wenn du mir sagst, warum ich nachts in diesem Hogan so viele Stimmen höre. All diese Sprachen, die ich noch nie gehört habe.›

‹Komm, leg dich jetzt her. Ich zittere vor Kälte.›

Sie legte sich neben ihn und zog sich die Decke über den Mund, und langsam rückte sie dichter an ihn heran, bis sie seine dünnen Rippen auf und ab gehen fühlte. Dem alten Descheeny hämmerte immer noch das Herz, wenn er sie atmen hörte, und die Erregung stieg ihm im Vorgenuß die Lenden aufwärts in den Leib.

‹Ich glaube, die sind es wieder.›

‹Ja.›

‹Sie wirken für das Ende dieser Welt, nicht?›

‹Ich glaub schon.›

‹Manchmal weiß ich nicht, ob die Zeremonie stark genug sein wird, sie aufzuhalten. Wir müssen uns auf Menschen verlassen, die noch gar nicht geboren sind. Erst in hundert Jahren.› Sie konnte die Worte nur hauchen, weil er sie jetzt fest an sich gepreßt hielt.

‹Ihr Mexikaner habt keine Geduld›, sagte er, während er ihren Leib streichelte, ‹es ist nie leicht gewesen. Es braucht noch lange lange Zeit und noch viele Geschichten wie diese, bevor sie zu Boden geworfen werden.› Sie wälzte sich rasch über ihn.

‹Es gibt noch etwas, das lange Zeit braucht, bis es geschieht›, sagte sie mit leiser Stimme. ‹Warum mache ich mir die Mühe, mich mit dir hinzulegen, alter Mann?›

Das Alter machte ihn furchtlos. Er spannte die alten Gesänge und die Glaubensvorstellungen wie einen Bogen aus Bergeiche. Bevor sie kam, hatte er den Himmel beobachtete, die Planeten und Sternbilder, die kreisend das Muster der alten Geschichte verschoben. Er sah den Übergang, und er war bereit. Manche der alten Sänger konnten neue Schatten auf dem Mond sehen; sie konnten eine neue Dunkelheit zwischen den Sternen erkennen. Sie schickten Deschenny die Kranken, die sie nicht heilen konnten, die Opfer dieses neuen, auf die Welt losgelassenen Übels. Da es durch die Hexerei der ganzen Welt entfesselt und ihnen von den Weißen gebracht worden war, folgerte er, die Zeremonie dagegen müsse die gleiche sein. Als sie kam, führte sie ihn nicht lange hinters Licht. Sie war wegen seiner Zeremonien gekommen, wegen der Gesänge und Geschichten, aus denen sie erwuchsen.

‹Das ist der einzige Weg›, erklärte sie ihm. ‹Man kann es nicht allein schaffen. Wir müssen die Kraft von überall herholen. Sogar die Kraft, die wir von den Weißen gewinnen können.›

Obwohl die Menschen an Descheenys Zeremonien Veränderungen bemerkten, nahmen sie diese hin, denn niemand bestritt seine Macht, den vom Christentum oder vom Alkohol vergifteten Opfern zu helfen. Aber nachdem die mexikanische Gefangene gekommen war, erfaßte sie das Entsetzen, und wenige blieben bis zum Abschluß seiner Zeremonien. Doch inzwischen schickte sich Descheeny sowieso zum Sterben an, und konnte sich nicht mehr mit vereinzelten Heilungen abgeben.

Er starrte in seinen rauchigen Quarzkristall, und sie starrte ins Feuer, und sie legten den Ablauf der Zeremonie nach der Dichtung dunkler Nachtwinde fest und nach den Farben des Lehms in dürregeplagten Tälern.

Am Tag meiner Geburt sahen sie die Farbe meiner Augen, und sie schafften mich aus dem Dorf. Die Spanier in der Stadt schauten mich an, und der katholische Priester sagte: ‹Laßt sie sterben.› Sie gaben der Wurzelfrau die Schuld an dieser Geburt und befahlen ihr, das Dorf vor Einbruch der Dunkelheit zu verlassen. Sie wartete, bis sie fort waren, und ging zu dem alten Abfallhaufen im Arroyo, wo sie mich ausgesetzt hatten. Sie brachte mich in den Norden nach El Paso, und Jahre später lachte sie darüber, wie lange sie in diesem Dorf voll schmutziger, beschränkter Menschen auf mich gewartet hatte. Manchmal war sie erbittert über das, was sie ihr am Ende angetan hatten, nachdem sie ihnen so viele Jahre lang geholfen hatte. ‹Manchmal muß ich den Kopf schütteln›, sagte sie oft, ‹denn die Menschen verdienen genau das, was sie kriegen.›»

Die Menschen fragten:
«Hast du ihn gefunden?»
«Ja, aber etwas hatten wir vergessen.
Tabak.»
Aber es gab keinen Tabak,
drum mußten Fliege und Kolibri
zurückfliegen den ganzen Weg
zur vierten Welt in der Tiefe
und unsere Mutter fragen, wo
sie Tabak kriegen könnten.

«Wir sind nochmal zurückgekommen»,
sagten sie unserer Mutter.
«Womöglich braucht ihr etwas?»
«Tabak.»
«Geht Raupe fragen.»

Es kam ein Kind. Die mexikanische Frau gab es Descheenys Töchtern zum Aufziehen. Die Halbschwestern lehrten es, seine Mutter zu fürchten. Viele Jahre später bekam sie ein Kind. Als sie entwöhnt war, holte meine Großmutter mich zu sich. Meine Mutter und meine alten Tanten widersetzten sich nicht, weil das alles abgemacht worden war, ehe Descheeny starb.»

Betonie schwieg und blies Rauchringe zum Himmel hinauf. Tayo streckte die Beine lang vor sich aus. Er dachte über die Zeremonie nach, die der Medizinmann an ihm vollzogen hatte, und prüfte sie an dem alten Gefühl, der hohlen Übelkeit in seinem Bauch, verknüpft mit seinen Erinnerungen an Rocky und Josiah und all die Jahre mit Tantchens Augen und ihren fest zusammengebissenen Zähnen. Er empfand die Zeremonie wie die ungegerbten Lederriemen des Medizinbeutels, bis zum äußersten gestrafft, um die Stimme zurückzuhalten, die Träume, Gesichter im Dschungel, im Bahnhof von Los Angeles, und auch die rauchige Stille massiver weißer Wände.

«Eine Nacht oder neun Nächte schaffen es nicht mehr», sagte der Medizinmann; «die Zeremonie ist noch nicht zu Ende.» Er malte mit dem Finger im Sand. «Denk an diese Sterne», sagte er. «Ich habe sie gesehen, und ich habe die gescheckten Rinder gesehen; ich habe einen Berg gesehen, und ich habe eine Frau gesehen.»

Der Wind kam auf und verfing sich in den Ärmeln von Tayos Hemd. Er roch Holzrauch und Salbei in den Kleidern des Alten. Er griff nach seiner Brieftasche. «Ich möchte dich für die Zeremonie bezahlen, die du heute nacht gemacht hast.»

Der alte Betonie schüttelte den Kopf. «Das geht nun schon seit langer Zeit. Jetzt liegt es an dir. Laß nicht zu, daß sie dich aufhalten. Laß nicht zu, daß sie dieser Welt den Rest geben.»

Die welke Haut
haftete noch
an seinem Leib.
Aber die Wirkungen
der Hexerei
des Bösen
begannen seinen Leib
zu verlassen.
Die Wirkungen der Hexerei

Die Skalpzeremonie legte die japanischen Seelen in den grünen feuchten Dschungeln zur Ruhe, und sie befriedigte die Riesin, die sich von den Träumen der Kriege nährte. Aber jetzt war da noch etwas anderes, wie Betonie sagte: alles, was sie gesehen hatten – die großen Städte, die hohen Gebäude, der Lärm und die Lichter, die Macht ihrer Waffen und Maschinen. Sie waren danach nie wieder die alten: sie hatten gesehen, was die Weißen aus dem gestohlenen Land gemacht hatten. Es war wieder einmal die Geschichte der weißen Muschelschnüre, aus einem Grab gestohlen und von einem Mann gefunden, als er eines Tages einen Pfad entlangging. Er trug die schönen weißen Muschelschnüre ganz am Ende eines Stockes, weil er ahnte, wo sie herkamen; er hängte sie in die Zweige der Piñonkiefer. Und obwohl er sie überhaupt nicht berührt hatte, er konnte von nichts anderem träumen, er sah nur diese weißen Muschelschnüre in dem Baum hängen. Er konnte nicht essen, und er konnte nicht arbeiten. Er verlor den Kontakt mit dem Leben, das er vor dem Tag gelebt hatte, als er diese Schnüre fand; und der Mann, der er vorher gewesen war, hatte sich irgendwo auf diesem Pfad verloren, wo er die Schnüre fand. Täglich neu mußten sie über das Land blicken, von Horizont zu Horizont, und täglich neu erlebten sie den Verlust; die Trauer um die unbestatteten Toten, um die Verlorenen fand kein Ende. So versuchten sie den Verlust in Schnaps zu ertränken, ihren Gram mit Kriegsgeschichten zu ersticken, über den Mut, mit dem sie das Land verteidigten, das sie längst verloren hatten.

Louise Erdrich

Das rote Kabrio

Lyman und Henry Jr. Lamartine sind die Söhne von Lulu Nanapush und Henry Lamartine; Lyman wurde 1953 geboren, Henry 1950. In ihrem Fünf-Generationen-Epos «Love Medicine» wechselt Louise Erdrich laufend die Rolle der ich-erzählenden Person. Hier berichtet der 21jährige Lyman Lamartine:

Ich war der erste, der in meinem Reservat ein Kabrio fuhr. Und natürlich war es rot, ein roter Olds. Ich besaß das Auto zusammen mit meinem Bruder Henry Junior. Es gehörte uns gemeinsam, bis seine Stiefel in einer windigen Nacht voll Wasser liefen und er mir meinen Anteil auszahlte. Jetzt gehörte Henry das ganze Auto, und sein jüngerer Bruder Lyman (das bin ich), Lyman geht überall zu Fuß hin.

Wie ich genügend Geld verdient habe, um meinen Anteil überhaupt aufzubringen? Mein einziges Talent war schon immer, daß ich es jederzeit schaffte zu Geld zu kommen. Ich hatte da so einen Sinn dafür, ziemlich ungewöhnlich für einen Chippewa. In dieser Hinsicht war ich von Anfang an anders, und alle erkannten das an. Ich war zum Beispiel der einzige Junge, den sie in die American Legion Hall zum Schuhputzen reinließen, und einmal an Weihnachten ging ich von Tür zu Tür und verkaufte für die Mission Gebetskränzlein. Die Nonnen ließen mir einen Prozentanteil davon. Als ich einmal angefangen hatte, schien es, als ob das Geld um so leichter reinkäme, je mehr ich davon verdiente. Alle haben die Sache unterstützt. Als ich fünfzehn war, kriegte ich einen Job als Tellerwäscher im *Joliet Café*, und da kam dann auch meine erste große Chance.

Es dauerte nicht lange, bis ich zum Hilfskellner befördert wurde, und dann kündigte die Schnellgerichtköchin und ich wurde als Ersatz eingestellt. Und-hast-du-nicht-gesehen war ich dann Geschäftsführer im *Joliet*. Der Rest ist bekannt. Ich war noch eine Weile Geschäftsführer. Bald wurde ich Teilhaber, und dann gab es für mich natürlich kein Halten mehr. Es dauerte nicht lange, bis das ganze Ding mir gehörte.

Als das *Joliet* ein Jahr in meinem Besitz gewesen war, wurde es von dem schlimmsten Tornado weggepustet, den die Gegend hier je gesehen hat. Das ganze Ding ging zu Bruch. Totalschaden. Die Friteuse hing in einem Baum oben, der Grill war in zwei Stücke gefetzt wie Papier. Da war ich erst sechzehn. Ich hatte das alles auf den Namen meiner Mutter gekauft, und im Handumdrehen war es verloren, aber vorher hatte ich alle meine Verwandten samt deren Verwandtschaft zum Essen eingeladen, und dann hab ich noch den roten Olds gekauft, den ich schon erwähnt habe, mit Henry zusammen.

Als wir den zum erstenmal gesehen haben! Ich werde euch erzählen, wie es war, als wir den zum erstenmal gesehen haben. Jemand hatte uns rauf nach Winnipeg mitgenommen, und beide hatten wir Geld dabei. Keine Ahnung warum, es war nie die Rede von einem Auto oder so gewesen, wir hatten eben einfach unser ganzes Geld dabei. Ich in bar, ein dickes Bündel Scheine von der Versicherung vom *Joliet*, Henry zwei Schecks – einen Wochenlohn extra für die vorübergehende Entlassung und seinen regulären Scheck von der Kugellagerfabrik.

Wir gingen jedenfalls die Portage runter und schauten uns alles an, und da sahen wir ihn. Er stand da, parkte, in voller Lebensgröße. Wirklich, als wär er lebendig. Mir fiel das Wort verweilen ein, denn das Auto war nicht einfach nur abgestellt, geparkt oder so. Das Auto verweilte, still und glänzend, mit einem *Zu verkaufen*-Schild im linken Vorderfenster. Und dann, bevor wir überhaupt richtig nachgedacht hatten, gehörte uns der Wagen schon, und unsere Taschen waren leer. Das Geld reichte grade noch für den Sprit bis zurück nach Hause.

Wir fuhren viel rum in dem Auto, ich und Henry. Einmal kurvten wir einen ganzen Sommer lang in der Gegend rum. Wir fuhren in Richtung Little Knife River und Mandaree in Fort Berthold los, und irgendwie fanden wir uns dann unten in Wakpala wieder, und dann waren wir plötzlich drüben in Montana auf den Rocky Boys, und dabei war der Sommer noch nicht mal halb um. Manche Leute halten sich bei Einzelheiten auf, wenn sie rumreisen, aber uns kratzten die gar nicht, wir lebten einfach unser normales Leben, mal hier, mal da.

Ich erinnere mich an diese eine Stelle mit den Weiden. Ich weiß noch, daß ich unter den Bäumen gelegen bin und daß es gemütlich war. So gemütlich. Die Äste bogen sich überall um mich runter wie ein Zelt oder ein Stall. Und still, es war ganz still, obwohl in der Nähe ein Powwow stattfand, so dicht, daß ich es sehen konnte. Die Luft stand nicht, aber es war auch nicht zu windig. Wenn der Staub aufsteigt und so um die Tänzer in der Luft hängt, fühle ich mich wohl. Henry schlief mit weit ausgebreiteten Armen. Später wachte er auf, und wir fuhren wieder weiter. Wir waren irgendwo in Montana oder vielleicht im Blood Reserve – es hätte überall sein können. Jedenfalls haben wir da das Mädchen getroffen.

Ihr ganzes Haar lag in Schnecken um ihre Ohren, das war das erste, was mir an ihr auffiel. Sie hatte sich mit ausgestrecktem Arm an der Straße postiert, drum hielten wir an. Dieses Mädchen war klein, so klein, daß das Holzfällerhemd komisch an ihr aussah, wie ein Nachthemd. Sie hatte Jeans an und verzierte Mokassins, und sie trug einen kleinen Koffer.

«Hüpf rein», sagt Henry. Also klettert sie zwischen uns.

«Wir bringen dich heim», sag ich. «Wo wohnst du?»

«Chicken», sagt sie.

«Wo zum Teufel ist das denn?» frag ich sie.

«Alaska.»

«Okay», sagt Henry, und wir fahren los.

Wir kamen da rauf und wollten gar nicht wieder weg. Die Sonne geht dort im Sommer echt nicht unter, und die Nacht ist mehr so eine leichte Dämmerung. Man döst vielleicht mal weg, aber bevor man sich's versieht, ist man wieder auf den Beinen, wie ein Tier in der Natur. Man hat nie das Gefühl, daß man fest schlafen muß oder die Welt weit von sich schieben. Und gewachsen sind die Sachen da oben! Am einen Tag einfach nur Staub oder Moos, am nächsten Tag Blumen und Gras. Das Mädchen hieß Susy. Ihre Familie hatte uns richtig ins Herz geschlossen. Sie gaben uns zu essen und brachten uns unter. Wir hatten unser eigenes Zelt, wo wir drin wohnten, neben ihrem Haus, und die Kinder gingen Tag und Nacht bei uns ein und aus. Sie konnten sich gar nicht darüber einkriegen, daß Henry und ich Brüder waren, weil wir so anders aussahen. Wir erzählten ihnen, daß wir jedenfalls wüßten, daß wir die gleiche Mutter hätten.

In einer Nacht kam Susy uns besuchen. Wir saßen im Zelt und redeten von diesem und jenem. Die Jahreszeit ging ihrem Ende zu. Es wurde schon dunkler, und die Kälte wurde allmählich eine Spur gemein. Ich sagte zu ihr, es würde jetzt Zeit für uns abzufahren. Sie stellte sich auf einen Stuhl.

«Ihr habt mein Haar noch gar nicht gesehen», sagte Susy.

Das stimmte. Sie stand auf dem Stuhl, aber als sie ihre Schnecken auflöste, reichten die Haare runter bis auf die Erde. Wir rissen die Augen auf. Man sah gar nicht, wie viel Haar sie hatte, wenn es so ordentlich aufgerollt war. Dann tat mein Bruder Henry was Komisches. Er ging zu dem Stuhl und sagte: «Spring auf meine Schultern.» Das tat sie, und ihr Haar reichte über seine Taille runter, und er fing an, sich zu drehen, so rum und so rum, daß ihr Haar von einer Seite zur andern flog.

«Ich wollte schon immer wissen, wie es ist, wenn man langes, schönes Haar hat», sagte Henry. Haben wir gelacht. Es sah so komisch aus, wie er das machte. Am nächsten Morgen standen wir auf und nahmen Abschied von den Leuten.

Auf zu neuen Taten, wie die Leute so sagen. Runter ging's durch Spokane und durch Idaho, dann durch Montana, und bald fuhren wir mit dem Wetter um die Wette, direkt unter der kanadischen Grenze, durch Columbus, Des Lacs, und dann waren wir in Bottineau County und bald zu Hause. Fast die ganze Reise in diesem Sommer hatten wir gemacht, ohne ein einziges Mal die Motorhaube zu öffnen. Wie sich rausstellte, kamen wir grad so rechtzeitig heim, daß die Armee sich daran erinnern konnte, daß Henry sich freiwillig gemeldet hatte.

Mich wundert's nicht, daß die Armee sich so freute, meinen Bruder zu kriegen, daß sie ihn gleich zu der Marine steckten. Er war jedenfalls gebaut wie ein Schrank. Wir zogen ihn immer damit auf, daß sie ihn in Wirklichkeit wegen seiner Indianernase wollten. Seine Nase war so groß und scharf wie ein Kriegsbeil, wie die Nase von Red Tomahawk, dem Indianer, der Sitting Bull umgebracht hat und dessen Profil überall auf Schildern an den Straßen in North Dakota ist. Henry ging ins Ausbildungslager, kam einmal an Weihnachten nach Hause, und das nächste war dann, daß wir einen Brief aus Übersee von ihm kriegten. Das war 1970, und er schrieb, er wäre oben im nördlichen Hügelland stationiert. Wo genau, wußte ich nicht. Er war kein so toller Briefschreiber und kriegte nur zwei geschrieben, bevor der Feind ihn erwischte. Ich hab mir nie merken können, aus welchem Teil jetzt die guten vietnamesischen Soldaten kamen.

Ich schrieb ihm mehrere Male zurück, obwohl ich nicht wußte, ob diese Briefe durchkommen würden. Ich hielt ihn immer über das Auto auf dem laufenden. Die meiste Zeit hatte ich es im Hof aufgebockt oder halb auseinandergenommen, weil die lange Fahrt ihm unter der Motorhaube doch ziemlich hart zugesetzt hatte.

Ich persönlich hab immer Glück mit Zahlen gehabt und machte mir nie Sorgen wegen der Einberufung. Ich mußte mir nicht mal überlegen, wie meine Zahl hieß. Aber Henry hat nie so Glück gehabt wie ich. Es dauerte mindestens drei Jahre, bis Henry heimkam. Da war der ganze Krieg in den Köpfen von der Regierung schon gelöst, denk ich, aber für ihn lief er immer noch weiter. In den Jahren hatte ich sein Auto bestens auf Vordermann gebracht. Ich betrachtete es immer als sein Auto, während er weg war, obwohl er sagte, als er ging: «Jetzt ist es deins», und mir seinen Schlüssel zuwarf.

«Danke für den Ersatzschlüssel», sagte ich. «Ich leg ihn in deine Schublade, für den Fall, daß ich ihn mal brauche.» Er lachte.

Aber als er heimkam, war Henry ganz anders, und soviel kann ich sagen, der Wandel war nicht zum Guten. Daß er als besserer Mensch rauskommt, hätte man wohl auch kaum erwarten können, ist mir schon klar. Aber er war still, so still, konnte nie mal wo gemütlich ruhigsitzen, sondern mußte immer aufspringen und sich bewegen. Ich dachte an die Zeiten, wo wir ganze Nachmittage ruhig dagesessen waren und keinen Muskel gerührt hatten, uns höchstens mal bequemer hingesetzt, und mit den anderen, die dabei waren, so geredet und einfach nur in die Gegend geschaut hatten. Damals hatte er auch immer einen Witz auf Lager gehabt, und jetzt konnte man ihn nicht mal mehr zum Lachen bringen, oder wenn er's mal tat, dann war es eher das Geräusch, das einer macht, der erstickt, ein Geräusch, das den anderen Leuten um ihn rum die Kehle zuschnürte. Die haben ihn dann eben meistens allein gelassen, und ich konnte es ihnen nicht verargen. Es war Tatsache: Henry war kribbelig und mies drauf.

Ich hatte einen Farbfernseher für meine Mutter und uns anderen gekauft, während Henry fort war. Das Geld floß immer noch leicht. Jetzt tat es mir aber leid, daß ich ihn gekauft hatte, wegen Henry. Es tat mir auch leid, daß ich Farbe gekauft hatte, weil die Bilder schwarzweiß älter und weiter weg aussehen. Aber was soll man machen? Er saß davor und glotzte, und das war die einzige Zeit, wo er vollständig stillsaß. Aber es war die Art von Bewegungslosigkeit, die man bei einem Hasen sieht, wenn er erstarrt, bevor er losrennt. Er war nicht entspannt. Er saß in seinem Sessel und packte die Armlehnen mit aller Macht, als würde sich der Sessel mit hoher Geschwindigkeit bewegen, und Henry, wenn er losließe, nach vorn rausschießen oder vielleicht mitten in den Fernseher krachen.

Einmal war ich im Zimmer und sah mit Henry fern, und da hörte ich, wie er mit den Zähnen auf etwas biß. Ich schaute rüber, und da hatte er sich die Lippe durchgebissen. Blut floß ihm am Kinn runter. Ich kann euch sagen, in dem Augenblick hätte ich die Röhre am liebsten in Stücke geschlagen. Ich ging drauf zu, aber Henry muß wohl gespannt haben, was ich im Sinn hatte. Er sprang aus seinem Sessel hoch und fegte mich aus dem Weg, gegen die Wand. Ich sagte mir, daß er bestimmt gar nicht wußte, was er da tat.

Meine Mutter kam rein, schaltete den Fernseher ganz ruhig aus und sagte, daß sie Abendessen gemacht hätte. Also gingen wir und setzten uns hin. Immer noch lief Blut an Henrys Kinn runter, aber er merkte es gar nicht, und keiner sagte was, obwohl jedesmal, wenn er von seinem Brot abbiß, Blut drauffiel, bis er sein eigenes, mit dem Essen vermischtes Blut aß.

Wenn Henry nicht dabei war, sprachen wir darüber, was mit ihm werden sollte. Es gab keine indianischen Ärzte im Reservat, und meine Mom hatte Angst, dem alten Pillager zu trauen, weil der ihr vor langer Zeit den Hof gemacht hatte und auf ihre Männer eifersüchtig war. Er könnte sich über ihren Sohn rächen. Wir hatten Angst, daß sie Henry dabehalten würden, wenn wir ihn in ein normales Krankenhaus bringen würden.

«Die machen einen nicht gesund in diesen Kästen», sagte Mom, «die geben einem nur Medikamente.»

«Wir würden ihn auch gar nicht erst hinkriegen», stimmte ich zu. «Also vergessen wir's am besten.»

Dann dachte ich an das Auto.

Henry hatte das Auto noch nicht mal angeschaut, seit er heimgekommen war, obwohl es, wie ich ja schon gesagt hab, in Tip-top-Zustand war und bereit zum Fahren. Ich dachte, das Auto könnte vielleicht den alten Henry irgendwie zurückbringen. Also paßte ich den rechten Moment ab und wartete auf meine Chance, sein Interesse an der Karre wieder zu wecken.

Eines Nachts war Henry irgendwo weg. Da nahm ich einen Hammer, ging raus zum Auto und vergnügte mich kräftig an seiner Unterseite damit. Haute Beulen rein. Verbog das Auspuffrohr. Riß den Auspufftopf ab. Als ich mit dem Auto fertig war, sah es schlimmer aus

als all die typischen Indianerautos, die ihr Leben lang auf Reservats-
straßen gefahren sind, und die sind ja, sagt man, wie die Versprechen
der Regierung: voller Löcher. Es hat mir selbst ganz weh getan, das
kann ich euch sagen! Ich warf Dreck in den Vergaser und riß das ganze
Klebeband von den Sitzen. Ich tat alles, was ich konnte, damit es
richtig schlimm aussah. Dann legte ich die Hände in den Schoß und
wartete, bis Henry es fand.

Und dazu brauchte er länger als einen Monat. Aber das war in Ordnung, denn da wurde es gerade warm genug, nicht daß der Schnee
schmolz, aber gerade warm genug, um draußen zu arbeiten.

«Lyman», sagt er, als er eines Tages reinkommt, «das rote Auto
sieht beschissen aus.»

«Es ist eben alt», sag ich. «Da muß man mit so was rechnen.»

«Nix da!» sagt Henry. «Das Auto ist ein Klassiker! Aber du bist
hingegangen und hast es zuschandengefahren, Lyman, und du weißt,
daß es das nicht verdient hat. Ich hab das Auto in Eins-A-Zustand
gehalten. Du weißt das nicht mehr. Du bist einfach zu jung. Aber als
ich wegging, lief das Auto wie ein Uhrwerk. Jetzt weiß ich nicht mal,
ob ich es überhaupt wieder zum Starten kriege, ganz zu schweigen
davon, ob ich es jemals auch nur annähernd auf den alten Stand
bringe.»

«Probier's doch», sagte ich, wie wenn ich sauer würde, «aber ich sag
dir, es ist 'ne Schrottkarre.»

Dann ging ich raus, bevor ihm klarwerden konnte, daß er mehr als
sechs Wörter an einem Stück gesagt hatte.

Danach dachte ich, er würde noch erfrieren bei der Arbeit an dem
Auto. Er war den ganzen Tag da draußen, und nachts stellte er eine
kleine Lampe auf, legte ein Kabel aus dem Fenster und hatte dann
Licht, damit er beim Arbeiten sehen konnte. Es ging ihm besser als
vorher, aber das bedeutete noch nicht viel. Es fiel ihm leichter, die
Sachen zu machen, die wir anderen auch taten. Er aß langsamer und
sprang beim Essen nicht mehr ständig auf, um was zu holen oder aus
dem Fenster zu schauen. Ich steckte meine Hand hinten in den Fernseher, das geb ich zu, und machte kräftig dran rum, so daß es jetzt fast
unmöglich war, ein klares Bild zu kriegen. Er schaute ohnehin nicht
mehr oft. Er war immer draußen beim Auto oder auf dem Sprung, um
Teile dafür zu besorgen. Als es dann draußen richtig anfing zu tauen,
hatte er es repariert.

Um die Zeit war ich schon ganz bedrückt wegen Henry. Wir waren früher immer zusammen gewesen. Henry und Lyman. Aber jetzt war er so ein Einzelgänger geworden, daß ich nicht wußte, wie ich das aushalten sollte. Deshalb packte ich die Gelegenheit beim Schopf, als Henry eines Tages freundlicher aussah. Nicht daß er gelächelt hätte oder so. Er sagte nur: «Komm, wir machen 'ne Spritztour mit der alten Kiste.» Nur die Art, wie er es sagte, gab mir das Gefühl, daß er sich wieder fing.

Wir gingen raus zum Auto. Es war Frühling. Die Sonne schien sehr hell. Meine einzige Schwester, Bonita, die gerade elf Jahre alt war, kam raus und wollte, daß wir uns für ein Foto nebeneinander stellten. Henry lehnte sich mit dem Ellbogen auf die Windschutzscheibe des roten Autos, und er nahm seinen anderen Arm und legte ihn mir über die Schulter, sehr vorsichtig, als wäre er zu schwer zum Hochheben und als wollte er nicht das ganze Gewicht auf einmal ablegen.

«Lach mal», sagte Bonita, und er tat es.

Dieses Bild. Ich schau es mir nicht mehr an. Vor ein paar Monaten, ich weiß nicht warum, holte ich sein Bild raus und hängte es an die Wand. Ich hatte damals ein gutes Gefühl, fühlte mich Henry nahe. Ich fühlte mich wohl mit seinem Bild an der Wand, bis eines Nachts, als ich fernsah. Ich war ein bißchen betrunken und high. Ich schaute die Wand hoch, und da starrte Henry mich an. Ich weiß nicht, was war, aber sein Lächeln hatte sich verändert, oder vielleicht war es auch weg. Ich weiß nur, daß ich es nicht mehr im selben Zimmer mit dem Bild aushielt. Ich zitterte. Ich stand auf, machte die Tür zu und ging in die Küche. Etwas später kam mein Freund Ray rüber, und wir gingen beide zurück in das Zimmer. Wir steckten das Bild in eine braune Tüte und falteten sie wieder und wieder zusammen, ganz fest, dann steckten wir sie ganz hinten in einen Wandschrank.

Ich seh das Bild immer noch, wie wenn es an mir zerrt, immer wenn ich an dieser Tür zum Wandschrank vorbeigehe. Ich habe das Bild ganz klar im Kopf. Es war so sonnig, daß Henry gegen das grelle Licht die Augen zusammenkneifen mußte. Oder vielleicht reflektierte die Kamera, die Bonita hielt, wie ein Spiegel und blendete ihn, bevor sie das Bild machte. Mein Gesicht ist voll in der Sonne, groß und rund. Aber er hat vielleicht zurückgezuckt, denn die Schatten in seinem Gesicht sind tief wie Löcher. Zwei Schatten biegen sich wie kleine

Haken um die Enden seines Lächelns, wie um es einzurahmen und wie ein Versuch, es zu halten – dieses eine, erste Lächeln, das aussah, als täte es seinem Gesicht weh. Er hatte seine Armeejacke an und die lange getragenen Kleider, die er bei seiner Rückkehr und seitdem ständig trug. Nachdem Bonita das Foto aufgenommen hatte, ging sie ins Haus, und wir stiegen ins Auto. Im Kofferraum war eine volle Kühlbox. Wir starteten nach Osten in Richtung Pembina und zum Red River, weil Henry meinte, er wollte das Hochwasser sehen.

Die Fahrt dahin war schön. Wenn alles anfängt, sich zu verändern, zu trocknen, freizuwerden, fühlt man sich, als ob das ganze Leben vor einem liegt. Henry spürte das auch. Das Verdeck war unten, und das Auto summte wie ein Kreisel. Er hatte es wirklich wieder in Schuß gebracht, sogar das Klebeband auf den Sitzen war sorgfältig wieder befestigt und in Schichten aufgeklebt. Es war nicht so, daß er lächelte oder gar Witze riß, aber sein Gesicht kam mir klarer vor, friedlicher. Es sah aus, als dächte er an nichts Besonderes, außer an die nackten Felder und die Windschutzzäune und die Häuser, an denen wir vorbeifuhren.

Als wir ankamen, war der Fluß hoch und voller Wintergerümpel. Die Sonne schien noch, aber beim Fluß war es kühler. Hier und da lagen auf dem Ufer noch kleine Klumpen von schmutzigem Schnee. Das Wasser war noch nicht über die Ufer getreten, aber das würde noch kommen, das sah man. Es war gerade an der Grenze, stark angeschwollen, glänzend wie eine alte graue Narbe. Wir machten uns ein Feuer, und dann setzten wir uns hin und sahen der Strömung zu. Während ich sie beobachtete, spürte ich, wie sich in mir etwas zusammendrückte, hart wurde und gleichzeitig loslassen wollte. Ich wußte, daß nicht nur ich das spürte, ich wußte, daß ich das spürte, was Henry im Augenblick durchmachte. Nur daß ich es nicht aushielt, dieses Zugehen und Aufgehen. Ich sprang auf die Füße. Ich faßte Henry an den Schultern und fing an, ihn zu schütteln. «Wach auf!» sag ich. «Wach auf, wach auf, wach auf!» Ich wußte nicht, was über mich gekommen war. Ich setzte mich wieder neben ihn.

Sein Gesicht war total weiß und hart. Dann brach es auf, wie Steine ganz plötzlich bersten, wenn Wasser in ihnen hochkocht.

«Ich weiß es», sagt er. «Ich weiß es. Ich kann nichts dagegen machen. Es hilft nichts.»

Wir fingen an zu reden. Er sagte, daß er wüßte, was ich mit dem

Auto gemacht hatte. Es sei doch offensichtlich, daß es kaputtgehämmert worden wäre und nicht einfach nur vernachlässigt. Er sagte, er wollte mir das Auto jetzt für immer schenken. Es würde nichts helfen. Er sagte, er hätte es nur in Ordnung gebracht, um es mir zurückzugeben, und ich sollte es nehmen.

«Kommt nicht in Frage», sag ich, «ich will's nicht.»

«Ist schon recht», meint er, «nimm's nur.»

«Ich will es aber nicht», sag ich wieder zu ihm, und dann, um dem Nachdruck zu geben, nur um dem Nachdruck zu geben, versteht ihr, berühre ich seine Schulter. Er schlägt meine Hand weg.

«Du nimmst das Auto», sagt er.

«Nein», sag ich, «da mußt du mich schon zwingen», sag ich, und da packt er meine Jacke und reißt den Ärmel ab. Die Jacke ist echt Spitze. Wildleder mit Nieten und Reißverschlüssen. Ich stoße Henry nach hinten, vom Baumstamm runter. Er springt auf und schmeißt mich um. Wir gehen im Clinch zu Boden, und im Hochkommen schlagen wir aus Leibeskräften mit den Fäusten zu. Er rammt mir einen in den Kiefer, daß ich das Gefühl hab, der hängt lose runter. Dann bearbeite ich seinen Brustkorb und lande einen Sauberen unter seinem Kinn, so daß sein Kopf nach hinten kippt. Er ist verblüfft. Er guckt mich an, und ich guck ihn an, und dann sind seine Augen voller Tränen und Blut, und zuerst denke ich, er heult. Aber nein, er lacht. «Ha! Ha!» sagt er. «Paß gut drauf auf.»

«Okay», sag ich, «okay, kein Problem. Ha! Ha!»

Ich kann nichts dagegen tun, ich fang auch an zu lachen. Mein Gesicht fühlt sich dick und fremd an, und nach einer Weile hol ich ein Bier aus der Kühlbox im Kofferraum, und als ich es Henry weitergeb, nimmt er sein Hemd und wischt meine Bazillen weg. «Maul-und-Klauenseuche», sagt er. Aus irgendeinem Grund schafft mich das völlig, und eine Weile lachen wir wirklich, und dann trinken wir das ganze übrige Bier, eins nach dem andern, schmeißen die Dosen in den Fluß und schauen, wie weit, wie schnell die Strömung sie mitreißt, bevor sie vollaufen und sinken.

«Willst du zurückfahren?» frag ich nach einer Weile. «Vielleicht können wir uns ein paar nette Kashpaw-Mädchen angeln.»

Er sagt nichts. Aber ich merke, daß sich seine Stimmung wieder ändert.

«Die sind alle verrückt, die Mädchen hier oben, eine wie die andere.»

«Du bist auch verrückt», sag ich, um ihn aufzuheitern. «Die verrückten Lamartine-Jungs!»

Er schaut zuerst, wie wenn er das in den falschen Hals kriegt. Sein Gesicht zuckt, dann klärt es sich auf, und er springt auf die Füße. «Stimmt!» sagt er. «Höllisch verrückt. Verrückte Indianer!»

Ich glaube, daß das wieder der alte Henry ist. Er wirft seine Jacke ab und fängt an, die Beine vom Knie aus rumzuschwingen wie ein exotischer Tänzer. Er ist in der Hocke und macht eine Mischung aus Ententanz und Hasenhüpfen, einen Tanz, wie ich ihn noch nie gesehen habe und auch sonst keiner auf dieser ganzen grünen Erde. Er ist wild. Er will bumsen! Er ist wieder oben und an mir und überall. Die ganze Zeit muß ich so sehr lachen, daß mein Magen sich völlig verknotet.

«Muß mich mal abkühlen!» schreit er ganz plötzlich. Dann rennt er rüber zum Fluß und springt rein.

Bretter und andere Sachen treiben in der Strömung. Sie ist so tief. Kein Laut kommt vom Fluß, nach dem Planscher, den er macht, deshalb renn ich schnell rüber. Ich schau rum. Es wird dunkel. Ich seh, daß er schon halb drüben ist, und ich weiß, daß er dort nicht hingeschwommen ist, sondern daß die Strömung ihn mitgerissen hat. Er ist weit weg. Trotzdem hör ich seine Stimme ganz klar herüber.

«Meine Stiefel laufen voll», sagt er.

Er sagt das mit normaler Stimme, so wie wenn er es grad gemerkt hat und nicht weiß, was er davon halten soll. Dann ist er weg. Ein Ast kommt vorbei. Noch ein Ast. Dann spring ich rein.

Als ich aus dem Fluß komme, von dem Baumstumpf, auf den ich mich hochgezogen habe, ist die Sonne untergegangen. Ich geh zurück zum Auto, schalt das Fernlicht an und fahr an die Böschung. Ich leg den ersten Gang ein, und dann nehm ich den Fuß von der Kupplung. Ich steig aus, mach die Tür zu und seh zu, wie es sich sanft ins Wasser schiebt. Die Scheinwerfer greifen hinein, als sie untergehen, suchend, immer noch, auch als schon Wasser über das Heck sprudelt. Ich warte. Die Drähte schließen kurz. Endlich ist alles dunkel. Und dann ist nur noch das Wasser da, das Geräusch, wie es geht und läuft und geht und läuft und läuft.

Louise Erdrich, geboren 1954, gehört mütterlicherseits zu den Turtle Mountain Ojibway; ihr Vater kam aus Deutschland. Am Dartmouth College studierte sie amerikanische Literatur. Sie lebt als freie Schriftstellerin mit ihrer Familie in Cornish, New Hampshire. Für ihren Roman «Love Medicine» (deutsch: Liebeszauber, Rowohlt 1986) erhielt sie 1984 in den USA den National Book Award.

Peter Blue Cloud

Ein sanftes Erdbeben
(für Mt. St. Helens)

Ein nachtlanger Sommerwind, heiß
und trocken ohne eine Spur von Meeren.
Eine rastlos anbrandende, sich überschlagende Reihe
kurzlebiger Träume setzen den Geist zu
Rhythmen erinnerter Meere.
Ein grollendes Zittern von Erdhaut
schüttelt das Gefäß dieses schlafenden Hauses,
und gefangen zwischen Traum und Erwachen
erwarte ich das nächste leise Beben.

Einst
wurde
ein
Fest
gegeben
und
jeder-
mann
aß.

Mama Coyote und ihre beiden Welpen
antworten dem Erdbeben singend
als hätten sie gewußt und die Nacht wach gesessen,
auf ihren Einsatz gewartet, und auch ein Vogel
pfeift eine kurze, schrille, bunte
Zeile, die sich mit dem klagenden Kläffen mischt.
Die trockenen, braunen Gräser neigen sich
unter dem leise anschwellenden Wind, während
Grillen, eine nach der andern, wieder ihren

Einst
wurde
ein
Lied
gesungen,
eine
Lobpreisung
aller
Dinge.

Chorgesang aufnehmen. (Und findest du keine Ruhe,
befreie dich, wie ich, aus verworrenen
Laken, ziehe dich an im Dunkeln
und gehe im Dunkeln vors Haus, um zu stehen
und den grasduftenden Wind zu atmen
und das Gesicht zum Himmel zu wenden und tief
Luft einzuatmen, erstaunt, daß solch

Einst
war
eine
Trommel
Puls-
schlag
der

riesiger und glänzender Prunk von	Ganz-
Sternen immer weiter geschieht in Ewigkeit.)	heit.
Schnell vergessene Träume, zur Erde	Einst
gefallen, während Sternfinger, die Gedanken	lebte
sind, Nervenenden zupfen, um	ein
das Weltenrad auszuweiten,	Volk
und auch die Grillen sind glücklich und	im
pflanzen ihr Lied zwischen unsichtbare	Einklang
Gräser, die Meere sind und	mit
das Lied auf Sternbilder überspiegeln,	der
die driften auf endlosem Ozean.	Schöpfung.
Ein Erdbeben ist nicht Verwüstung,	Der
böswilliger Akt der Natur gegen den Menschen.	Himmel
Ein Erdbeben ist, weil es sein muß.	ist
Der Nachrichtensprecher früh morgens berichtet	ein
von kleineren Schäden hier und dort. Er ruft	Fest
keinen Notstand aus. Er empfiehlt	von
kein Loblied auf die Erde,	Sternen
auf ihren wunderbaren Lebensatem,	die
den sie so großzügig schenkt. Ja, ah, ja es	sind
braucht Menschheit, Schreibstift und Papier,	Trommel-
um wie ich zu sitzen und Ereignisse zu erläutern.	schläge
Nun, so kurz danach, verfertige ich	in
ein Pergament aus grünem Eichenlaub	einem
vor einem blauen Himmel, ergreife	wieder-
einen Pinsel aus tief vergrabener Seifenkrautwurzel	kehrenden
und mische für Farbe meinen Schweiß	Lied.
mit Tabaksaft, zurückgelassen von Heuschrecke,	Eine
weißem Schaum, Speichel von Frosch,	Rassel
Tautropfen aus den Kelchen verschiedener Blumen,	ist
einem Hauch vom Tschilpen der Wanderdrossel	ein
einer feinen Prise Coyotegekläff	grollen-
und mische diese vorzügliche Farbe	des
im hohlen Gefäß eines konkaven	Erd-
Gedankens und beginne zu malen	beben.

eine Landschaft / Traumschaft /
Zukunftsschaft / Geisthaft, brüte
über Wolkengedanken, die sich bald
verflüchtigen über zahllosen Meeren:
Rippen von Regenbogen, Schädel von Steinbrocken,
geschoben über ein Granitfundament,
Grundgestein, das Gletscher widerspiegelt,
die einst im Gestern gegeben.

     Ich sitze auf einem Steinhügel, eine Meile
oberhalb eines grünen und gewundenen Flusses.
Auf dem Weg war ich alten,
schief stehenden Zedernpfosten begegnet,
einige lagen moosbedeckt auf Blättern.
Kleine, metallene Schildchen verkünden,
an Bäume genagelt, BLM * oder privaten

Besitz. Ich denke an zerfallene
Dörfer aus Stein weit im Süden,
an flüchtige Bilder im Sand
gerade jenseits dieser hohen Sierras.
Ich atme Luft tief ein und ziehe einen
Trunk aus dem Fluß dort unten, versuche,
den Einmannbagger zu ignorieren,

der seine Gier wimmert und Sand und
Steine schlürft auf der Suche nach Gold.
Ich tröste mich selbst mit einem Schluchzer,
der meinen Körper nur einmal packt,
hervorgerufen von Fingern des Geistes,
die in den fernen Fluß dort unten
tauchen und immer und immer wieder fragen:

Wer behütet nun deine Gewässer
Und diese wunderschönen Felsufer und
bewaldeten Hügel: wer sind die Hüter,
wer in der Tat sind die Hüter
dieser guten Erde? Sicher nicht wir!
Obhut ist Schöpfungslied
und dringt nicht mehr von unseren Lippen.

Ein
Schwirr-
holz
ist
Wind-
kraft
die
ruft.

Eine
Flöte
ist
das
ganze
singende
Leben.

Blitz-
strahl
ist
maskierter
Tänzer,
lädt
uns

ein
zu
einer
Nacht
des
Rund-
tanzes.

Feuer
ist
ein
Auf-
ruf
zum
Fest.

Ist es möglich, die Anerkennung wieder
herbeizuschreien, die uns einst verliehen in einem
lange vergangenen Gestern? Die Träumer zurück zu
träumen? Ein metallenes Schild ist an meine Stirn
genagelt, darauf steht BLM. Stacheldraht
windet sich um meine Handgelenke.

Wie kam es dazu, daß wir
die Kraft vom Gleichgewicht der
Schöpfung vergaben an Regierungsstellen und
Gesellschaften, die versessen sind auf Zerstörung?
Es ist ganz so, als ginge man als Kind
freiwillig in eine staatliche Internatsschule.

Die alten Pergamente des Gesetzes sind spröde,
und weil sie niedergeschrieben werden
mußten und wieder gelesen zur Erleuchtung,
können sie dort, unter Glas, nicht
einmal zum Kompost werden, wozu
sie sicherlich bestimmt waren.

Das Große Gesetz vom Frieden der
Six Nations ist ein Anfang:
es ist eine erinnerte Lebensweise,
den Menschen vorgetragen. Erinnerung ist
Wissen, Geist ist Schöpfungsraum:
Geist ist, wir sind, träumende Schöpfung.

Die Länder der Erde sind schwimmende
Platten, sagen nun die Wissenschaftler. Die Huicholes
haben eine Geschichte von Coyote, der beißt
Schildkröte und zerbricht ihre Schale, und nachdem
er das getan hatte, trocknete Weltteich ein und starb.

Es bedurfte aller Geschöpfe der Erde
und der Erinnerung an Schildkröte und Wasser,
um einen Bittgesang an Coyote zu singen, doch bitte
alles von Schildkröte wieder von sich zu geben,
und als er das tat: wurde Wasser.

Wasser
ist
über-
all
um
uns.

Die
Zei-
le
ei-
ner
Schlangen-
spur
im
Sand,
ein
Fisch
glei-
tet
in
seinem
eigenen
Raum,
ein
Vogel
singt
uns
«wacht
auf!»
Samen
vom
Mais
fal-
len,

* BLM = Bureau of Land Management (Anm. d. Ü.)

Ist es Anmaßung, uns selbst die grüne
Menschenwesen von Schildkröteninsel zu nennen? Bohnen
Kann es sein, daß Schildkröte noch immer rei-
zerschlagen ist und mehr ist als ein fen,
Kontinent, mehr als nur Vorstellung? fetter

Ein altes Volk sind jene, Kürbis
die eine ursprüngliche Verheißung und
erinnern. Ich meditiere über dem Melonen
Rhythmus einer Schaufel bei der Arbeit, ver-
ich sinne verwundert über den Erdwurm. locken,

    Vulkanische Asche schwebt in der Luft, Regen
fällt über die ganze Erde, bedeckt feuergefährliche fal-
Flüsse, verschmutzte Seen, Kernkraftwerke, lender
unter einer weichen Decke von Warnung. Regen.

Ein alter Hopi hackt in seinem Maisfeld. Sonne,
Ein Hohawkdorf ist umzingelt wär-
von bewaffneten Truppen. Ein Cree mende
speert Fische, die seine eigene Sonne.

geliebte Familie langsam vergiften. Nacht
Auf der anderen Seite der Erde schla-
singt eine Schamanin auf einer Hochebene fende
für die Dämmerung. Ihr Lied Nacht.

wirbelt die Blätter hoch vor meinem Fenster, Grüne
ihr Schatten ist eine vorüberziehende Wolke, Sprossen
sie ist ein warmer Windhauch, vom
der meine schlafenden Kinder beruhigt. Boden,

    Auf der anderen Seite der Erde zar-
und südlich, wirbelt ein bemalter Mensch tes
ein Schwirrholz, und der Ton Grün.

endet für Momente, während Erde Hohle
nach ihren fehlenden Völkern sucht. Hände
    Ein Adler umkreist die Sonne. die

Zwischen zwei Meeren höre ich das schöpfen
Scharren der Hacke meines Großvaters, klares
ein Echo, wiedergekehrt nach dreißig Jahren. Wasser,

Ein ungeborenes Kind wimmert im Schlaf,	Wasser
ein Rehkitz taumelt, stellt sich auf	rinnt
zitternde Beine, während Ohren, verwundert	aus
zucken. Wieder bebt Erd-	dem
haut, nicken Sterne. Nun	Boden
murmeln die Stimmen nahebei,	Wasser
alle die Alten sind zurückgekommen.	leben-
Unsere kleine Existenz widerspiegelt sich	dig
im Bauchpanzer einer Schildkröte,	im
Wellen korallfarbener Schatten	Himmel,
in diesem Weltteich, der träumt	Wasser
Ein Meer wehender Gräser	um-
Hufe ausgestorbener Geschöpfe	faßt
wir selbst im Exil, und immer	die
eine vergebende Erde.	Erde.

    * BLM = Bureau of Land Management (Anm. d. Ü.)

*Peter Blue Cloud ist ein Mohawk aus Kanawake (Coughnawaga),
einer Irokesensiedlung nahe Montreal. Seine Texte schufen, wie auch
jene des Kaliforniers Gary Snider, in der amerikanischen Literatur der
späten sechziger Jahre eine Brücke zur Naturphilosophie der Ureinwohner. Von 1983 bis 1986 war er Chefredakteur der «Akwesasne
Notes», der größten panindianischen Zeitung Nordamerikas. Veröffentlichungen: «Alcatraz Is Not An Island» (Ed.), 1972;*

BOTSCHAFTEN
GERICHTET AN DIE WEISSE WELT

Qöyáwaima

**Die Pöqángs und
das menschenfressende Ungeheuer**

Vor sehr langer Zeit lebte irgendwo im Westen ein
großes Ungeheuer, das unsere Vorväter Shíta nannten und das immer
nach Oraibi kam. Wo immer es Kinder finden konnte, verschlang es
sie, und oft wurden auch Erwachsene von dem Ungeheuer gefressen.
Die Leute waren sehr in Ängsten, und besonders der Dorfhäuptling
war sehr besorgt. Schließlich beschloß er, die Pöqángs um Hilfe zu
bitten. Diese beiden, Pöqánghoya und sein jüngerer Bruder Palönga-
hoya, lebten im Norden nahe bei Oraibi. Als der Dorfhäuptling sie
bat, ihnen das Ungeheuer vom Halse zu schaffen, trugen sie ihm auf,
für jeden von ihnen einen Pfeil herzustellen. Das tat er, und für die
Schaftfedern nahm er Flügelfedern des Blauvogels. Diese Pfeile
brachte er den kleinen Kriegsgöttern. Sie sagten zueinander: «Gehen
wir also los und sehen wir, ob ein solches Ungeheuer existiert und ob
wir es finden können.»
So gingen sie zuerst nach Oraibi und hielten um das Dorf herum
Ausschau. Einmal, als sie auf der Ostseite des Dorfes am Rand der
Mesa standen, bemerkten sie etwas, das sich von der Westseite her
näherte. Sie liefen sofort dorthin und sahen, daß es das Ungeheuer
war, das sie vernichten sollten. Als das Ungeheuer den beiden entge-
genkam, sagte es zu ihnen: «Shíta (ich fresse euch).» Beide Brüder
protestierten, aber sofort verschlang das Ungeheuer erst den älteren
und dann den jüngeren. Sie bemerkten, daß es im Innern des Ungeheuers nicht dunkel war, und in der Tat befanden sie sich auf einem
Weg, auf dem der jüngere Bruder, der als zweiter verschlungen worden war, seinen älteren Bruder bald einholte. Die beiden lachten und
sagten zueinander: «So ist es hier also. Wir sterben hier gar nicht.» Sie

fanden heraus, daß der Weg, auf dem sie liefen, die Speiseröhre des Ungeheuers war, die in seinen Magen führte. Dort trafen sie auf eine große Zahl von Menschen unterschiedlicher Nationalität, die das Ungeheuer an verschiedenen Stellen der Erde verschlungen hatte; tatsächlich stellten sie fest, daß der Magen eine kleine Welt für sich war, mit Gras, Bäumen, Felsen und anderen Dingen.

Bevor die beiden Brüder von zu Hause ausgezogen waren, um nach Möglichkeit das Ungeheuer zu töten, hatte die Großmutter ihnen gesagt, daß sie, wenn das Ungeheuer sie verschlänge, nach seinem Herzen suchen sollten; wenn es ihnen gelänge, mit einem Pfeil sein Herz zu treffen, würde es sterben. So beschlossen sie, sich auf die Suche nach dem Herzen des Ungeheuers zu begeben. Schließlich fanden sie den Weg, der aus dem Magen des Ungeheuers herausführte, und nachdem sie diesem Weg eine Weile gefolgt waren, sahen sie weit über sich etwas hängen, von dem sie sofort annahmen, daß es das Herz sei. Pöqánghoya schoß augenblicklich einen Pfeil darauf ab, verfehlte es aber, und der Pfeil fiel zurück. Nun versuchte es sein jüngerer Bruder, und sein Pfeil durchbohrte das Herz. Da wurde es dunkel, und alle merkten, daß das Ungeheuer starb. Die beiden Brüder riefen die Leute zusammen und sagten zu ihnen: «Nun laßt uns hinausgehen.» Sie führten sie auf dem Weg zum Rachen des Ungeheuers, aber dort stellten sie fest, daß sie nicht hinauskommen konnten, weil das Ungeheuer im Sterben die Zähne fest zusammengebissen hatte. Sie versuchten vergebens, den Mund zu öffnen, aber schließlich entdeckten sie einen Durchgang, der zur Nase hinaufführte. Durch diesen gelangten sie dann ins Freie.

Im Dorf bemerkte man, daß sich eine große Zahl Menschen dort im Norden versammelt hatte. Der Dorfhäuptling rief aus, daß eine große Menschenmenge im Norden des Dorfes eingetroffen sei, und forderte seine Leute auf, sich ebenfalls dort zu versammeln. Dies taten sie, und viele fanden ihre vom Ungeheuer verschlungenen Kinder und Verwandten wieder und waren sehr froh darüber.

Die beiden Brüder sagten nun zu den anderen, daß sie jetzt weiterziehen und ihre Heimat suchen sollten, aus der sie gekommen seien – und das taten sie auch. Sie siedelten zeitweise an verschiedenen Stellen, was die vielen kleinen über das Land verstreuten Ruinen erklärt.

Die Alten sagen, daß dieses Ungeheuer in Wirklichkeit eine Welt oder ein Land war, wie es einige nennen, ähnlich der Welt, in der wir leben.

Die Legende aus dem Dorf Oraibi auf der dritten Mesa der Hopi im heutigen Bundesstaat Arizona wurde erstmals von Heinrich R. Voth aufgezeichnet, einem deutschen Mennonitenmissionar, der in den Jahren 1903 und 1904 bei den Hopi lebte, und zu dessen Gewährspersonen Qöyáwaima zählte. Die Geschichte ist Jahrtausende alt, hat aber im Kontext der Hopi-Prophezeiungen ihre aktuelle Botschaft nicht verloren: sie gilt noch immer – auch für andere Ureinwohner. Als im Herbst 1983 die indianische Friedensdelegation durch Deutschland reiste, warnte der Lakota-Medizinmann Wallace Black Elk verschiedene Politiker und Journalisten vor einem großen Ungeheuer, das im Begriff sei, die ganze Welt zu verschlingen. Doch mit der Welt verschlinge es auch das Feuer, und daher werde es von innen heraus explodieren und in Stücke gerissen werden. Das Ungeheuer seien die multinationalen Konzerne, erklärte Black Elk, und das Feuer die Energiepotentiale der Erde. – Im Zusammenhang mit der Hopi-Überlieferung stellen sich dann Fragen wie: Wie ist das Herz des Ungeheuers beschaffen? Wer könnten die heutigen Pöqángs sein? Welches ist die Kraft des Blauvogels, der ihre Pfeile lenkt?

Janet McCloud

Die Knüppel der Polizisten
haben mich aufgeweckt

*Die Tonbandaufzeichnungen, aus denen der hier abge-
druckte Monolog stammt, entstanden bei meinem ersten Besuch im
Winter 1982. Als ich mich am großen Küchentisch niedergelassen hatte,
legte Janet mir zur Begrüßung neben geräuchertem Lachs auch die auf-
geschlagene Tageszeitung auf den Tisch: «The Daily Olympia», Ausgabe vom 29. Januar 1982. Der Lokalreporter berichtete von der Versammlung einer Sportfischervereinigung. Zitiert wurde abschließend
Greg Ortega, ein Sprecher des Vereins: «I'd be satisfied with a closed
season on salmon if we get an open season on Indians – Ich bin mit einer
Schonzeit für Lachs einverstanden, wenn wir dafür eine Abschußge-
nehmigung für Indianer erhalten.»*

Zwei meiner größten Lehrer waren Mina Lanza und Beaman Logan.
Beide sind schon tot. Mina war Kikmongwi des Hopidorfes Old
Oraibi, Beaman war ein Heiler der Seneca. Als Mina krank wurde,
riefen sie mich an, aber ich hatte keine Möglichkeit, dorthin zu fahren. Wir hatten eine sehr starke spirituelle Beziehung. Nach ihrem
Tod träumte ich von ihr, wie sie in der Küche stand und saubermachte
und kochte. Ich fragte mich, was das bedeutete, und ein paar Tage
später kamen eine Menge Leute. Es war, als hätte sie uns gesagt:
Diese Leute kommen, du solltest dich darauf vorbereiten. Den nächsten Traum hatte dann ich. Ich träumte, daß Mina zu mir kam und mir
erzählte, eins meiner Mädchen sei schwanger und würde eine Tochter
bekommen, und ich sollte diese Mina nennen, weil sie ihre spirituelle
Erbin sein würde. Ich befragte also alle meine Töchter und alle be-
stritten es. Wir gingen dann zum Longest Walk und als wir zurückkamen, stellten wir fest, daß Sally schwanger war. Sie bekam tatsächlich

ein Mädchen und wir nannten es Mina. Schon bei ihrer Geburt lächelte sie.

Beaman Logan lehrte mich, daß wir alles tun müssen, was in unserer Macht steht, um dieses Land zu retten und für die zukünftigen Generationen Vorsorge zu treffen, und wenn wir alles getan haben und nichts Wirkung zeigt, dann sollen wir den Schöpfer rufen. Wir brauchen ein neues Wertesystem, wir brauchen etwas für die ganze Menschheit, etwas, was die Welt geistig gesunden läßt. Doch wenn wir glauben, daß wir diejenigen sind, die das leisten müssen und es dann nicht können, werden wir wie verrückt herumlaufen auf der Suche danach. In einer Redewendung heißt es: Wenn der Schüler bereit ist, wird der Lehrer erscheinen. Wenn genügend Leute auf der Welt das sagen könnten und aufhören würden, so egoistisch oder so größenwahnsinnig zu sein...

Doch das Problem bei den Leuten ist, daß sie die Wissenschaft anbeten, sie glauben, die Wissenschaft kann für alles Abhilfe schaffen. Doch das kann sie nicht. Einfach blind an irgendwas zu glauben, kann keine Heilung bringen...

Die Rolle der Frau in der indianischen Gesellschaft ist sehr stark. Die Frauen sind das Rückgrat der Bewegung, die Männer sind die Kiefer. Dieses Bild ist nicht von mir, Katsi Cook aus Akwesasne hat das mal auf einer Konferenz gesagt, und das hat mir gefallen.

Ich kann mich erinnern, daß während des Fischereikampfes die Frauen im Vordergrund waren, und die Wildhüter sagten: «Diese Indianer sind Schwächlinge, sie verstecken sich hinter dem Rücken der Frauen.» Ich sagte dann, daß sie das nicht verstehen, daß wir nicht rumstehen und zusehen werden, wie sie unsere Männer prügeln. Das ist schon immer so gewesen und ich glaube, alle indianischen Frauen denken so. Wir haben einen stark ausgeprägten Mutterinstinkt und jede Frau sieht ihren Mann als Sohn, egal wie alt er ist. Auch die Erde gibt – wir brauchen keine Münze in den Boden stecken, um eine Karotte zu ernten, oder Geld in den Fluß werfen, um einen Fisch zu fangen. Die Erde, unsere Mutter, gibt immer, was sie hat. Wir leben sozusagen auf dem Rückgrat unserer Mutter Erde. Ich finde, das ist ganz natürlich. Wir geben, was wir haben.

In den 60er Jahren waren es in der Mehrzahl Frauen, die kämpften. Denn die jungen Männer waren fast alle im Gefängnis, auf weit entfernten Schulen oder sie waren Soldaten. Sie verteidigten nicht ihre Heimat, ihr eigenes Volk, sondern kämpften den Krieg der Weißen in Vietnam. Meine Güte! Die haben uns hier ausgenommen bis aufs letzte Hemd, uns unsere Freiheit verweigert, und unsere jungen Männer schlachteten da draußen andere Menschen ab.

Als dann Ende der 60er, Anfang der 70er Jahre das American Indian Movement auftauchte, war ich sehr froh, denn wir brauchten diese Kämpfer, wir brauchten dieses Vorbild; wir wollten, daß unsere jungen Männer begriffen, daß es ihre Pflicht war, ihr eigenes Land, ihr eigenes Volk gegen das zu verteidigen, was geschah. Ich habe genug vom Kämpfen und wäre lieber Großmutter, würde gern zu Hause bleiben und in meinem Garten arbeiten. Ich will nicht mehr nach Übersee. In den 60er und 70er Jahren mußte ich viel reisen, denn es gab ja kaum Sprecher. Es gab nicht viele, die sich wirklich hinsetzten und ihre Arbeit machten, die etwas über europäische Kulturen und Religionen wußten und dorthin hätten gehen können. Heute gibt es viele sehr redegewandte Leute, nicht nur auf unserer Seite: Einige arbeiten beim Staat und für ein paar wäre es besser gewesen, sie würden nie in ihrem Leben den Mund aufmachen. Die machen uns mehr Feinde als Freunde.

In unserer Familie brachte die politische Arbeit auch Probleme. Mein Mann war einer der bedeutendsten Führer und Organisatoren der Fischer, und ich war ihre Sprecherin. Don und ich machten immer alles gemeinsam; wir erzogen unsere Kinder gemeinsam, wir fischten gemeinsam. Aber wir waren nahe daran, unser Haus zu verlieren, unsere Kinder gingen mit Löchern in den Schuhen zur Schule, und wir hatten nie zu essen. Es konnte nicht so weitergehen, daß er dauernd im Gefängnis war. Also meinte er: «Ich muß arbeiten. Nur einer von uns beiden kann weitermachen und ich denke, du solltest das sein, denn du hast die Gabe und die Fähigkeit, zu reden, und das braucht unser Volk. Ich werde dich bei allem unterstützen.»

Wir setzten uns also mit allen Kindern zusammen und redeten mit ihnen. Sie waren noch klein. Ich sagte zu ihnen, daß nun jeder einen Teil meiner Pflichten übernehmen müsse. Lange Zeit fühlte ich mich schuldig deswegen. Ich interessierte mich nicht allzusehr dafür, eine arbeitende indianische Karrierefrau zu sein, die eigentlich nur die Rolle der weißen Frau kopiert. Für mich ist es die schönste Sache im Leben, einfach eine Frau zu sein. Und es ist eine sehr heilige Sache, ein Kind zu haben, denn ein Kind ist Zeichen des Vertrauens, das der Schöpfer in dich setzt, und es ist wichtig, wie du es erziehst; es gibt keine wichtigere Pflicht als diese.

Ich denke, AIM ist eine gute Sache, denn die Bewegung kam zu einem Zeitpunkt, da wir sie brauchten, und sie hat die Kämpfer in jeder indianischen Gemeinde ermutigt. Jede indianische Gemeinschaft hat heute ihre eigenen Kämpfer. Vielleicht ist die Zeit von AIM vorbei, vielleicht ist es jetzt die Aufgabe von AIM, auf internationaler Ebene zu arbeiten. Der Geist von AIM war wichtig. Ich war nie eine AIM-Führerin, aber ich habe AIM verteidigt. Ich habe mich als Frau gefreut, daß die Männer aufstehen und etwas tun.

AIM hat auch dazu beigetragen, den Stolz zurückzubringen. Denn wir haben immer noch Probleme mit unserem Image. Ich mache mir Sorgen um das Image. Ich weiß noch, als Stockey Carmichael zum erstenmal nach Seattle kam und mit der Bewegung ‹Black is beautiful› begann. Aber die Schwarzen waren wütend, sie wollten ihn nicht hören. Mit ihnen war das gleiche geschehen wie mit den indianischen Frauen und ihrer TV-Vorstellung von Schönheit. Indianerinnen sehen halt nicht aus wie Farrah Fawcett-Majors und sie sind nicht gebaut wie Twiggy. Trotzdem versuchen sie, sich dazu zu machen, weil das ihrer Vorstellung vom Schönsein entspricht. Das Erscheinungsbild einer Indianerin, einer Vollblut-Indianerin wie meine Mutter es war, ist etwas sehr Schönes für mich. Meine Mutter war dunkel, hatte schwarzes Haar – für mich war sie sehr schön. Auch ich hatte immer ein dunkles Gesicht und dunkle Haare und ich weiß noch, daß sich andere indianische Mädchen in meinem Alter früher weißen Puder auflegten und ihre Haare bleichten.

Am Image unserer Männer haben wir Frauen gearbeitet. Wir sind in die Gefängnisse gegangen und haben das Selbstbewußtsein unserer Männer gestärkt, haben auf sie eingewirkt, so daß sie nicht auch zu Hause dunkle Sonnenbrillen tragen müssen. Trotzdem sehen die Männer der Bewegung oft nach nicht-indianischen Frauen und finden sie schön. Ihre eigenen Frauen behandeln sie nicht mit Respekt, obwohl sie dauernd über Mutter Erde, Töchter der Erde und die Rolle der Frauen reden. Warum? Sie sind programmiert! Wer erscheint denn auf der Leinwand oder in den Illustrierten? Immer nur Püppchen, nur Blondinen; darauf werden sie eingeschworen, so bekommen sie vorgeführt, was schön und anschmiegsam ist. Wir müssen weiter das Bewußtsein fördern, daß indianische Frauen schön und indianische Männer stattlich sind. Wir müssen tun, was auch Stockey Carmichael getan hat.

Der Kampf um die Fisch-Rechte, die Knüppel auf den Kopf, der

Gang ins Gefängnis, all das hat mich aufgeweckt. Etwas Besseres hätte mir nicht passieren können. Plötzlich konnte ich sehen, was um mich herum geschah. Wenn es nicht zu diesen Zusammenstößen gekommen wäre, wäre ich vielleicht schon an Leberzirrhose gestorben, denn ich hatte zu trinken angefangen, als ich 13 war. Ich gehörte zu jenem Teil unserer Kultur, der seiner Identität beraubt war. Die Wildhüter und Polizisten, die auf mich losgegangen sind, denen bin ich dankbar.

✳

Irgendwann müssen Wissenschaft und Spiritualität wieder zusammenwachsen. Dies gilt vor allem in der Medizin. Unsere Medizinmänner beschäftigen sich mit dem Kranken als beseeltem Wesen. Viele unserer Medizinleute sind Heiler, die ihre Kraft vom Schöpfer erhalten haben. Darüber hinaus haben sie Kenntnisse über die Wirksamkeit von Heilkräutern und die exakte Anwendung von Zeremonien von ihren Lehrern. Doch die Kraft ist da, mit und ohne erlerntes Wissen. Die weißen Ärzte verlassen sich auf die Diagnose und beschränken sich auf das Verschreiben von Medikamenten. Meistens gehen sie nur mit den Symptomen um. Was ist, wenn ein Arbeiter Krebs bekommt aufgrund der Radioaktivität am Arbeitsplatz? Die wenigsten Ärzte unternehmen was gegen die Bedingungen am Arbeitsplatz.

In der englischen Sprache ist immer vom Medizinmann die Rede. Dabei hat es immer Frauen gegeben, die heilen konnten. Ich denke, dahinter steckt dieser Sexismus der Weißen. Es wird erzählt, daß die Weißen, als sie zum erstenmal kamen, um ihre Religion zu predigen und Verträge zu schließen, nie mit weiblichen Führern verhandeln wollten. Sie haben es auch nicht zugelassen, daß Frauen an den Ratssitzungen teilnahmen. In einem Fall mußten die Männer den ganzen Tag im Rat sitzen und nachts zurück in die Dörfer gehen, um mit den Frauen zu sprechen. Die sagten ihnen dann, was zu tun sei, und dann gingen die Männer am nächsten Tag wieder zurück. Sie trafen nie allein eine Entscheidung. Die Weißen fanden das schließlich heraus. Aber sie wollten einfach nicht mit Frauen verhandeln, und daher mußten die Männer sich so verhalten.

Die ersten Weißen, die über uns geschrieben haben, hatten keine Ahnung über unsere Kultur. Wenn ein Mann eine Frau heiratete, dann mußte er ihren Eltern wertvolle Geschenke machen, um zu zeigen, daß er sich bewußt war, daß er ihnen etwas Wertvolles wegnahm! Die Weißen behaupteten, wir kaufen und verkaufen unsere Frauen.

Die Weißen sind schon immer Sexisten gewesen, die ganze Geschichte zeigt das deutlich! In Europa wurden Hunderttausende von Frauen getötet, weil sie Hexen waren. Warum wurden sie umgebracht? Weil sie eine uralte Medizin praktizierten, weil sie aus Sicht des Systems subversiv waren, weil sie dem Katholizismus widersprachen, der von dir verlangt, daß du als Frau fruchtbar bist, dich vermehrst, die Erde füllst; die einzige Daseinsberechtigung einer Frau war es, ohne jede Geburtenkontrolle Kinder in die Welt zu setzen. Die indianische Frau hat immer Verhütungsmethoden gekannt, wir hatten nie Überbevölkerung. Aber das wurde für teuflisch gehalten; die Katholiken hatten schon immer Verbindung zum Römischen Reich. Darin liegt eigentlich auch die Bedeutung der Familie; der Mann besitzt seine Frau und seine Kinder im Sinne von römischen Haussklaven.

Eine gewisse Kraft zu heilen, liegt in uns allen. Die spirituellen Ältesten, die mich sehr viel gelehrt haben, Mina Lanza, Beaman Legan, Thomas Bauyacya, sie haben Don und mir beigebracht, unabhängig zu werden. Die weißen Ärzte machen uns abhängig, wir rennen sofort zu ihnen, statt zu überlegen, was wir selbst tun können. Das habe ich sehr ernst genommen.

Meine Kinder wissen, wie man mit diesen Dingen umgeht. Weißt du, jede Person hat die Kraft zu heilen, sie wurde uns nur weggenommen. Lege einfach deine Hand auf eine andere Person, und die Kraft wird kommen. Ich hatte eine Nichte, sie hatte eine Überdosis genommen und lag auf der Intensivstation. An jenem Morgen verbrannten wir Tabak und gingen am Mittag zu ihr. Sie war praktisch tot. Wir standen an ihrem Bett und legten die Hände auf sie und beteten. Und im selben Augenblick wachte sie auf.

Ein anderes Mal hatte ein Junge hier einen Autounfall und lag mit schweren Gehirnverletzungen im Krankenhaus. Der Doktor sagte, er würde schwachsinnig bleiben, und ich sollte lieber dafür beten, daß er stirbt, ich würde doch nicht wollen, daß er so am Leben bleibt. Meine Tochter sagte: «Mama, ich finde das so schlimm. Kannst du nicht reingehen und für ihn beten?» Ich sagte zu ihr: «Weißt du, du wurdest genauso wie ich unterrichtet. Nimm den Tabak und gehe und mach, was du gelernt hast. Vergiß aber nicht, vorher seine Mutter und Freundin zu fragen.» Sie ging also zu ihnen und erzählte, was sie tun wollte, und die Mutter sagte: «Gib mir auch etwas Tabak», und gingen hinein und beteten, und der Junge wachte auf und sagte zu seiner Freundin: «Gib mir einen Kuß.» Ich hab gesehen, wie es funktioniert. In jedem von uns steckt etwas von dieser Kraft.

Ich will damit nicht sagen, daß jeder ein Heiler werden kann. Ich will auch nicht, daß die Leute glauben, ich sei eine Medizinfrau. Wenn ich Hilfe brauche, habe ich da meine Schwitzhütte, ich baue Tabak an, das einzige, was ich nicht gemacht habe, ist die Initiation im Langhaus der Salish, aber das werde ich noch tun.

Beaman Logan von den Seneca sagte immer: «Ich kann sehen, wie sie vorangeht.» Und ich sagte dann: «Was kannst du sehen?» Er sah die spirituelle Bewegung, er konnte sie sehen. Und jetzt sehe ich sie, und ich sagte zu Don, ich wüßte jetzt, was Beaman meinte. Ich weiß jetzt, daß es eine spirituelle Bewegung gibt, sie wird gelenkt, und wie böse diese Welt auch wird, es gibt eine Grenze, wo es nicht mehr so weitergehen wird. Wie mächtig sie sich auch vorkommen, wie viele Atombomben sie zu haben glauben – sie werden an eine Grenze stoßen. Der Schöpfer und die Donnerwesen und Regen – sie alle haben mehr Macht als sie.

Schau dir St. Helen's Vulkan an! Ich hatte keine Angst, als der Ausbruch losging. Ein bißchen Asche ist hierher geweht, und als der Wind drehte, flog sie weiter nach Süden.

Unsere Jungen gingen immer am Morgen in die Schwitzhütte und ich roch das dann, weil das Fenster offen war. An jenem Morgen wachte ich auf und roch die Schwitzhütte, und ich sagte: «Wer ist da so früh am Morgen drinnen?» Und ich stand auf und da war die Asche! Unsere Erde fängt also an, sich zu reinigen. Die Leute sollten sich lieber vorsehen! Denn jede Mutter kennt ihre eigenen Kinder. Ich hatte nie Angst, nie das Bedürfnis wegzurennen. Alle rannten weg. Es brach eine richtige Panik aus! Sie mußten einen Notruf einrichten, wo die Leute mit Psychiatern reden konnten, die sie beruhigen sollten. Und die Kirchen waren gesteckt voll, die Leute wurden religiös. Doch niemand von uns hatte Angst. Es gab Erdbeben, Stürme am Columbus-Tag, all das macht mir keine Angst. Aber ich nehme an, wenn ich im Kriegszustand mit der Natur leben würde, dann hätte ich auch Angst, wenn die Erde, unsere Mutter, ihre Macht zeigt.

Wenn ich von der Kraft sprach, die in uns steckt, dann denke ich auch an die Kraft des Gebets. Diese Kraft entsteht durch deine Gefühle, deine Hingabe, deine Konzentration; sie verleihen einem Gebet Kraft. Das gilt auch für unser Verhältnis zu allem nichtmenschlichen Leben, den Bäumen, den Vögeln, die Lebewesen, von denen wir abhängig sind. In einem engen spirituellen Verhältnis zur Natur steckt auch Kraft. Vielleicht kann man dieses Verhältnis von Respekt und Zugehörigkeit nie erlernen, sondern muß als Kind hineingewachsen sein. So was läßt sich wahrscheinlich nur schwer nachholen.

Es gibt aber auch Kräfte, mit denen ich nicht umgehen möchte. Ich will keine Zauberin sein oder so etwas. Die Stämme in dieser Gegend hatten solche Zauberer. Sie konnten jemanden dazu bringen, sich zu ertränken. Weiße haben das mit eigenen Augen gesehen und beschrieben, und unsere Leute reden heute noch darüber. Diese Macht wurde von meinem Volk oft mißbraucht. Ich will eine solche Fähigkeit nicht haben, denn wer weiß, ob ich sie nicht auch mißbrauchen würde, wenn ich zum Beispiel versucht würde.

Janet McCloud gehört mütterlicherseits zur großen Familie des vielzitierten Chief Seattle, Häuptling der Duwamish und Suquamish; ihr indianischer Name Yetsiblu stammt von Seattles Schwester. Sie wuchs während des Zweiten Weltkriegs auf und schämte sich ihres deutschen Großvaters: «Ich habe mich gehaßt. Es hat lange gedauert, bis ich mir meine Abstammung eingestand.»

Als Ende der sechziger Jahre an der Pazifikküste der Widerstand der indianischen Lachsfischer gegen die Fischereiindustrie und gegen die rassistische Gesetzgebung aufflammte, waren Janet und Don McCloud unter den Kämpfern der ersten Tage.

1978 gründete sie den «Northwest Indian Women's Circle». Diese Vereinigung ähnelt in ihrer organisatorisch losen und geistig eng verzahnten Struktur dem «Traditional Elder's Circle» und ist somit charakteristisch für die Bewegung. Der Zirkel will sich um jene Inhalte kümmern, die im politischen Kampf zu kurz kommen. Ihr Zuhause, wo sie mit ihrem Ehemann Don (er starb im April 1985) sechs Töchter und zwei Söhne und einige Kinder aus der Verwandtschaft aufzog, ist südlich der Stadt Seattle, in Yelm. Yelm, ein Wort aus dem Salish-Dialekt der Misquali, bedeutet: Wo die Geister tanzen.

Leroi Little Bear

Kein Sonnentanz auf dem Mond

*Seit 1982 gibt es in der UNO eine der Menschenrechts-
kommission untergeordnete «Arbeitsgruppe für eingeborene Bevölke-
rungen» (Working Group for Indigenous Populations). Ihr Ziel ist es,
eine «UN-Deklaration für eingeborene Völker» zu erarbeiten, die 1991
der Generalversammlung vorgelegt werden soll.*

*Jährlich im August versammeln sich Vertreter eingeborener Natio-
nen und Organisationen in Genf, um mit der fünfköpfigen Arbeitsgruppe die Richtlinien festzulegen. Die neue Terminologie, die mit den
Stammesmenschen in das Palais des Nations einzog, war für die internationalen Bürokraten nur schwer einzuordnen. Der Blackfoot-An-
walt Leroi Little Bear aus der kanadischen Provinz Alberta unternahm
einmal den Versuch, die Philosophie seines Volkes im Kontext weißer
Geschichtsauffassung zu erklären. Die Vorsitzende der Versammlung,
Erika I. Daes, erteilte ihm daraufhin einen Rüffel: Sie sei Griechin, und
sie würde vor ihm ja auch nicht die Lehren des Aristoteles ausbreiten.
Inzwischen hat die Vorsitzende ihren Standpunkt geändert und gibt zu,
durch ihre Arbeit mit Ureinwohnern viel gelernt zu haben. Dies ist die
Rede, die Leroi Little Bear im August 1984 hielt.*

«Eingeborene Völker stoßen bei den Weißen auf Unverständnis, sobald sie von ihrem Verhältnis zur Erde und ihrem Verhältnis zum
Land sprechen. Europäisch-westliches Denken ist linear und direkt
und auf einen Punkt orientiert; mein Volk hingegen hat eine holistische und zyklische Denkweise.

Das europäisch-westliche Zeitkonzept offenbart diesen Unterschied: Westliche Zeit funktioniert linear, von A nach B, von B nach
C, weiter nach D. Ein Zeit-Punkt löst den anderen ab, die Zeit wird

eingeteilt in Abschnitte: Montag, Dienstag, Mittwoch... Januar, Februar, März...

Für uns gibt es kein Fort-Bewegen in der Zeit, nur ein Wiederkehren. Unsere Zeit spielt sich in Kreisläufen ab. Ihr sprecht von einem neuen Tag, einem neuen Jahr. Wir sprechen von der Sonne, die wiederkommt, dem Sommer, der wiederkommt, von Jahreszeiten, die gehen und kommen. Der Tag hinter uns, der Tag, in dem wir uns gerade befinden, der Tag vor uns, sie alle gehören zusammen. Unser Zeitbegriff ist fließend und hat doch gleichzeitig ein statisches Element. Ich will diesen Unterschied zwischen weißer und indianischer Bedeutung von Zeit an einem Beispiel illustrieren:

Nehmen wir einen Angehörigen einer christlichen Kirche. Sobald der christliche Kalender den 25. Dezember anzeigt, wird dieser Christ Weihnachten feiern, egal wo er sich gerade befindet, sei es in Südafrika, am Nordpol oder auf dem Mond. Solange er durch seinen Kalender die Gewißheit hat, daß jener Tag der 25. Dezember ist, wird er an diesem Tag Weihnachten feiern. Der Ort spielt für Christen keine Rolle. Das zeigt uns Stammesmenschen, welch wesentliche Rolle der Kalender für euch westlich-europäische Menschen spielt.

Für mein Volk, die Blackfoot-Nation, spielt Zeit nicht diese Rolle. Nehmen wir den Sonnentanz, die heiligste Zeremonie unseres Volkes: Der Sonnentanz findet einmal im Jahr statt, im Sommer. Einen bestimmten Tag gibt es nicht. Es kann im Frühsommer sein oder im Spätsommer. Der Sonnentanz wird dann abgehalten, wenn der richtige Zeitpunkt für die Menschen gekommen ist, wenn alle im Stamm ihre Vorbereitungen getroffen haben, nicht eher. Der wesentlichste Faktor aber ist der Ort: unser Sonnentanz, der Sonnentanz der Blackfoot-Nation, wird am Belly Butte abgehalten. Das ist der heilige Ort unseres Stammes. Ich kann nicht in die Schweiz kommen und in Genf einen Sonnentanz tanzen, auch auf dem Mond geht das nicht. Für uns ist der Sonnentanz, unser Welterneuerungsfest, an einen konkreten Ort gebunden. Belly Butte ist für uns heilig. Belly Butte ist unser Land, und dieses Land gehört zu uns und wir zu ihm. Wir identifizieren uns mit dem Land.

Unsere Sprache und eure Sprache zeigen die unterschiedlichen Auffassungen ebenfalls: Die Blackfoot nennen sich in ihrer Sprache ‹das Volk›. Wird ein Indianer gefragt: Wer bist du?, dann wird er sagen: Ich bin ein Blackfoot. Ich bin ein Cree. Ich bin ein Anishinabe. Ich bin ein Lakota. Ein Weißer wird sagen: Ich bin ein Rechtsanwalt.

Ich bin ein Ingenieur. Ich bin ein Lehrer. Wir Stammesmenschen betrachten uns in erster Linie als Mitglieder einer Gruppe, und diese Gruppe kann nicht existieren ohne ihr Land. Der Beruf spielt bei dieser Betrachtung eine untergeordnete Rolle.

Ich will noch einmal von Erde reden. Wir Blackfoot, und ebenso alle anderen Völker Amerikas und alle Stammesvölker dieser Welt, wir betrachten die Erde als Mutter, die uns nährt. Sie kann ohne uns leben, aber wir nicht ohne sie. Die Erde ist ein lebender Körper, und wir achten sie, wie jeder von uns seine Mutter achtet. Ihr Europäer, so scheint es mir, betrachtet sie als toten Körper, mit dem man machen kann, was man will. Ihr glaubt, ihr könnt sie besitzen und verändern und mißhandeln.

Wir sehen das anders: Die Erde gehört allen, kein einzelner kann ein Stück von ihr besitzen.

Eine Mutter gehört all ihren Kindern. Das Verhältnis der Erde zu den Menschen ist für uns wie das Verhältnis einer Mutter zu ihren Kindern. Daher sprechen wir von Mutter Erde. Und hier entlarvt sich der Besitzbegriff von euch Weißen: Ihr nehmt ein Stück der Erde in Besitz, wie ein Kind, das seine Mutter allein für sich beansprucht und seine Schwestern und Brüder davon ausschließt. Das ist dumm und egoistisch. Das westliche Lineardenken ist dumm und egoistisch. Und die Folgen sind gefährlich für uns alle. Ihr Weißen denkt nicht an die, die nach uns kommen. Wir sind die Vorfahren der Ungeborenen!

Sprache zeigt, wie Menschen denken. Unsere Sprache beschreibt Aktion. Unsere Sprache trägt allen Veränderungen um uns herum Rechnung. Eure Sprache definiert die Dinge und ignoriert die Veränderungen. Eure Sprache ist linear und starr wie euer Denken. Euer Denken polarisiert sich in ‹entweder – oder›: Schwarz oder Weiß, Sünder oder Heiliger. Dazwischen gibt es für euch nicht. Bei uns kann auch ein heiliger Mann zuweilen unheilig sein. Bei uns gibt es kein ‹entweder – oder›. In unserer Religion haben wir gute Geister und schlechte Geister. Wenn ich Religion sage, dann meine ich Kultur. Unsere Religion ist nicht trennbar von unserer Lebensweise. Die Achtung vor dem Land gehört zu unserer Religion. Darauf baut sich unsere Kultur auf. Und Geister, gute wie schlechte, bevölkern die unsichtbare Welt um uns. Und wir sprechen zu den guten Geistern wie zu den bösen Geistern. Beide Kräfte gehören zur Realität. Ihr Christen betet nur zu Gott. Den Teufel kehrt ihr unter den Tisch. Aber er ist weiterhin da!

Ich könnte noch lange weitersprechen. Ich weiß, daß es euch Weißen schwerfällt, unsere sehr persönliche Beziehung zum Land zu verstehen. Wer unser Land zerstört, der tötet auch unsere Identität. Ihr glaubt, auch ohne Land leben zu können.

Wir können es nicht. Unser Land ist unser Leben.»

John Mohawk Sotsisowah

Die Technik wird euch nicht retten

Ihr habt euch von der Erde entfernt. Ich spreche nicht von eurer Fähigkeit, zu anderen Planeten zu fliegen. Ich spreche von eurem Verhältnis zur Erde und eurem Umgang mit der Erde. Ihr habt euch sehr weit entfernt; von einem indianischen Standpunkt sehr, sehr weit. Wahrscheinlich würdet ihr erschrecken, wenn ihr wüßtet, wie weit der Weg zurück ist.

Die Erde hat sich in unwahrscheinlich kurzer Zeit verändert. Natürlich hat sie sich nicht selbst verändert – ihr habt sie verändert! Ihr, die ihr euch als moderne Menschen betrachtet und euer Wissen über das Universum aus den Naturwissenschaften bezieht.

Für mich begann die gegenwärtige Krise im 16. Jahrhundert. Damals fing der «moderne Mensch» an, sich zu entwickeln. Entscheidend für die Krise war die europäische Entdeckung Amerikas. Plötzlich wurde das Weltbild der Alten Welt durch eine Neue Welt erschüttert. Bis zu diesem Zeitpunkt hatten die Bibel und die Schriften des Aristoteles euer Wissen bestimmt. Jetzt wurden die Erkenntnisse der bisherigen Jahrhunderte erschüttert, und auf dem Boden der Unsicherheit entwickelte sich das Zeitalter der Skepsis. Und mit ihm entstand ein neuer Glauben. Die Möglichkeit, die Umwelt mit Zahlen zu erfassen, ließ eine neue Religion entstehen. Ihr geht nicht länger zu Priestern, um etwas über die Zukunft zu erfahren, ihr sucht Naturwissenschaftler auf. Die Visionäre unserer modernen Welt sind die Experten der Raumfahrt, die im Weltraum nach neuen Grenzen suchen, nachdem auf der Erde die letzten Grenzen verschwunden sind.

Hätte man vor 200 Jahren vom Verkehr im Weltraum gesprochen, wäre dies blanke Häresie gewesen. Heute brauchen wir dazu nicht einmal mehr Phantasie, Raumfahrt gehört zu unserer Vorstellungswelt. Vielleicht wird es der Menschheit einmal möglich sein, schneller als das Licht zu reisen und Verbindung mit anderen Galaxien aufzunehmen. Wir wissen es nicht, doch die meisten glauben daran. Hinter dem Glauben an die Eroberung des Weltraums steht kein Wissen. Der Glaube an das technisch Mögliche ist die Religion des modernen Menschen geworden.

Bis Kolumbus Land am westlichen Horizont sah, bildeten die Bibel und die Schriften der alten Griechen einen Rahmen der Sicherheit für die Alte Welt. Jetzt stellte sich heraus, daß das Buch der Bücher ganze Kontinente vergessen hatte. Plötzlich mußtet ihr Amerika in euer Weltbild mitaufnehmen. Die Landung der Europäer an den Küsten unseres Landes bedeutete nicht nur eine geographische Konfrontation, sondern auch eine philosophische: Amerika ist die Wiege jahrtausendealter Konzepte über das Zusammenleben von Menschen und das Verhältnis der Menschen zu Tieren und Pflanzen, zu Bergen und Flüssen. Und all das, ihr könntet es eine indianische Ideologie nennen, entstand nicht über Nacht – diese Ideologie kann sich auf eine lange Geschichte der Bewährung berufen.

Der Gedanke einer egalitären Gesellschaft ist ein indianischer Gedanke. Unsere egalitären Stammesgesellschaften, insbesondere der Völkerbund der Houdenoshaunee, der sechs Nationen der Irokesen, beeinflußte europäisches Denken. Nicht-hierarchische Gesellschaften existieren auf diesem Kontinent seit ungezählten Generationen.

Das moderne Europa entwickelte sich unter dem Einfluß unserer Ideen. Impulse aus dem indianischen Amerika halfen mit, das göttliche Recht der Könige und des Adels in Frage zu stellen. Die Aufzeichnungen der Jesuiten gaben der Intelligenzia in Frankreich neue Nahrung, und unser Demokratiebegriff beeinflußte die Französische Revolution. Ob Jean-Jacques Rousseau oder ein Jahrhundert später Friedrich Engels, sie erhielten geistige Anstöße von uns. Im Großen Gesetz des Friedens, der Verfassung der Houdenoshaunee, ist die Freiheit der individuellen Meinungsäußerung eine der tragenden Prinzipien. Die heutige Pressefreiheit in Nordamerika und Europa ist eine Fortsetzung der Redefreiheit, die es vor eurer Entdeckung Amerikas nicht gab. Ebensowenig gab es bei euch Religionsfreiheit. Diese Gedanken der Freiheit kommen nicht nur aus dem Langhaus der Houdenoshaunee, sie waren Bestandteil aller indianischen Stammesgesellschaften, sie waren an vielen Plätzen der Welt zu finden, nur nicht im Europa des 15. und 16. Jahrhunderts. Es war der europäisch-indianische Kontakt, der eure Gesellschaften unterwanderte.

Wenn indianisches Gedankengut Europa beeinflußte, warum geht dann soviel Zerstörung vom modernen Europa aus? Mit Recht kann man sich diese Frage stellen. Ich behaupte, daß unsere Ideen nicht vollständig verarbeitet sind. Die moderne westliche Welt ist noch nicht erwachsen; sie hat sich schon früh verirrt und die Übersicht verloren. Vielleicht fehlt euch auch die Fähigkeit, die Ganzheit unserer Ideen zu begreifen. Doch mir geht es hier weniger um unsere Einflüsse auf eure Zivilisation, sondern mehr darum, was ihr übersehen habt, was ihr nicht erkannt habt, was ihr verloren habt.

Euch fehlt ein Verhältnis zur natürlichen Welt, die ihr Umwelt nennt. Bei euch signalisiert der Begriff «Natur» eine Ideologie. Kaum fällt unter Weißen das Wort «Natur», schon kommt der Vorwurf des Idealismus, der Romantik. Natur wird nicht als Bestandteil der realen Welt gesehen. Als Realität versteht man im Westen die Geschäftswelt, in der man sich behaupten muß. Natur gehört nicht zur Realität des modernen Menschen. Wer sich mit der Natur identifiziert, wird im Westen als unrealistisch betrachtet. Ihr vergeßt, daß auch ihr Natur seid!

Die Fortsetzung der nuklearen Aufrüstung in Ost und West kann, falls der sogenannte gesunde Menschenverstand nicht überraschend zu den Herrschenden zurückkehrt, zu einem nuklearen Winter führen. Staub wird dann die Erde verdunkeln und abkühlen. Dieser, von Menschenhand geschaffene Winter ohne Sonne, könnte die Spezies Mensch unter Umständen für immer vernichten.

Doch auch ohne nuklearen Winter wurden bereits zahlreiche Tiere und Pflanzen ausgerottet. Eure Zivilisation zerstört das Netzwerk des Erdenlebens und ihr spürt nicht einmal mehr den Schmerz. Der Schmerz als Warnsignal ist euch abhanden gekommen. Der Mensch des 20. Jahrhunderts hat keine Gefühlsbindung zur Erde. Mir scheint, er hält am 17. Jahrhundert fest und vertraut auf die Unerschöpflichkeit der natürlichen Reichtümer. Euer Benehmen entspricht nicht dem Wissen des 20. Jahrhunderts. Dieses Benehmen führt zum Tod der Erde, obwohl die Erkenntnis des 20. Jahrhunderts den tödlichen Weg bereits erkannt und verurteilt hat. Der moderne Mensch handelt also gegen sein Wissen.

Für uns ist Natur Realität, und unsere, von euch so belächelte Naturverbundenheit ist in unseren Augen eine realistische Weltanschauung. Wir trennen uns nicht von der Natur und sehen daher im Gebrauch dieses Wortes auch keine Romantik. Eigentlich sollte es der Dümmste kapieren, daß sauberes Wasser nichts mit Romantik zu tun hat. Die Realität aber zeigt, daß ich mich da irre.

Die wissenschaftliche Erkenntnis über die Biologie der Erde hat es nicht einmal auf intellektueller Ebene geschafft, eure geistige Haltung zu beeinflussen. Man sollte annehmen, daß das Raumzeitalter für die Gattung Mensch Sicherheit gewährleistet – aber die moderne Welt ist noch nicht zu dem geworden, was sie vorgibt zu sein. Sicher: Ein paar von euch haben eine Beziehung zu Bäumen und Bergen, eine Bindung, die nicht über den Intellekt läuft. Eure Gefühlsbindung zu Tieren reduziert sich aber bereits wieder auf Haus- und Lieblingstiere. Ihr habt entweder eine übertriebene Bindung oder gar keine. Was euch fehlt, eurer Kultur, eurer Zivilisation, das ist eine natürliche Bindung zu allem nicht-menschlichen Leben. Euch fehlt, was wir unter Spiritualität verstehen.

Ihr seid durchaus zu nicht-menschlichen Bindungen fähig – nur zu den falschen Dingen: Viele von euch haben ein enges, durchaus nicht intellektuelles Verhältnis zum Besitz oder zum Staat. Sie gehen für den Staat auf die Straße, sie lassen ihre Kinder für den Staat in Uniformen stecken, sie ziehen für den Staat in den Krieg, sie sind sogar bereit, für den Staat zu sterben. Doch wo ist dieses Engagement, wenn es um das Leben geht? Um die schlichte Qualität des Lebens: um reines Wasser, saubere Luft, gesunde Wälder – um die Natur. Und diese Natur ist weder erfunden, fremd, abstrakt noch romantisch oder anachronistisch. Wenn es um die Erde als Basis allen Lebens geht, dann ist die Bindung verschwunden, die ihr zeigt, wenn es um Besitz und Staat geht. Das Vaterland ist euch wichtiger als die Erde.

Dabei ist eure Demokratie in unseren Augen gar keine. Auf was stützt sie sich? Die indianische Demokratie beruht auf Einstimmigkeit. Erst wenn in der Ratsversammlung der Houdenoshaunee Consensus herrscht, werden Beschlüsse verabschiedet. Bei eurer Demokratie bleibt immer eine Minderheit übrig, auf deren Kosten eine Mehrheit ihre Politik macht. Es war ein Merkmal unserer Stammesgesellschaften, sich zu teilen, wenn keine Einstimmigkeit erreicht werden konnte. Die anders denkende Gruppe suchte sich dann mit ihren Anhängern neuen Lebensraum. Nie aber wurde einer kleinen Gruppe die Ideologie einer großen Gruppe aufgezwungen. Obwohl bei uns jeder einzelne seine Fähigkeiten in den Dienst des ganzen

Stammes stellte, war die Freiheit des Individuums dennoch oberstes Gebot. Kein Häuptling konnte einen Krieger zwingen, mit ihm in den Krieg zu ziehen. Euer Demokratiebegriff wurde uns aufgezwungen; seitdem sind die indianischen Nationen gespalten. Das Langhaus der Houdenoshaunee und den großen Rat der sechs Nationen konntet ihr jedoch nicht zerstören. Unsere Demokratie ist älter als alle westlichen sogenannten Demokratien.

Eure Politik ignoriert die Erde. Ihr vergeßt die Generationen, die nach euch kommen, und schafft euch eine Umwelt, die eurer Raumfahrtphantasie entspricht. Der moderne Mensch ist das Produkt der Umwelt, die er sich geschaffen hat.

Der Begriff des Überlebens hat in eurer Welt nichts zu tun mit Natur, er hat nichts mehr zu tun mit den biologischen und physikalischen Abläufen des Planeten Erde. Ein Aborigine in Australien muß, wenn er in das Erwachsenenalter tritt, beweisen, daß er überleben kann. Ebenso muß es ein Zulu tun. Jedes «primitive» Volk verlangt von seinen Menschen, daß sie in ihrer jeweiligen Umwelt zu überleben wissen. In der Industriegesellschaft des Westens müssen wir unsere Fähigkeiten nur auf einem ganz schmalen Gebiet unter Beweis stellen. Menschen des Westens müssen keine Überlebensproben ablegen; sie müssen nur wissen, wie man sich arrangiert, wie man andere kopiert, wie man sich trotz Konkurrenz durchschlägt. Das sagt natürlich einiges über die Umwelt aus – und über unser Erwachsensein. Im Westen werden die Menschen kaum erwachsen im Sinne des Wissens über das Überleben und über die Zyklen der Erde. Sicher, ihr habt Schulen, deren Besuch mit einer «Reifeprüfung» endet, aber diese Reife hat nichts mit Erwachsensein, Weisheit und Menschlichkeit zu tun.

Der Westen kann natürlich nur so lange an seinem System festhalten, solange er Rohstoffe aus der Dritten Welt holen kann, solange er Menschen aus diesen Regionen ausbeuten kann, und solange ein Markt für seine Produkte da ist. Für das System des Westens ist es «überlebens»-notwendig, die sogenannten wilden Stämme zu zivilisieren, sie zu zwingen, ihre Verhaltensmuster zu ändern, damit er sich schadlos der fremden Rohstoffe bedienen kann – mit Hilfe der zu Arbeitskräften gemachten Eingeborenen.

So gesehen ist die Kultur des Westens die absolute Zerstörung jeder anderen Kultur. Denn der moderne Mensch verändert seine Umwelt so, daß er in ihr ohne die Überlebenskenntnisse der letzten Jahrtausende überleben kann. Und das läßt sich natürlich nicht auf die Dauer fortsetzen. Wir müssen bei der Betrachtung einer Kultur berücksichtigen, welche Formen menschlichen Verhaltens noch als menschlich zu bezeichnen sind. Wenn die Ausbreitung einer Kultur zur Zerstörung anderer Kulturen führt, dann führt sie letztlich selbst in den Tod.

Wir müssen das Überleben der Ungeborenen in unsere Überlegungen miteinbeziehen. Die Verantwortung ist bei uns, wir dürfen uns nicht auf die Regierungen verlassen. Selbstbestimmung ist die einzige Lösung. Menschen müssen sich in ihren Regionen auf eine nicht-ausbeuterische Weise reorganisieren. Selbstbestimmung ist keine Illusion. Für das Zusammenleben der Menschen sind Richtlinien nötig, die im Bewußtsein der Europäer seit langem nicht mehr existieren. Wir, die Ureinwohner Amerikas, könnten euch dabei helfen. Wir haben noch dieses Wissen; es ist den Weißen nicht gelungen, es vollends zu zerstören.

Euer System steckt in einer Krise. In dieser Krise steckt aber auch Hoffnung, denn schlimmer kann es kaum noch werden: Die extreme Spezialisierung in allen Lebensbereichen und die Unmündigkeit der Bürger, ihre Unfähigkeit, ihr Leben selbst zu bestimmen, haben bereits dazu geführt, daß die Mitglieder der Industriegesellschaft die Erziehung ihrer Kinder nicht mehr kontrollieren können, ebensowenig das Angebot der Nahrungsmittel und die politischen Entscheidungen in ihren Gemeinden. Das weiße Erziehungssystem hat einen Menschen geschaffen, der eines der Hauptverbrechen der Industriegesellschaft einfach hinnimmt: nämlich Vergiftung und Zerstörung der menschlichen Nahrung.

Ich würde sagen, ihr befindet euch in einer schweren psychologischen Krise. Bewußtseinsspaltung ist wahrscheinlich die korrekte Bezeichnung. Ich werde darauf zurückkommen.

Die westliche Gesellschaft ist blind für die Realität. Wir werden von Wahnsinnigen regiert, die nicht sehen, auf welchem Weg sie sich befinden.

Ein Staat, der seine Prioritäten im Militärbereich setzt, ist unmenschlich. Ein Staat, der gegen die Interessen der Erde plant, ist unverantwortlich. Die Regierenden der Industrienationen kümmern sich zuerst um die Stabilisierung ihrer Macht, danach um die Lebensqualität ihrer Bürger.

Die moderne Welt funktioniert durch eine Summe hochentwickelter, raffinierter Technik; dabei bleiben jedoch fundamentale Erkenntnisse auf der Strecke. Komplexe Biosysteme sind nicht in Dollars aufsplitterbar. Diesen simplen Satz könnte ich mir sparen, wenn nicht eine beängstigend große Zahl der Erdbewohner in einer Vorstellung leben würde, nach der schmutzige Flüsse mit Dollars kuriert werden können. Der modernen Welt fehlt eine holistische Weltsicht.

Ein Kind, das heute zur Welt kommt, wird wahrscheinlich das Jahr 2050 erleben und, sofern die Welt bis dahin einem nuklearen Holocaust entkommen konnte, damit eine Energieversorgung, die uns noch nicht bekannt ist. Unsere Systeme der Fortbewegung werden auf völlig neuen Grundlagen aufbauen müssen. Unsere Industrie wird zum Umdenken gezwungen sein. Sonne und Wind, Bestandteile der ignorierten Realität, werden in Zukunft die Lebensqualität auf eine neue Art mitbestimmen. Vielleicht muß unsere gegenwärtige Zivilisation, die sich auf das Verbrennen fossiler Brennstoffe stützt, erst zusammenbrechen, bevor der moderne Mensch erwachsen wird.

Die Rohstoffe, denen wir unseren heutigen Lebensstandard verdanken – Kohle, Erdöl, Erdgas –, stammen aus einer Zeit, die sich jenseits unseres Vorstellungsvermögens befindet. Dies erleichtert die gedankenlose Nutzung. Wir leben sozusagen mit geborgter Zeit: Die Maschinen unserer Kultur laufen nur, weil vor 350 000 Jahren ein biologischer Prozeß in Gang gesetzt wurde, der uns heute fossile Brennstoffe liefert. Vielleicht führt uns diese Ära in eine neue, ohne daß es zur Katastrophe kommt. Doch dazu ist eine Erkenntnis Voraussetzung: die Erkenntnis, daß die Reichtümer dieses Planeten nicht unendlich sind.

Die Erde will uns warnen: Wetteränderungen, Erdbeben, Baumsterben – die Krankheitssymptome dieses lebenden Körpers namens Erde sind eigentlich für jeden sichtbar. Doch ihr wendet euch ab, ohne zu begreifen, daß ihr zu dem kranken Körper gehört. Ihr seht und hört nicht die Botschaften der Erde, aber ihr folgt den Botschaften des Fernsehens. TV ist ein Bestandteil eurer Realität geworden.

Die Houdenoshaunee haben Prophezeiungen, und in diesen Vorhersagen ist von einer Zeit die Rede, in der weltweit die Bäume sterben. Ich triumphiere nicht, daß sich die Prophezeiungen meines Volkes erfüllen – aber sie haben sich nun mal erfüllt, und wir müssen handeln. Der Tod der Wälder und das Verkümmern des Bodens sind weder höhere Gewalt noch ein Virus aus Übersee – ihr seid die Ursache! Der Zustand ist von Menschenhand gemacht. Die Krankheit konnte sich ausbreiten, da ihr die natürliche Bindung zu jenem Körper Erde verloren habt. Die Ureinwohner der westlichen Hemisphäre haben diese Bindung nie verloren. Sie betrachteten das Land immer als Mutter; damit war ihre Bindung die eines Kindes zu seiner Mutter. Es war eine natürliche, selbstverständliche Bindung, voll Liebe und Respekt.

Die Erde wurde von euch infiziert und jetzt drückt ihr euch vor der Konsequenz. Euer Verhalten könnt ihr nur korrigieren, wenn ihr euer Bewußtsein ändert. Nur ein spiritueller Umgang mit der Umwelt kann die Erde und uns noch retten.

Für die Nicht-Indianer nur schwer zu begreifen ist die Tatsache, daß die Lösung der Probleme nichts mit Wissenschaft zu tun hat. Die Rückkehr zu einem spirituellen Verhältnis zur Erde läßt sich weder mit Computern noch im Labor herstellen. Seit Jahren bemühen sich die Ureinwohner der Schildkröteninsel, Europäern und den Nachkommen der europäischen Emigranten klarzumachen, daß dieses spirituelle Verhältnis zur Erde keine indianische Besonderheit ist, auch keine rätselhafte Mystik, sondern schlicht die Behandlung, nach der die Erde verlangt. Bis jetzt waren wir ziemlich erfolglos in unseren Bemühungen, denn wir wurden nicht verstanden. Ihr wißt nicht, was ein «spirituelles Verhältnis zur Erde» bedeutet. Ich weiß: Einige von euch wissen es, aber eure Gesellschaft weiß es nicht. Eure Gesellschaft ist krank: ihr fehlen menschliche Eigenschaften.

Eine Gesellschaft, die die Erde vergessen hat, weil ihr Realitätsbegriff die Natur ausklammert, ist ein schwerer Fall von Schizophrenie. Ich könnte mir kaum etwas Verrückteres ausdenken. Ihr nennt euch realistisch und scheitert bei der Einschätzung von Realität.

Wie wird es weitergehen? Ich fürchte, daß ihr so spät aufwacht, daß ihr durch das Erkennen der Realität in Panik geratet. Und wer in Panik handelt, kann nicht vernünftig handeln. Wer in Angst lebt, kann nicht mehr klar denken. Menschen, die Angst vor der «unbekannten» Natur haben, also Angst vor der Realität, können keine verantwortungsvollen Entscheidungen treffen. In ihrer Angst flüchten sie sich in den Trost der Technik und lassen sich von den Täuschungsmanövern ihrer Regierungen blenden, die vorgeben, die Realität im Griff zu haben, und dabei die Rolle der Natur übersehen.

Eure Regierungen haben euch so manipuliert, daß ihr auch schwarz für weiß akzeptiert. Ihr akzeptiert, daß man, um der Bombe zu entgehen, mehr Bomben bauen muß. Wie gesagt, wenn es nicht so wäre, ich könnte es mir nicht ausdenken.

Staat gegen Natur: In Nordamerika finden wir das Phänomen des «Nationalen Opfergebiets». Natur wird für den Staat geopfert. Was für eine Gesellschaft ist das, die für sich Opfer bringt? Wir Indianer opfern für die Schöpfung. Die Ureinwohner dieses Landes haben in ihrem spirituellen Verhältnis zur Erde zahlreiche Zeremonien entwickelt, die der Erhaltung der Schöpfung dienen. Der Sonnentanz der Sioux ist eine solche Zeremonie: Männer erleiden Schmerz, um sich der Abhängigkeit von der Schöpfung bewußt zu sein und um ein sicht- und spürbares Opfer zu bringen. Die Hopi haben strenge Rituale, um das geistige Gleichgewicht der Schöpfung zu erhalten.

Ganz abgesehen von der Kluft, die zwischen unseren Weltanschauungen klafft, hat sich bei euch eine Unvernunft eingenistet, die ich nicht erfinden könnte, gäbe es sie nicht schon. Die Quelle aller wirtschaftlichen Entwicklung ist die Natur: Was immer Menschenhände geschaffen haben, und wenn es ein Geldstück ist, es kommt aus der Natur. Das Geld ist für euch Realität, nicht aber jene Vorstufe, die es euch ermöglicht, Geld herzustellen. Nichts auf dieser Welt kommt von außerhalb. Und trotzdem benehmt ihr euch, als seien alle Rohmaterialien Geschenke unbekannter Herkunft.

Ihr sitzt im Gefängnis und glaubt, die Technologie des Raumzeitalters könne euch da wieder rausholen. Dabei ist nur ein Dreh in eurem Gehirn nötig. Solange ihr jener Gehirnwäsche aufsitzt, daß die moderne Welt der natürlichen Welt nicht mehr bedarf, solange werdet ihr in eurem Gefängnis der irrationalen Weltauffassung bleiben. Der Westen ist irrational. Er folgt einer lebensfeindlichen und irrationalen Ideologie. Innerhalb dieser Ideologie finden sich keine Lösungen.

Ihr meßt die nicht-westliche Welt am europäischen Maß: Völkerkundler mit europäischer Bildung stufen uns mehr oder minder primitiv ein; eure Philosophien sind europäische Philosophen, ihr nennt sie einfach Philosophie, so als ob es außerhalb Europas keine Philosophie gäbe. Dabei haben eure europäischen Philosophen ihre Impulse von nicht-westlichen Denkern erhalten.

Unser Problem bleibt die Verständigung mit euch: Klingen wir zu spirituell, nehmt ihr uns nicht ernst. Klingen wir zu rational, dann glaubt ihr nicht, daß es von uns kommt. Es ist schwer, mit euch zu sprechen. Eine Kultur ohne Bindung zur Erde ist das Verrückteste, das ich mir vorstellen kann.

Ich habe euer Verhalten schizophren genannt und ich meine es auch so. Besuchen wir eine Nervenheilanstalt, gehen wir in die Abteilung mit den Schizophrenen: Sobald sich den Patienten ein Problem in der Realität stellt, sobald sie sich in einer Stressituation befinden, weichen sie aus in eine Wunschwirklichkeit, in der sie sich in Sicherheit glauben; dort bleiben sie und kümmern sich nicht mehr um das Hier und Jetzt, sie verstecken sich in einer Welt, die ihnen in ihren Ängsten Zuflucht bietet. Ihr im Westen flieht in die Welt des Science-fiction, in ein imaginäres Environment des immerwährenden Heils.

Ich weiß nicht, ob euch das erreicht, was ich sage. Schon viele meiner Vorfahren haben zu euch gesprochen und wurden nicht verstanden. Ihr müßt endlich Klarheit in euer Gefühlsleben bringen. Ich weiß, von was ich spreche, denn die indianischen Völker haben über die Jahrtausende eine sehr genau definierte Haltung gegenüber allem nicht-menschlichen Leben entwickelt. Wir nennen diese Haltung Spiritualität. Eine Kultur, die eine solche Spiritualität ihr Eigen nennt, wird nie in der Lage sein, ein Arsenal von Zerstörungswaffen zu schaffen, das über das Vermögen menschlicher Vorstellungskraft geht. Wir erhalten unsere Identität von dem Land, auf dem wir leben. Die eingeborenen Völker dieses Kontinents haben keine Identitätsprobleme. Aber ihr habt sie!

Politische und wirtschaftliche Entscheidungen geschehen in einem Umfeld der Angst. Über Fernsehen werden die Wähler von den Kandidaten gewarnt: Wenn ihr mich nicht wählt, wird es mit der Wirtschaft bergab gehen; wenn ihr die anderen wählt, werden wir einen Atomkrieg erleben. Angst verhindert klare Entscheidungen. Eure Angst verhilft jenen Politikern an die Macht, die wiederum Angst erzeugen und zu deren Politik das Geschäft mit der Einschüchterung gehört.

Die weiße Welt steht auf dem Kopf. Eure Kultur ist gefährlich. Ihr seid unfähig, klar zu denken, ihr habt euer Verhältnis zur Erde verloren und ihr lauft trotzdem frei rum und besitzt Positionen der Macht – ein erschreckender Gedanke. Ich könnte es mir nicht ausdenken, wenn es nicht so wäre.

Ihr seht es als einen Fortschritt an, daß ihr euch dem Kontakt zur Erde entzogen habt. Kann man sich etwas Verrückteres ausdenken?

Ihr sucht nach Wissenschaftlern, die euch helfen. Eure Wissenschaftler werden euch nicht helfen können. Die Antworten auf eure Probleme befinden sich in den Händen der letzten Stammesvölker der Erde.

Wir haben die Wissenschaftler, die der Erde helfen können: es sind unsere Schamanen, unsere Medizinfrauen, unsere spirituellen Ältesten. Aber werdet ihr auf sie hören? Werdet ihr überhaupt begreifen, von was wir sprechen?

John Mohawks Botschaft ist die Summe zahlreicher Tonbandaufzeichnungen zwischen 1973 und 1984. Sie erschien – in gekürzter Form – erstmals im August 1985 in der Zeitschrift «natur».

John Mohawk Sotsisowah ist – entgegen seinem Namen – ein Seneca. 1945 geboren, durchlief er das «weiße» Schulsystem ohne Schaden. Er studierte in Buffalo, New York, Philosophie, blieb aber gleichzeitig dem zeremoniellen Leben seines Volkes treu. Auf einen Doktortitel verzichtete er – «diese Wissensbestätigung der weißen Welt erschien mir plötzlich überflüssig. Mein Wissen habe ich auch ohne Titel. Außerdem suchte ich keine akademische Karriere im weißen Amerika.» Von 1977 bis 1982 war er Herausgeber der größten panindianischen Zeitung «Akwesasne Notes».

In seinen Gastvorlesungen und Veröffentlichungen beruft er sich stets auf die 400 Jahre alte Verfassung der sechs Nationen der Irokesen – Mohawk, Oneida, Cayuga, Onondaga, Seneca und Tuscarora –, die sowohl Benjamin Franklin wie auch Friedrich Engels geistige Impulse lieferten. Gemeinsam nennen sich die sechs Nationen Houdenoshaunee: Menschen des Langhauses. Die Houdenoshaunee betrachten sich nicht als Bürger der USA und reisen ausschließlich mit eigenen Pässen.

Vine Deloria

Geschichte und Natur

Irgendwann in der Zukunft, wenn es noch eine Zukunft für die Menschheit gibt, werden die Historiker vielleicht einmal sagen, daß der Zweite Weltkrieg der Wendepunkt in der Geschichte war. Obgleich auch andere Kriege Weltkriege genannt wurden, vor allem weil die Gegner sich als Mittelpunkt des Weltgeschehens sahen, war der Zweite Weltkrieg doch der einzige Konflikt, von dem jede große Nation der Erde betroffen wurde. Als globaler Konflikt trug er viel dazu bei, den Dünkel und die Anmaßung, mit denen sich der europäische Imperialismus vier Jahrhunderte lang ummäntelt hatte, bloßzustellen und zu beseitigen. War nicht behauptet worden, daß europäische Kultur und Religion ein Geschenk dieses Teils des Globus an die weniger glücklichen Mitglieder der Weltfamilie seien? Als Gegenleistung wollten die Europäer angeblich nur Handelsbeziehungen und Absatzmärkte für ihre Erzeugnisse.

Von den nichtweißen Völkern wurde dieser Mythos vom weißen Mann zum Teil anerkannt, weil dessen Technik derjenigen der Bewohner anderer Kontinente so offensichtlich überlegen war. Die farbigen Völker maßen dem weißen Mann besondere Weisheit und Genialität bei, weil er Geheimnisse des Universums kannte, die ihnen selbst verborgen geblieben waren. Nirgends aber waren der kulturelle Schock und die falsche Einschätzung der Fähigkeiten des andern tragischer als bei den Ureinwohnern der westlichen Hemisphäre. Manche Indianer glaubten, einem unbekannten Tier oder sogar Göttern gegenüberzustehen, als ihnen Weiße auf Pferden begegneten. Als sie allerdings später merkten, daß es nur Menschen waren und sogar sehr grausame, machten sie sich einen Spaß daraus, sie in Stücke zu hauen. Die Azteken sahen in Cortez natürlich den wiedergekehrten Quetzalcoatl, mußten aber mit Entsetzen feststellen, daß er nicht die Erfüllung ihres Glaubens brachte, sondern eine fremde Religion, die den Körper zu vernichten trachtete, wenn dadurch die Seele gerettet wurde.

Wie bedeutsam der Zweite Weltkrieg war, zeigt die rasche Folge von Niederlagen der Amerikaner, Briten, Holländer und Franzosen in Südostasien und im Südpazifik. Vorher immer für unbesiegbar gehalten, waren jetzt die Weißen nur Menschen wie andere auch und durch die eigene Technik in den Händen anderer genauso ein Opfer, wie es die farbigen Völker in den Jahrhunderten der Kolonisation gewesen waren. Und diese Erfahrung trug ihre Früchte. Wer über die entsprechenden technischen Einrichtungen verfügte, machte sich politisch und wirtschaftlich unabhängig. Der europäische Mythos hat sich nie mehr erholt, und es gab seitdem viele Kriege und Befreiungskämpfe. Sie begannen in Südwestasien und Indien und setzten sich in Afrika und im Nahen Osten fort, Ende der sechziger und in den siebziger Jahren auch in der westlichen Hemisphäre. Die Entstehung der sogenannten Dritten Welt ist eine direkte Folge der Tatsache, daß die Bedeutung der westlichen Zivilisation in der Technik liegt und nicht in Kultur und Religion. Nach dem Zweiten Weltkrieg begann eine Ära der gegenseitigen technischen Abhängigkeit und der kulturellen und politischen Unabhängigkeit.

Von westeuropäischer Kultur und Religion sich zu lösen ist für die meisten nichteuropäischen Völker sehr schwer, denn die Technik, die sie ja übernehmen wollen, ist mit dieser Weltanschauung untrennbar verbunden. Die westliche Technik verlangt einen ganz neuen Sinn für Zeit, sie entheiligt die Natur und setzt an die Stelle von Großfamilie und Sippe die isolierte Kleinfamilie. Diese grundlegende Umwandlung der Gesellschaftsstruktur hat rückwirkend wieder ein wachsendes Interesse ausgelöst an den kulturellen Werten, religiösen Vorstellungen und historischen Überlieferungen der Völker, die dabei sind, die westliche Technologie zu übernehmen. Das Interesse bleibt allerdings meist auf die Freizeit beschränkt, denn man hat es fertiggebracht, die Zeit – je nach Gebrauch – säuberlich in zwei Hälften zu teilen: Arbeitszeit und Freizeit, und beide haben ihre eigene, gesonderte Gefühlswelt.

Die Indianer waren nicht immun gegen die Vorteile der Technik. In den Jahrzehnten nach dem Krieg begannen sie auf den Reservaten mit umfangreichen Entwicklungsprojekten, an die sie vorher nie gedacht hätten. In vielen Fällen degenerierte Stammesland zum bloßen Grundstück, das des Geldes wegen ausgebeutet wurde. Damit hörte es auf, traditionsgemäß die Heimat einer bestimmten Menschengruppe zu sein. Ein stets gegenwärtiges Problem derjenigen Indianer, die ihr Leben nach amerikanischem Standard zu modernisieren versuchen, ist, inwieweit sie ihre älteren kulturellen und gesellschaftlichen Formen angesichts der Forderungen der Technik bewahren können.

Der hierin erfolgreichste Stamm sind die Lummi im Nordwesten des Staates Washington. Von alters her Fischer, sind sie jetzt zu Experten der Aquakultur geworden. Durch Anwendung wissenschaftlich verbesserter Fischzuchtmethoden gelang es ihnen, ihre auf Fischfang begründete Kultur zu erhalten. Andere Stämme hatten nicht solchen Erfolg, und ein großer Teil fiel einfach der Technik zum Opfer.

Während die Indianer im Rahmen dieses Anpassungsprozesses die Hand nach der Regierung und privaten Organisationen ausstreckten, die ihnen bei der Umstellung helfen sollten, entstand unter den Amerikanern eine seltsame Gegenbewegung von Leuten, die sich immer mehr von der Technik und den sozialen Einrichtungen, die sie selbst geschaffen haben, abwenden. In der amerikanischen Gesellschaft ist eine fieberhafte Suche nach spirituellen Werten aufgekommen, die sich auf verschiedene Weise zeigt. Fundamentalistische christliche Sekten machen im Fernsehen durch attraktive Vertreterinnen auf sich aufmerksam, die mehr wie Gäste einer Talkshow und nicht wie religiöse Führungspersönlichkeiten aussehen. Solche Sekten sind für viele derjenigen Amerikaner zu einem wichtigen politischen und sozialen Faktor geworden, die die moralische Autorität einer Religion wollen, der sie die Entscheidungen überlassen können. Andere Amerikaner haben sich östlichen Religionen und religiösen Praktiken zugewandt, die von Reverend Moon bis Yoga, von Reinkarnation bis Astrologie reichen.

Das Interesse an exotischen Religionen ließ auch indianische Stammesreligionen sehr populär werden. Viele Amerikaner sehen in ihnen Beispiele uralter Weisheit mit menschlichen und ökologischen Einsichten, die westlichen religiösen Vorstellungen überlegen sind. Die Ausstattung der Stammesreligionen mit solch einem neuen Glanz war für die meisten Indianer eine Überraschung. Nachdem sie über dreihundert Jahre lang verhöhnt und ausgelacht wurden, weil sie hartnäckig an ihren Riten und Zeremonien festhielten, sind sie über die neue Popularität völlig verblüfft. Manche haben die Situation ausgenutzt und sich Vorteile bei naiven jungen Weißen verschafft, die auf den Reservaten nach Gurus suchen, aber im allgemeinen haben die Indianer sich in dieser Lage verantwortungsbewußt verhalten.

Andererseits aber sind die Erwartungen der Amerikaner auch kaum zu erfüllen. Viele Weiße messen den Stammesreligionen Kräfte und Einsichten bei, die diese oft gar nicht hatten. Gereiftere Weiße suchen Erkenntnisse, die ihnen bei sozialen und politischen Fragen helfen könnten. Auch diese Erwartungen beruhen zumeist auf dem typisch amerikanischen Glauben, daß alle anderen Kulturen, Religionen und Überlieferungen nur Varianten der Art und Weise sind, in der die Weißen die Welt sehen: Erkenntnisse, die sie vielleicht übersehen oder beiseite geschoben haben, ganz gewiß aber Geheimnisse und Vorstellungen, die leicht erlangt und konsumiert werden können. Es wird auch vieles in die indianischen Glaubensvorstellungen und Rituale projiziert, was in Wirklichkeit anderen Überlieferungen zugehört, immer in der falschen Überzeugung, daß die Einsichten aus Stammesreligionen sich Stück für Stück aneignen und im nichtindianischen Kontext nutzbar machen lassen.

Es gibt eine Menge Literatur, die sich mit indianischen Religionen befaßt, vor allem von Nichtindianern geschrieben, darunter ein paar wirklich gute Bücher, wenn sie auch aus indianischer Sicht wunderlich erscheinen. Die anscheinend unaufhörliche Bücherflut über den Yaqui-Zauberer Don Juan, die mit den «Lehren des Don Juan» begann und mehrere Fortsetzungen über das Grundthema des mystischen Weges hatte, ist ein gutes Beispiel dafür, wie allgemeine Vorstellungen und Begriffe auf Stammesüberlieferungen übertragen werden. Kein ernstzunehmender Wissenschaftler oder Yaqui kann auch nur eine Spur von Ähnlichkeit zwischen den Überlieferungen der Yaqui und dem Inhalt dieser Bücher finden. Trotzdem haben die Amerikaner es massenhaft gekauft, und einige Wissenschaftler haben es sogar zitiert, um ihre Interpretation der indianischen Religion daraus abzuleiten.

Die Bücher über *Rolling Thunder* und *Medicine Woman* sind eine andere Art von Literatur. Die sie geschrieben haben, behaupten, Anhänger oder Schüler von Menschen zu sein, die angeblich durch indianische Religionen besondere Heilkräfte erlangt haben, aber die Bücher sagen erheblich mehr über die seelischen Probleme ihrer Verfasser aus als über indianische Religion. Solche Bücher setzen grundsätzlich voraus, daß die Medizinmänner und -frauen nichts Besseres zu tun haben, als ihre jahrtausendealten Stammesgeheimnisse in ein paar leichtverständlichen Lektionen an lernbegierige Weiße loszuwerden, und daß Stammesreligionen eine Art spiritueller Nahrung sind, die man nur noch runterzuschlucken braucht. Der Echtheitsanspruch dieser Bücher beruht darauf, daß die Autoren glauben, aufgrund irgendwelcher Verdienste vom Medizinmann oder der Medizinfrau auserwählt zu sein, mit einem religiösen Missionsauftrag des spirituellen Lehrers an seine Schüler in den normalen Alltag zurückzukehren.

In scharfem Gegensatz zu diesen absurden Projektionen weißer Psyche vor indianischem Hintergrund stehen einige Bücher, die wirklich authentisch sind und als absolut maßgebend angesehen werden können. Die bekanntesten und am weitesten verbreiteten sind *Black Elk Speaks* (Schwarzer Hirsch: «Ich rufe mein Volk») und *When The Tree Flowered*, in denen John Neihardt, der preisgekrönte Dichter aus Nebraska, seine Gespräche mit Black Elk, dem heiligen Mann der Oglala-Sioux, niedergeschrieben hat. Diese Bücher fanden bei den Indianern sehr großen Anklang, und «Ich rufe mein Volk» wird bei ihnen mit der gleichen Ehrfurcht betrachtet wie bei vielen christlichen Fundamentalisten die Bibel. Die Bücher von Black Elk sind von so großem Gewicht, daß sie bei allen Neuerscheinungen als verläßlicher Maßstab dienen können.

Eine andere gute Darstellung der Stammesreligion findet sich in den Büchern von Pater Peter Powell. In den beiden zweibändigen Werken *Sweet Medicine* und *People of the Sacred Mountain* berichtet Powell über den Sonnentanz, die Zeremonien und die Geschichte der Cheyenne mit besonderer Betonung der sozialen und politischen Funktion der Religion. Beide Bücher sind hervorragend geschrieben, auf der Grundlage einer langjährigen Teilnahme am täglichen Leben und den Zeremonien der Cheyenne, von deren Priestern Powell sogar manchmal eingeladen wurde, an den speziellen Fastenzeremonien teilzunehmen. *People of the Sacred Mountain* hat viel Zustimmung gefunden; es erhielt eine Reihe von Auszeichnungen und könnte eines Tages aufgrund seiner korrekten Schilderung der Bräuche und Rituale den Büchern von Black Elk als ebenbürtig an die Seite gestellt werden.

Weitere erwähnenswerte Bücher sind die von Frank Waters über religiöse Überlieferungen der Stämme im Südwesten Amerikas, besonders der Pueblo, Hopi und Navajo. *Masked Gods*, Waters' erster großer Versuch einer philosophischen Umschreibung der Religion der Navajo und Pueblo, ist jetzt einige Jahrzehnte alt und bleibt immer noch der beste Versuch, die Religionen dieser Stämme Nichtindianern verständlich zu machen. Das *Book of the Hopi* («Das Buch der Hopi»), das jetzt zwanzig Jahre alt ist, beschreibt die «heilige» Geschichte der Hopi und berichtet von einigen ihrer neuesten und bittersten Erfahrungen mit der modernen Welt.

Eine Betrachtung der bekanntesten guten und schlechten Bücher ist wichtig, denn sie zeigt, daß es einerseits gute Literatur gibt, andererseits aber auch, daß die Amerikaner Büchern den Vorzug geben, die aus indianischen Überlieferungen Sensationen schlagen. Man fragt sich, warum die Weißen hartnäckig dabeibleiben, solche Bücher zu lesen, die indianische Überlieferungen verdrehen und verfälschen, wenn sie gute und zuverlässige Literatur haben können. In dieser Frage steckt ein grundsätzliches theologisch-soziologisch-kulturelles Problem, das in den kommenden fünfzig Jahren alle bisherigen Auseinandersetzungen zwischen Indianern und Weißen in den Schatten stellen könnte.

Da es den Indianern unmöglich ist, den weißen Amerikanern die Herrschaft über ihr Land wieder zu entreißen, haben sie sich in ihre spirituellen Überlieferungen zurückgezogen, aber selbst dabei wurden sie nicht in Ruhe gelassen von einem spirituell ausgehungerten Amerika, das jetzt, nachdem es sich schon das Land angeeignet hatte, auch noch ihre religiösen Überlieferungen zu rauben drohte. Die Gründe für diesen spirituellen Hunger liegen tief in der Psyche der weißen Amerikaner verborgen. Es ist ein Drang, den schon mancher Kommentator in diesem Jahrhundert festgestellt hat, aber niemand ahnte dessen Intensität oder sah voraus, daß er dann einsetzen würde, wenn die Indianer selbst anfingen, sich von den eigenen Traditionen zu lösen, um die Werte und Einrichtungen der nichtindianischen Gesellschaft anzunehmen. Die weiße Gegenbewegung erweckte bei vielen Indianern das Interesse an den eigenen Stammesreligionen von neuem, und bekehrte Indianer wandten sich vom Christentum wieder ab, dem sie vorübergehend angehangen hatten.

Obgleich wir die Gegenüberstellung von Indianern und Nichtindianern auf diesem Gebiet auch als wirtschaftliches und politisches Problem sehen können und oft die besessene Suche nach religiöser Gewißheit in andere Begriffe des praktischen Lebens übersetzen müssen, ist der eigentliche Hintergrund, vor dem sich dieser Konflikt abspielt, die theologisch-philosophische Arena, wo die Einstellung zur Welt davon bestimmt wird, wie man sie grundsätzlich sieht. Die unterschiedlichen Einstellungen und Verhaltensweisen rühren nämlich von grundverschiedenen Wahrnehmungen der Wirklichkeit her, zu deren Beschreibung eine Reihe von Begriffspaaren vorgeschlagen wurde. Manche Indianer sehen den Grund für diese philosophische Divergenz darin, daß die einen glauben, die Welt sei belebt, während die andern sie für tot halten, woraus man eine spirituelle und eine materielle Weltanschauung ableiten kann. Andere Indianer ziehen zum Vergleich den Unterschied zwischen Kunst und Wissenschaft heran, wobei die Wissenschaft für alles einen äußeren Bezugsrahmen sucht, während die Kunst einer intuitiv erfaßten Substanz von ihrer inneren Wahrheit her Ausdruck verleiht. Schließlich traf vor vielen Jahren ein Häuptling der Crow-Indianer noch eine andere Unterscheidung. Er sagte, die Weißen hätten Vorstellungen und die Indianer Visionen, und wies damit auf die Ganzheitlichkeit der indianischen Erfahrung hin im Gegensatz zur Einstellung der Nichtindianer, die nur das für ihre Situation Begreifliche und strukturell Nützliche erkennen.

Aber gleichgültig, wie wir die unterschiedliche Auffassung von Indianern und Nichtindianern sehen, jedenfalls trennt sie ein theologisch-philosophischer Abgrund. Die Trennung ist so grundsätzlich, daß es sehr schwer ist, Nichtindianern den Unterschied klarzumachen, weswegen diese unbekümmert der Meinung sind, ihre Art, die Welt zu sehen, sei die einzig wahre. Wenn wir jedoch beide Einstellungen auf philosophische Begriffspaare reduzieren, erkennen wir, wie groß und bedeutsam der Unterschied in Wahrheit ist. Es ist der zwischen einem Volk, das in der Natur lebt, und einem anderen, das in der Geschichte lebt. Indianer sind natürliche Umweltschützer, aber nicht etwa deshalb, weil sie eine besondere Erleuchtung über den Umgang mit der Welt von den spirituellen Mächten des Universums erhielten. Sie haben sich vielmehr von der Natur leiten lassen, indem sie die Verhaltensweisen der anderen Lebewesen nachahmten und sich ihrer natürlichen Umwelt anpaßten. Die Nichtindianer hingegen entdeckten, daß die Struktur der Welt sich verändern läßt, und richteten ihr Verhalten nach dem zeitlichen Ablauf von Ereignissen und nicht nach dem Ort, an dem diese stattfinden.

Der gegenwärtige theologisch-philosophische Streit in Nordamerika um die Seele des Kontinents wird zwischen Natur und Geschichte geführt, zwischen den Befürwortern eines Lebens in der natürlichen

Welt und den Fortschrittsgläubigen, die alles, was sie an Schwierigkeiten und Hindernissen in der Umwelt sehen, durch noch mehr Fortschritt überwinden wollen. Wounded Knee, Alcatraz, Fort Lawton und die Konfrontation in den Black Hills in Süd-Dakota: alle kreisen um die indianischen Landansprüche, die viel mehr als nur ein Eigentumsanspruch sind. Es geht dabei um die holistische indianische Vorstellung, daß die Beziehung des Menschen zum Land wichtiger ist als alles andere. Aber als die Indianer regierungseigene Grundstücke besetzten, sah die Mehrheit der weißen Gesellschaft darin nur das Begleichen der alten Rechnung und den Wunsch, auch ein Stück vom Kuchen der amerikanischen Wirtschaft abzubekommen.

Immer wieder haben Stämme sich um Landrückgabe bemüht, weil Land für sie ein Heiligtum ist, das während der jetzigen Verwaltung geschändet wurde. Die Taos-Pueblo-Indianer in Neu-Mexiko erhielten den Blue Lake im Jahre 1970 zurück, kurz danach wurde den Yakima ein Landstück mit dem Mount Adams zurückgegeben, das einmal Zentrum ihrer Religionsausübung war. Fast alle Stämme, die die Rückgabe des Landes ihrer Vorfahren wollen, weisen mit Nachdruck auf das grundsätzliche Bedürfnis ihres Volkes hin, auf einem bestimmten Stück Land zu leben. Traditionalisten kannten auf solchem Land jeden Platz, auf dem sich einmal etwas ereignete, das für das Entstehen oder die Erhaltung des Volkes wichtig war. Man beginnt endlich einzusehen, daß Geschichte für die Indianer die vertrauten Erinnerungen bedeutet, die sie mit ihrem Land verbinden.

Das Schwergewicht der Indianerprobleme liegt also auf dem Land, auf dessen Rückgabe und Nutzung. Die Amerikaner drängen die Indianer ständig, das Land in der gleichen Weise und für die gleichen Zwecke zu nutzen wie sie auch. Aber gleichzeitig behaupten sie, die indianische Religion enthielte den Keim der Spiritualität, die sie suchen. Daß die Amerikaner absolut nicht verstehen können, daß Land für die Indianer in einem ganz fundamentalen Sinne Grundlage und Schauplatz aller religiösen Erfahrung ist, zeigt sich in dem krampfhaften Bemühen, von den Medizinmännern der verschiedenen Stämme Wörter, Redewendungen und gedankliche Konzepte zu erfahren, die die Indianer angeblich der Welt vorenthalten haben und die jeder Weiße, der auf das Kennenlernen der Stammesreligionen versessen ist, für etwas hält, was die Welt unbedingt haben muß.

Wenn wir diese inneramerikanische Erkenntnis auf die große Arena der Weltgeschichte übertragen, wird uns bald klar, daß in dem gegenwärtigen indianischen Kampf der fundamentale Zwiespalt enthalten ist, der dem Christentum so lange schon zu schaffen macht. Albert Camus legt überzeugend das heutige Problem der Menschheit dar, wenn er schreibt:

> Der große Konflikt dieses Jahrhunderts ist weniger der zwischen deutschen Ideologien, Geschichte und christlichen politischen Vorstellungen, die sich in gewisser Weise gleichen, als der zwischen deutschen Träumen und der mediterranen Überlieferung, das heißt, zwischen Geschichte und Natur.
>
> Das Christentum konnte zweifellos seine Allgemeingültigkeit nur deshalb erlangen, weil es soviel wie möglich vom griechischen Gedankengut aufnahm. Aber seit die Kirche ihr mediterranes Erbe wieder aufgab, betonte sie auch die Geschichte zum Nachteil der Natur und ließ das Gotische über das Romanische triumphieren. Indem sie sich über ihre eigenen inneren Grenzen hinwegsetzte, stellte sie immer größere Ansprüche an weltliche Macht und historische Dynamik. Wenn die Natur nicht mehr Gegenstand der inneren Einkehr und der Verehrung ist, kann sie nichts mehr sein als Rohstoff für eine Handlung, die darauf abzielt, sie zu verändern. Diese Tendenzen – und nicht das Mittleramt, das die wahre Stärke des Christentums gewesen wäre – beherrschen heute das Christentum zu seinem eigenen Schaden und in einer gerechten Umkehr der Dinge.

Das Interesse ehemaliger Anhänger des Christentums an Stammesreligionen kommt demnach zumindest zum Teil aus der Einsicht, daß die Beziehung zu Natur, Land, Ort und Raum in der heutigen Auffassung des Christentums gestört ist.

Weil den Amerikanern die innere Sicherheit, die nur eine enge Bindung an die Natur vermitteln kann, fehlt, versuchen sie, gegen das Gefühl der Entfremdung mit exotischen Religionen und Drogen anzugehen oder auf andere Weise die innere Leere auszufüllen. Rucksackwandern und Jogging sind sehr beliebt geworden, und die Nostalgiewelle, die das Land während der Zweihundertjahrfeier erfaßte, rollt in der amerikanischen Psyche ungebrochen weiter. Aber die tief im Inneren sitzende Entfremdung kann dadurch nicht überwunden werden. Häuptling Luther Standing Bear vom Stamm der Sioux erklärt diese seltsame Unfähigkeit des weißen Mannes, mit der Wirklichkeit Amerikas fertig zu werden:

> Der weiße Mann versteht Amerika nicht. Er war zu weit weg, als es entstand. Die Wurzeln seines Lebensbaumes haben in Fels und Boden noch

keinen Halt gefunden. Den weißen Mann quälen noch immer primitive Ängste, in seinem Bewußtsein leben noch immer die Gefahren dieses Grenzerlandes, in dem es heute noch Plätze gibt, die sich seinem tastenden Fuß und seinem suchenden Auge nicht erschlossen haben. Schaudernd denkt er jetzt noch an den Tod seiner Vorfahren auf sengenden Wüsten und abweisenden Berggipfeln. Der Mann aus Europa ist noch heute ein Fremder und Außenseiter. Und immer noch haßt er den Menschen, der ihn hindern wollte, den Kontinent zu durchqueren.

Im Indianer aber lebt noch heute der Geist dieses Landes, und das wird so lange so sein, bis andere dessen Pulsschlag fühlen und teilen. Die Menschen müssen in diesem Land geboren und wiedergeboren werden, um zu ihm zu gehören. Ihr Leib muß aus dem Staub der Knochen ihrer Vorfahren geformt sein.

Das Gefühl der Entfremdung ist tief und kann nicht einfach durch ein hier und da aufflackerndes Interesse an Stammesreligionen verdrängt werden oder durch die Behauptung, von einem Medizinmann zum spirituellen Erben bestimmt oder Nachkomme einer Indianerprinzessin oder eines Häuptlings zu sein.

Das mediterrane Erbe des Christentums und das amerikanische Erbe der Indianer lassen sich nicht versöhnen durch eine einfache Uminterpretation von Räumen, Plätzen und der Natur in zeitlichen Begriffen. Was hier verlangt wird, ist vielmehr eine Abkehr davon, alles in einen zeitlichen Rahmen pressen zu wollen. Der Konflikt, von dem Camus spricht, ist nicht zu übersehen, und er wird durch die verursacht, die sich dem Geschichtsdenken verschrieben und es für absolut erklärt haben und die die Gegenwart und Wirksamkeit der Natur mißachten. In der modernen Physik hat man den Raum von der Zeit abhängig gemacht, aber während unsere Möglichkeit, durch die Technik Entfernungen zu überbrücken und zu verkürzen, sich verbessern oder verschlechtern kann, bleibt der Raum grundsätzlich unverändert, und die Zeit ist nur eine Art, den Raum zu messen.

Wenn wir der Natur wieder den gleichen Rang wie der Geschichte einräumen, lassen sich ein paar unserer Probleme lösen, wenn wir aber die Natur an die erste Stelle setzen und die Geschichte als sekundär betrachten lernen, hilft uns das wesentlich weiter. Hier geht es nicht um die Natur im allgemeinen, sondern um ein ganz bestimmtes Land, und die Erkenntnis der Einmaligkeit von Land wirft ein helles Licht auf die seelischen Probleme, die die Wurzel der Entfremdung in

Amerika und wahrscheinlich auch anderswo in der heutigen Welt sind. C. G. Jung, der große Psychoanalytiker, sah tief im Unterbewußtsein der weißen Amerikaner den Indianer als einen Helden versteckt, und nachdenklich meinte er:

Die jungfräuliche Erde hat es überall an sich, daß wenigstens das Unbewußte des Eroberers zur Stufe des autochthonen Bewohners hinuntersinkt. So besteht im Amerikaner eine Distanz zwischen bewußt und unbewußt, wie sie im Europäer nicht anzutreffen ist, eine Spannung zwischen bewußter Höchstkultur und einer unvermittelten unbewußten Primitivität. Diese Spannung ist aber ein psychisches Potential, welches dem Amerikaner eine durch nichts beeinträchtigte Unternehmungslust und einen schlechthin beneidenswerten Enthusiasmus verleiht, den wir in Europa nicht kennen. Gerade durch die Tatsache, daß wir noch im Besitze unserer Ahnengeister sind, das heißt, daß für uns alles historisch vermittelt ist, stehen wir zwar in Kontakt mit unserem Unbewußten, sind aber eben durch diesen Kontakt auch gefangen und in historischer Bedingtheit dermaßen befangen, daß es schon größter Katastrophen bedarf, bis wir uns aufraffen, uns zum Beispiel politisch nicht mehr so zu benehmen wie vor fünfhundert Jahren.

Wenn Jung recht hat, und es gibt viele empirische Zeichen dafür, daß er hier eine große Wahrheit entdeckte, dann kennzeichnet den Amerikaner eine ganz besondere Schizophrenie, die immer wieder zum Ausbruch kommt, wenn er mit einer Heftigkeit auf politische Ereignisse reagiert, die nur durch tief verborgene Impulse ausgelöst sein kann. Da dieser Trieb zum Zuschlagen sich mit dem bewußten tiefen Glauben verbindet, daß die Geschichte auf der Seite Amerikas ist, entsteht daraus eine globale Gefahr. Dieser völlig unbewußte starke Drang, sofort und keinen Widerspruch duldend zu reagieren, ist eine Bedrohung für die ganze Welt, denn er ist mit der Überzeugung verbunden, daß die Amerikaner in jeder Situation die Sieger sein müssen.

Das Interesse der Weißen an Stammesreligionen führte nicht zu einem koordinierten Bemühen von seiten der Indianer, dem weißen Mann etwas von der Tiefe des Gefühls für die Natur bewußtzumachen. Da Indianer grundsätzlich auf das spirituelle Wesen der Natur ausgerichtet sind, dachten sie, daß die Weißen alles akzeptierten, was ihnen gesagt wurde, und, was noch wichtiger ist, daß sie alles so verstanden, *wie es die Indianer verstehen*. Aber es hat nie eine echte Verständigung gegeben. Kurzlebige umwelt- und naturschützerische Bewegungen der Weißen sind kein ausreichender Beweis dafür, daß sie die Bedeutung der Natur verstanden haben. Für eine echte Verständigung muß die Begegnung auf einer Ebene stattfinden, auf der der weiße Mann sich wohl fühlt, und das ist die philosophische. Wenn wir also die Begriffe Raum und Zeit im philosophischen Sinne erklären und die echten Unterscheidungen aufzeigen, die sie in der Wahrnehmung unserer physischen und psychischen Umwelt zulassen, können wir daran denken, den Grundstein für sinnvolle Verständigung und kulturellen Austausch zu legen. Wir müssen lernen, unser Verhalten und die Werte, nach denen wir unbewußt leben, im Begriffsrahmen von Raum und Zeit zu sehen.

Das bedeutet, uns zunächst einmal unsere eigene Denkweise und ihre Folgen bewußtzumachen und dann zu verstehen, welche Konsequenzen es hat, wenn wir uns die andere Art, die Dinge zu betrachten, aneignen. Es wird dadurch auch unvermeidbar die Frage nach der Herkunft aufgeworfen, denn die Reduktion von Zeit und Geschichte auf den Raum und die Plätze, an denen sich etwas abspielte, verweist uns auf die Erinnerung an den Ort unseres Ursprungs. Wir müssen daher viel mehr Achtung vor den Erkenntnissen anderer Generationen haben, deren Leben nicht so vollständig von Zeit als beherrschendem Begriff abhing. Die von ihnen erlangten Einsichten sind für uns ein Leitstern und wirken sich grundlegend auf unser Verhalten aus. Sie bringen uns der Beseitigung der quälenden Entfremdung, die wir mit unserer jetzigen Einstellung und Verhaltensweise offensichtlich nicht bekämpfen können, bedeutend näher.

Vine Deloria, geboren 1933 im Sioux-Reservat Pine Ridge in South Dakota, ist promovierter Jurist und Theologe. Sein 1969 erschienenes Buch «Custer Died For Your Sins» war eine Abrechnung mit dem weißen Amerika und wurde danach ein nationaler Bestseller. Ihm folgte ein Jahr später die nicht minder provokante Streitschrift «We talk, you listen» (deutsch: Nur Stämme werden überleben). Seit Anfang der siebziger Jahre verkörpert Deloria den «neuen Indianer», der auf akademi-

scher Ebene kämpft. 1971 gründete er in Washington, D. C., das «Institute for the Development of Indian Law», das er fünf Jahre lang leitete. Während der Prozesse gegen die Besetzer von Wounded Knee fungierte er als Sachverständiger. Seit 1978 ist er Professor für Politische Wissenschaft an der University of Arizona in Tucson.

Der vorliegende Aufsatz entstand 1984 als Einführung für die mit elf Jahren Verspätung erscheinende deutsche Übersetzung von «God is Red».

Jack D. Forbes

Winnetou ist gegen Raketen

Als die Delegation der indianischen Friedensreise im
Herbst 1983 auch Bonn besuchte und die Parlamentsdebatte über die
Stationierung der US-Raketen mitverfolgte, erschien plötzlich Jack
Forbes, der zu jener Zeit eine Gastprofessur in England innehatte, und
trug diesen Text – spontan verfaßt, handgeschrieben, unkorrigiert – bei
sich:

Winnetou ist gegen die neuen Raketen, die die USA in Westeuropa
aufstellen wollen! Vielleicht sollte ich das nicht ohne die Genehmigung von Herrn Karl May sagen, aber es kann nicht verschwiegen
werden, daß die Indianer heutzutage keine Sympathie für die Politik
Ronald Reagans hegen. Und Winnetou samt seiner Apatschen, so bin
ich sicher, würde genauso denken. Die indianischen Völker wissen,
daß die Vereinigten Staaten selten ihr Wort halten. Washington D. C.
spricht in der Tat mit gespaltener Zunge! Der Beweis dafür sind nicht
nur all die gebrochenen Verträge mit uns Indianern, sondern auch die
fortgesetzte Aggression der USA gegen die eingeborenen Völker im
heutigen Mittelamerika.

Winnetou würde den Massenmord an Maya-Indianern in Guatemala verabscheuen, und ebenso die Unterdrückung und Folterung
von Tausenden von Mapuche in Chile.

Die Raketen kommen bereits blutbefleckt in Europa an. Sie kommen aus den Vereinigten Staaten, die seit 1965 versuchen, die Menta-
lität der Schießduelle des Wilden Westens wiederaufleben zu lassen.

Wollen die Völker Europas wirklich ihr Schicksal Ronald Reagan
und seinen Cowboys anvertrauen?

Ist es nicht in der Tat bezeichnend, daß die Vereinigten Staaten sämtliche Verträge mit den indianischen Nationen gebrochen haben und sich weigern, die internationale Konvention gegen Völkermord zu ratifizieren?

Darüber hinaus würde ich den Europäern nahelegen, sehr genau die Art und Weise zu untersuchen, in der die USA Texas (das sie vorher in einem Vertrag als einen Teil Mexikos anerkannt hatten) annektiert und dann Truppen in ein «umstrittenes Gebiet» am Rio Grande entsandt haben. Diese Truppen verletzten wiederholt die mexikanische Grenze, und als mexikanische Truppen sich schließlich zur Wehr setzten, fielen die USA in Mexiko ein und machten dafür Mexiko verantwortlich.

Diese Strategie der Provokation haben die USA in ihrer Außenpolitik immer und immer wieder verfolgt. In den frühen 70er Jahren des letzten Jahrhunderts zum Beispiel schickten sie Truppen in die Black Hills, obwohl dieses Gebiet 1868 durch einen Vertrag der Lakota-Nation zuerkannt war. Als die Lakota versuchten, ihr rechtlich gesichertes Heimatland zu schützen, besetzten die USA die heiligen Berge mit Militärgewalt.

Mir scheint, dies ist auch das Muster, nach dem die USA zur Zeit in Nicaragua vorgehen. Sie wollen, daß Nicaragua Gegenschläge nach Costa Rica hinein führt, um so einen Vorwand für eine militärische Aggression parat zu haben.

Von 1780 bis 1980 haben die USA immer dann Vereinbarungen gebrochen, wenn es ihnen vorteilhaft erschien. 200 Years of Broken Treaties!

Können die Europäer darauf «vertrauen», daß Ronald Reagan seine neuen Raketen nur auf eine von ihnen gebilligte Weise anwendet?

Was bedeuten Versprechen jenen, die allen internationalen Übereinkommen zum Trotz in Grenada einfallen? Was bedeuten Versprechen jenen, die den Umsturz der Regierung Nicaraguas offen herbeiführen?

Die meisten Europäer denken nur an die Rolle der USA im letzten Weltkrieg und an die «gute Seite» dessen, was die Amerikaner militärisch tun (oder getan haben). Sie vergessen, daß die USA auch in imperialistische Kriege gegen indianische Nationen (1785–1890 und 1915), gegen Spanien (1811–1819 und 1898), gegen Großbritannien (1812–1815), gegen Mexiko (1845–1848), gegen die erste philippinische Republik (1898–1902), gegen Haiti, die Dominikanische Republik, Nicaragua und Mexiko (1902 bis in die 30er Jahre), gegen Kolumbien (1907) und gegen Guatemala (1954) verwickelt waren; nicht zu vergessen den Vietnamkrieg und die verschiedenen Interventionen von Chile bis Iran.

Wie wir wissen, haben die Maßnahmen gegen die eingeborenen Stämme im 19. Jahrhundert bedeutende ethische und religiöse Grundsätze verletzt. Die Raketenkontroverse von heute stellt uns vor eine weitere entscheidende Prüfung unserer Ethik und unseres Glaubens an spirituelle Werte jeglicher Art!

Ich will versuchen zu umreißen, wie ich als Nachfahre der Ureinwohner Nordamerikas die Frage amerikanischer Raketen in Europa betrachte.

Ich werde mit einer Analogie beginnen:

Nehmen wir einmal an, die Holländer und die Deutschen hätten beide im Jahre 1940 eine ausreichende Anzahl Atomwaffen oder ein ähnlich zerstörerisches Potential besessen. Gehen wir weiter davon aus, daß die Holländer entweder die Möglichkeit gehabt hätten, sich den Nazis zu unterwerfen, oder die Aussicht, sowohl das holländische als auch das deutsche Volk in einem gegenseitigen nuklearen Feueraustausch zu vernichten.

Was wäre schlimmer gewesen? Die deutsche Besetzung der Niederlande oder die totale Vernichtung des niederländischen Volkes?

Wenn man nur besetzt ist und die Menschen noch leben, kann der Kampf weitergehen. Die Freiheit ist durch eine militärische Okkupation nicht für immer verloren. Aber die Freiheit ist für immer verloren, wenn es keine Menschen mehr gibt.

Jedes Opfer, jede Hoffnung, jeder Akt des Mutes wird in einem Atomkrieg jämmerlich nutzlos. Niemand ist mehr zu retten, niemand zu schützen, niemand zu ehren. Alle sind vergessen, da niemand mehr da sein wird, sich zu erinnern.

Das schlimmstmögliche Schicksal, das uns von den Führern der USA ausgemalt wird, ist die Unterwerfung Europas unter die sowjetkommunistische Herrschaft. Sicher ist ein solches Schicksal keine erfreuliche Aussicht, aber was würden die Sowjets wohl tun?

Wir wissen aus der jüngsten Geschichte, daß die sowjetische Besetzung und Dominanz in Osteuropa zu einem schmerzhaften Verlust an Freiheit geführt hat, die intellektuelle und spirituelle Seite des Lebens ist blockiert, aber wir wissen auch sehr gut, daß die Menschen noch am Leben sind, daß sie genügend zu essen und ein Dach über dem

Kopf haben, und daß sie in der Lage sind, für ihre Befreiung zu kämpfen. Ein Atomkrieg wird kaum die Freiheit Osteuropas herbeiführen. Bei einem solchen Ereignis werden alle tot sein. Der beste Weg, gegen den totalitären Kommunismus Widerstand zu leisten, ist es, um die Freiheit zu kämpfen und zwar lebend. Man kämpft nicht im Grab, und selbst wenn man mit seinem Tod ein Beispiel geben will, hat das keinen Zweck, wenn alle anderen nicht mehr da sind.

Kurz gesagt, sollte uns Ronald Reagans Traum von der kommunistischen Besetzung nicht dazu bringen, uns wie Verrückte zu benehmen, indem wir Selbstmord begehen, um den Russen zu trotzen.

Aber die US-Strategen des Kalten Krieges lehren uns, daß der Besitz von Atomwaffen die Sowjets «abschreckt». Dies ist jedoch eine ebenso unwahrscheinliche wie unethische Voraussetzung, wie ich zu zeigen versuchen werde.

Man würde sich schwertun, aus der Geschichte nachzuweisen, daß eine angemessene Verteidigung je eine Aggression verhindert hat. Die Vergangenheit ist voll von Beispielen großer Mächte, die einander angegriffen haben, obwohl sie gleichermaßen gut bewaffnet waren. Der 2. Weltkrieg, der 1. Weltkrieg, die Napoleonischen Kriege, die Römisch-Parthischen Kriege, die Römisch-Karthagischen Kriege usw. liefern uns alle dringende Warnungen. Haben die Japaner 1941 die Vereinigten Staaten wegen *mangelhafter* Abschreckung angegriffen? Sicherlich nicht, denn den Japanern fehlte es vollkommen an der Fähigkeit, in US-Territorien einzufallen, und so blieb die volle militärische Kapazität der USA für die spätere Vergeltung erhalten.

Dahinter steht die Tatsache, daß *Kriege irrational sind*. Normalerweise sind sie nicht das Ergebnis einer sorgfältigen Einschätzung der Stärke des Feindes. Im Gegenteil scheint ein starker Rivale militärische Gemüter anzuziehen. Wie Fliegen um die Glühbirne kreisen, so treibt der Militarismus die Menschen zu einer Form selbstmörderischer Verrücktheit. (Der Angriff der argentinischen Militaristen auf die Malvinas-Inseln ist eine gute Illustration.)

Natürlich muß man auch die Frage stellen, ob die UdSSR die Absicht hat, in Westeuropa einzufallen. Sicherlich verhindern zur Zeit *nicht* Atomwaffen die Invasion von Finnland, Schweden, Österreich, Jugoslawien und Albanien. Warum ist die UdSSR nicht in diese Gebiete eingedrungen? Wenn Atomwaffen sie nicht zurückhalten, was dann? Warum sollte sie in Norwegen, Dänemark oder die Niederlande einfallen wollen, wenn sie nicht einmal Finnland besetzt hat?

Nichtsdestoweniger erkenne ich an, daß die Furcht einiger Westeuropäer real ist, besonders seit sowjetische Truppen in Afghanistan kämpfen. Dennoch fehlt der Argumentation, daß Atomwaffen die einzige Abschreckung darstellen, der Beweis, denn sonst müßten sowjetische Truppen ja bereits an der Adria stehen.

Halten wir einen Augenblick an und überlegen, was es bedeutet, die Sowjetunion mit Atomwaffen «abzuschrecken». Der Einsatz dieser Waffen würde bedeuten, die Atmosphäre auf der Nordhalbkugel in unglaublichem Ausmaß aufzuheizen. Das Polareis würde rapide dahinschmelzen. Die Ozeane würden zweifellos auf seit 40 000 Jahren nicht mehr gekannte Höhen ansteigen. Eine Flut, die keine Deiche aufhalten könnten, würde die gesamten Niederlande überspülen, und es gäbe ohnehin keine Menschen, die die Deiche reparieren könnten. London würde überflutet. Alle Gebiete weniger als 33 Meter über dem Meer würden wahrscheinlich von den Wellen überrollt.

Wie können die Holländer sich also überhaupt verteidigen, wenn sie ihr eigenes Land unter der Nordsee verschwinden lassen? Zugegeben – dies ist eine bedeutungslose Frage, da sehr wahrscheinlich keine Holländer mehr übrig wären, die sich um die Überflutung Sorgen machen könnten.

Natürlich wird der Einsatz von Atomwaffen auch in einem «Erstschlag» die nördliche Hemisphäre vernichten, die Atmosphäre überhitzen und massive Überflutungen hervorrufen. Es besteht also kein Unterschied, ob wir von einem «Erstschlag» oder einer «Vergeltung» sprechen.

Ich möchte es auf andere Weise ausdrücken. *Kann ich mich mit einer Zyanidtablette verteidigen? Ist Selbstmord ein Akt der Verteidigung?*

Der Einsatz von Atomwaffen ist wie das Schlucken einer Zyanidtablette.

Eine Verteidigung, die selbstmörderisch ist, taugt nicht zur Anwendung. Eine Verteidigung, die man nicht gebrauchen kann, weil sie selbstmörderisch ist, ist eine Verteidigung, die zu haben sich nicht lohnt.

Hinter all dem steht jedoch die Frage der Ethik. Krieg ist selten ethisch, da er am schwersten fast immer Unschuldige trifft – Zivilisten, Kinder und als Kanonenfutter eingezogene Soldaten.

Der Atomkrieg fügt dem eine völlig neue Dimension hinzu. Als die USA ihre Bomben auf Hiroshima und Nagasaki warfen, wurden die

Brandbombardements von London, Hamburg und Dresden um ein Tausendfaches übertroffen. Die nuklearen Angriffe opferten absichtlich und kalkuliert das Leben von Hunderttausenden von Zivilisten. Es gab keine Möglichkeit der Evakuierung, keine Warnungen, und die Bomben waren so beschaffen, daß tatsächlich niemand überleben konnte.

Die Atomwaffen von heute sind von einer solchen Art und Zahl, daß sogar ihre minimale Anwendung die Vernichtung einer gewaltigen Anzahl von Menschen sichert. Einen minimalen Einsatz aber wird es nicht geben. Ob die Raketen nun versehentlich oder absichtlich fliegen, in jedem Fall wird die gesamte nördliche Hemisphäre innerhalb weniger Minuten zerstört sein. Darüber hinaus werden radioaktive Staubwolken, verseuchter Regen und vergiftetes Meerwasser durch die vorherrschenden Winde und Strömungen bis weit in die Südhalbkugel getragen. Je nach der Jahreszeit könnte es sein, daß kein bewohntes Gebiet der Erde unberührt bleibt.

Welche Obszönität ist nötig, um zu argumentieren, daß eine Abschreckung möglich ist, wenn diese sogenannte Abschreckung die Vernichtung eigentlich allen menschlichen und tierischen und pflanzlichen Lebens im größten Teil der Welt bedeutet?

Nach welcher Logik haben die Vereinigten Staaten das Recht zur Selbstverteidigung, wenn sie dabei die gesamten Völker Schwedens, der Schweiz, Griechenlands, Ägyptens, Kanadas, Algeriens und so weiter töten?

Selbst wenn man den USA ein Recht einräumen würde, im Falle eines Krieges mehrere hundert Millionen Sowjetbürger, Osteuropäer, Mongolen, Nordkoreaner und andere «Feinde» zu ermorden, erstreckt sich dieses Recht nicht auf Hunderte von Millionen oder gar Milliarden weitere, die an der Rivalität zwischen den USA und der UdSSR in keiner Weise beteiligt sind. Dasselbe Argument trifft auch für die UdSSR und ihre Alliierten zu.

Wir Indianer würden es als schändlich erachten, wenn ein Mann, um sich selbst zu verteidigen, Massen von unschuldigen Schulkindern gegen seinen Feind vor sich hertriebe! Aber genau das ist es, was die USA und die UdSSR tun. Ihre «Verteidigung» bedeutet den Tod für Hunderte von Millionen Menschen, die lieber leben würden, als in einem Duell zweier Revolverhelden geopfert zu werden.

Aber wir sollen ein Szenario akzeptieren, in dem es keine Warnung gibt und keine Möglichkeit zur Flucht!

Bei der Wahl zwischen Leben und Tod werden wir nicht das Geringste mitzureden haben.

Doch die ethischen Fragen gehen weit über alles obige hinaus. Ich will ein Beispiel geben:

Wenn es so kommt, daß sowjetische Raketen sich auf die USA zubewegen – versehentlich oder anders –, haben die USA mehrere Möglichkeiten. Trotz der Propaganda wissen wir, daß keine Nation in Nordamerika, sei es Kanada, USA, Mexiko oder Kuba, einen solchen Angriff überleben würde. Es gibt also folgende Optionen: (1) absolut gar nichts zu tun, (2) mit einem nuklearen Gegenangriff zurückzuschlagen. Wenn die USA nichts tun, wird nur Nordamerika (und Westeuropa, wenn man davon ausgeht, daß es auch angegriffen wird) direkt zerstört. Mehrere hundert Millionen Menschen werden sterben, aber es ist vorstellbar, daß die menschliche Rasse überlebt, weil der größte Teil Asiens und Afrikas nicht getroffen worden sein würde.

Im Interesse der Menschheit dürfen die USA daher ihre Atomwaffen nicht einmal dann einsetzen, wenn sie zuerst angegriffen werden.

Wenn die USA im anderen Fall ihre «Abschreckung» anwenden (die überhaupt keine Abschreckung mehr ist, sobald ein Angriff erst einmal erfolgt ist), steht der Planet Erde vor der Vernichtung.

Mit dem Druck auf einen Knopf wird Reagan (oder sein Nachfolger) sich dafür entscheiden, die Anzahl der Toten zu verdoppeln, zu verdreifachen oder zu vervierfachen, *ohne im geringsten den Ausgang des Krieges zu beeinflussen,* soweit er die USA betrifft.

Die USA sind schon zum Untergang verurteilt, sobald ein Angriff gestartet ist. Ein Gegenangriff ist daher nichts anderes als ein blinder Racheakt, der sich im großen und ganzen gegen völlig unschuldige Personen richtet.

Die meisten der Männer, Frauen und Kinder, die durch Reagans Vergeltung getötet werden, werden an irgendwelchen Fehlhandlungen absolut und vollkommen unschuldig sein. Egal ob sie Türken oder Chinesen, Afrikaner oder Inder, Pakistanis oder Thais, Philippinos oder Finnen oder sogar Sowjetbürger sind, sie werden normale Bürger und vollkommen unschuldig an dem Angriff auf die USA sein.

Die Vergeltung der USA wird einige tausend «schuldige» Russen töten. Die anderen Millionen oder Milliarden werden Opfer eines irrationalen, blinden, arroganten Aktes *simpler Rache* sein. Natürlich trifft dieselbe Analyse auf den Einsatz nuklearer Waffen durch Großbritannien, Frankreich, China und jeden anderen Staat zu.

Indem sich die Westeuropäer heute entschließen, sich am Einsatz von Atomwaffen zu beteiligen, begeben sie sich in die ethische Position, Völkermord zu begehen. Wenn die heutigen Westeuropäer Atomwaffen gegen die Sowjets einsetzen, erstreben sie die totale Ausrottung der Ostdeutschen, Polen, Russen und Hunderter von Millionen anderer unschuldiger Menschen, unter denen es ein paar tausend «schuldige» Kommunisten geben mag.

Den Einsatz von Atomwaffen ohne Völkermord und ohne Verletzung internationalen Rechts gibt es nicht!

Vom christlichen Standpunkt wäre zu fragen: Kann irgend jemand, der sich am Bau und am Einsatz von Atomwaffen beteiligt, in den Himmel gelangen? Kann man sich vorstellen, daß diejenigen, die das Menschengeschlecht vernichtet haben, in reinen weißen Gewändern Christus auf seinem himmlischen Thron umgeben? Für uns Indianer ist die höchste Tat nicht, Rache zu suchen, sondern sich selbst für andere zu opfern, besonders für die, die wir lieben, selbst wenn dies den eigenen Tod bedeutet.

Es ist unsere Aufgabe, wenn nötig eher unser Leben zu geben als nach der Vernichtung der Menschenrasse zu trachten. Doch die Führungen der USA und der UdSSR (und vieler anderer Staaten) bestehen aus *arroganten Figuren männlichen Geschlechts*. Sie glauben, daß ihre Macht ihnen das Recht gibt, die Schweden und andere (die neutral bleiben wollen) in ihrer Rachsucht zu opfern. Sie glauben, daß ihre Macht ihnen das Recht gibt, die Zerstörung all dessen, was uns lieb und heilig ist, anzudrohen und auszuführen. Diejenigen von uns, die an die Lehren Jesus', Buddhas, der großen indianischen Medizinmänner, der Religionen der Menschheit glauben, müssen gegen diese Verrücktheit Stellung beziehen.

Es gibt eine Linie, die der Schöpfer über den Erdboden gezogen hat. Wenn wir auf die eine Seite der Linie treten und uns damit entscheiden, den Atomkrieg zurückzuweisen, selbst wenn wir damit unseren eigenen Tod oder unsere Unterwerfung riskieren, so befinden wir uns auf der Seite der Schöpfung.

Treten wir auf die andere Seite der Linie und entscheiden uns für Waffen, die den Tod unschuldiger Geschöpfe bedeuten, haben wir uns vom Leben abgewandt.

Ob es ein sowjetisches Kind in einem sowjetischen Kindergarten ist oder ein Turkana-Kind in Kenia, das seiner Mutter beim Essenmachen hilft, oder ein polnisches Kind, das im Garten singt, oder ein

«Ich bin keineswegs davon überzeugt . . .

... daß sich die Befreiung des Medizinmannes gelohnt hat», schreibt James Baldwin in einem Essay.

Was nach Medizinkritik klingt und übergreifend als Kulturkritik verstanden werden will, lenkt den Blick auf einen Bewußtseinswandel, den immer mehr von uns vollziehen: Bewährtes dem Vergessen entreißen, traditionell Erfolgreiches für sich nutzen, um so das Leben zu bereichern.

holländisches Kind, das zur Schule geht – es ist gleichermaßen böse, eines von ihnen zu töten.

Diesem Bösen müssen wir uns stellen. Man kann es nicht mit einem Achselzucken abtun. Man kann es nicht weg«erklären».

Niemand kann einen nuklearen Vergeltungsschlag zu etwas anderem machen als zu rein, uneingeschränkt Bösem. Keine Kultur in der Geschichte hat meines Wissens als Kultur an etwas anderes geglaubt – das heißt, bis zu diesem Jahrhundert.

Die Strategen der Massenbombardierungen glauben an das Töten unschuldiger Kinder. Die Strategen des Atomkriegs kalkulieren den Tod aller Kinder mit ein.

Was müssen wir tun? Was hätte Winnetou getan?

Wir müssen gegen alle neuen Atomwaffen Widerstand leisten, einschließlich der MX-Raketen und der neuen Raketen in Europa.

Wir mögen nicht für alles verantwortlich sein, was die USA und die UdSSR tun, aber wir sind verantwortlich, wenn neue Raketen nach Europa kommen. Wir müssen – jeder in seiner Sprache – dem Schöpfer erklären, warum wir auf der einen oder auf der anderen Seite der Linie stehen!

Wir haben also keine Entschuldigungen. Wir können unsere Verantwortung nicht an jemand anders weitergeben. Wir müssen die neuen Raketen jetzt abwehren!

Aber wir dürfen dabei nicht stehenbleiben. Es ist notwendig, die Art und Weise, in der die USA und die UdSSR sich verhalten, völlig zu verändern.

Mehrere Fragen drängen sich unmittelbar auf. Warum können die UdSSR und die USA Europa als Schlachtfeld benutzen? Warum sind die USA zum «Weltpolizisten» der nichtkommunistischen Welt geworden? Warum erlaubt Europa den USA, alle Entscheidungen, die Europa und die Welt angehen, einseitig zu treffen? Wer wählte die USA zum Weltpolizisten? Warum schickt die UdSSR ihre Truppen über ihre Grenzen und unterstützt die Aggression gegen die Eritreer und Somali?

Die Antworten sind natürlich kompliziert, aber indem wir die Fragen stellen, können wir erkennen, daß mehrere Veränderungen herbeigeführt werden müssen.

Sobald die Raketen gestoppt sind, müssen wir darauf hinarbeiten, daß sich die USA und die UdSSR *disengagieren*. Sie sind wie zwei Bulldoggen, die aufeinander losgehen möchten und anscheinend unfähig sind, sich unter Kontrolle zu halten. (Und wenn ich dies sage, will ich damit nicht den Eindruck erwecken, daß alles an den USA oder der UdSSR schlecht ist. Sie sind einfach zu groß für ihr eigenes Wohlergehen geworden, im Ausmaß groß, aber nicht glanzvoll oder reif oder ethisch.)

Wir müssen sie also voneinander trennen. Das heißt, daß die Streitkräfte sowohl der UdSSR als auch der USA von europäischem Boden entfernt werden müssen.

Es gibt keine andere Lösung. *Beide müssen sich zurückziehen:* die USA zurück nach Nordamerika und die UdSSR zurück nach Nordasien.

Ich glaube, daß die Europäer den Abzug *aller* fremden Streitkräfte erreichen können, wenn sie eine geeinte Front für das *Disengagement* entwickeln. Sobald die Einheit einmal erreicht ist, kann der Rückzug aller US-Kräfte, Raketen und Flugzeuge als Verhandlungsmasse benutzt werden, um den Rückzug der sowjetischen Streitkräfte, Raketen und Flugzeuge zu erreichen. Einzelheiten dazu habe ich in meinem «Brief eines eingeborenen Amerikaners nach Europa» ausgeführt.

Das zweite, was zu tun ist, ist, die Vereinten Nationen wirkungsvoller zu nutzen. Hier würde ich für folgende Schritte eintreten:

1. Die Ächtung von Atomwaffen und den totalen Boykott aller Staaten, die sich weigern, der Zerstörung dieser Waffen zuzustimmen.

2. Die Ächtung der Beförderung von Streitkräften eines Staates in das Territorium eines anderen Staates unter jeglichen Bedingungen. Keine Armee hat im Land eines anderen etwas zu suchen. «Friedensbewahrung» sollte allein in den Händen der UNO liegen.

3. Die Übertragung der Autorität über alle internationalen Gewässer (Ozeane) an die UNO. Alle Kriegsschiffe außer Küstenwachbooten müssen der UNO übergeben werden. Außerhalb von Heimatgewässern sollten keine Kriegsschiffe erlaubt sein, da sie in erster Linie eine offensive Streitmacht sind.

4. Der Weltraum muß der Kontrolle aller Völker durch die UNO unterstehen. Die USA und die UdSSR müssen ihre Weltraumprogramme und Satelliten der UNO übertragen. Kein Staat hat irgendwelche Rechtshoheit im Weltraum.

Es ist müßig, hinzuzufügen, daß diese Reformen schwer zu erreichen sein werden. Ich bin nicht naiv. Aber wenn wir keine *Ziele* haben, können wir nicht hoffen, die Welt zum Besseren zu ändern.

Zum Schluß möchte ich den Leser daran erinnern, daß wir Menschen potentiell eine enorme politische Macht besitzen. Wir haben die Fähigkeit, sogar die Beachtung des mächtigsten Staates zu erzwingen, aber nur, wenn wir in unserem Verlangen nach Frieden einig sind.

Wir Indianer haben fast 500 Jahre Aggression überlebt. Wir waren in der Lage, trotz der mächtigen Reiche der Spanier, Portugiesen, Briten, Franzosen, Russen und der Vereinigten Staaten unsere Freiheitsliebe zu bewahren. Wir befinden uns im Widerstand sowohl gegen den atheistischen Kapitalismus als auch gegen die totalitären Formen des Marxismus-Leninismus. Wir stehen heute an der Seite der Menschen in Europa, trotz der Schwierigkeiten, die wir mit manchen Kindern Europas gehabt haben.

Winnetou reitet wieder für die Gerechtigkeit. Diesmal muß er Ihr sein, Menschen Europas! *He must be You!* Frieden kann nicht ein einzelner Held erreichen, sondern nur Ihr alle zusammen.

Jack Forbes wurde 1934 in Longbeach, California, geboren, gehört seiner Abstammung nach jedoch an die Ostküste: Seine Vorfahren waren Powhattan und Lenilennape. 1959 erhielt er an der University of Southern California den Doktor in Geschichte und Anthropologie. Er ist Mitbegründer der indianischen, selbstverwalteten D. Q. University und leitet an der University of California in Davis das Department of Native American Studies. Zwei Gastprofessuren führten ihn nach England, eine in die Niederlande. Von seinen zahlreichen Veröffentlichungen über die indianische Vergangenheit Amerikas erschien in deutscher Übersetzung: Die Wétiko-Seuche, 1981, Peter Hammer Verlag, Wuppertal.

Phillip Deere

Warnung vor falschen Medizinmännern

Der Elder's Circle macht sich Sorgen. Wir hören von spirituellen Lehrern, die an verschiedenen Plätzen in Europa auftauchen und Zeremonien gegen Geld abhalten. Wir hören von Medizinmännern, die wir kaum kennen, die aber bei euch in Europa hohes Ansehen genießen. Wir hören vom Verkauf heiliger Pfeifen, wir hören von Schwitzhütten mit hohem Eintritt, wir hören von Visionssuchen, bei denen die Teilnehmer ganz schön zur Kasse gebeten werden. Wir haben den Eindruck, als seien unsere Zeremonien zu einem Verkaufsschlager geworden. Irgendwas muß mit den Leuten, von denen ihr abhängig zu sein scheint und die ihr Medizinmänner nennt, nicht in Ordnung sein. Ihr behandelt sie mit soviel Respekt, aber warum genießen sie diesen Respekt nicht zu Hause?

Es geht hier nicht um einen Machtkampf, sondern um den Mißbrauch von heiligen Dingen. Der Elder's Circle will euch daher eine Warnung zukommen lassen. Warnungen sollen zur Vorsicht mahnen. Wenn ihr auf einer Straße ein Schild seht, das euch vor einer gefährlichen Kurve warnt, dann nehmt ihr dieses Schild ernst. Ihr achtet auf die Warnungen im Verkehr, denn sie dienen eurer Sicherheit. Ihr achtet die Warnschilder an den Kurven und stürzt euch nicht in die Tiefe.

Wer heilige Gegenstände aus Unwissenheit zweckentfremdet oder aus Profitgier mißbraucht, der läßt sich auf ein gefährliches Spiel ein. Die spirituellen Kräfte, die diesen Gegenständen innewohnen, können ihm Schaden zufügen. Zeremonien, die gegen Geld abgehalten oder fehlerhaft durchgeführt werden, können lebensgefährliche negative Energien freisetzen. Die Teilnehmer einer solchen falschen Zeremonie sind psychisch wie physisch gefährdet. Vor derartigen Gefahren wollen wir vom Elder's Circle euch warnen.

Jedes Volk hat seine eigenen Traditionen und seine eigenen Zeremonien und Rituale. Die wenigsten unserer Zeremonien können wir mit euch zusammen abhalten. Zu der Reinigungszeremonie in der Schwitzhütte zum Beispiel können wir euch einladen, die meisten Zeremonien aber sind auf der Schöpfungsgeschichte und der Kultur eines Volkes aufgebaut – sie bedürfen des speziellen kulturellen Hintergrunds und sie erfordern die alte Sprache des Stammes. Viele unserer Zeremonien sind ohne unsere eigene Sprache nicht durchzuführen. Sie lassen sich auch nicht verändern. Wir brauchen dazu die Sprache, die uns vom Schöpfer gegeben wurde. Schaut euch die Vögel an: sie haben ihre eigenen Lieder, und ich kann diese nicht verändern. Ich kann eine Krähe nicht zwingen, sich wie ein Huhn zu verhalten, und ich kann einen Falken nicht wie einen Kanarienvogel singen lassen.

Versucht nicht, uns zu imitieren, sondern sucht nach euren eigenen Wurzeln. Versucht nicht, euch eine fremde Haut überzustülpen. Ihr könnt euch nicht in Indianer verwandeln. Was würdet ihr sagen, wenn ich versuchen würde, ein Afrikaner zu sein?

Bekennt euch zu dem, was ihr seid. Es kommt nicht darauf an, ob man Deutscher, Chinese oder Indianer ist, es kommt darauf an, ob man wie ein menschliches Wesen lebt und handelt. Dabei ergeben sich viele Gemeinsamkeiten, bei denen wir uns gegenseitig helfen können.

Ihr seid eine hungrige Generation, hungrig nach spirituellen Erfahrungen, doch laßt euch nicht verführen! Seid nicht wie hungrige Hunde, die fressen, was man ihnen hinwirft. Laßt euch nicht von Scharlatanen verführen, die ihren Nutzen aus euren Bedürfnissen ziehen.

Einmal sah ich in Paris die Ankündigung eines Medizinmannes, der sich als Cherokee aus Texas ausgab, aufgewachsen auf einem Cherokee-Reservat in Texas. In diesem Staat gibt es aber keine Indianerreservate. Warum stand da ein solcher Unsinn? Achtet auf solche Kleinigkeiten! Folgt nicht blind Leuten, die euch gegen Geld eine Vision versprechen. Hütet euch vor Instant-Medizinmännern.

Der Weg zum Medizinmann ist lang. Würdet ihr mein bisheriges Leben genauer kennen, so würdet ihr verstehen, daß es für mich sehr schwer ist, jemanden anzuerkennen, der sozusagen über Nacht plötzlich zum Medizinmann geworden ist. Medizinfrauen und Medizinmänner müssen für ihre Rolle bestimmt sein. Sie gehen dafür in keine Schule und erhalten auch kein Diplom.

Wir müssen jedoch unterscheiden zwischen einem Medizinmann und einem Kräuterdoktor. Die Kenntnis der Kräuter hier in der Gegend macht euch noch lange nicht zum Medizinmann. Ich habe euch in die Schwitzhütte eingeladen, ich habe euch den Gebrauch der Kräuter erklärt, ihr könnt durchaus jetzt eine solche Reinigungszeremonie bei euch zu Hause durchführen, aber behauptet dann bloß nicht, ihr seid jetzt eine Medizinfrau oder ein Medizinmann. So einfach ist der Weg nicht. Vieles läßt sich durch Beobachtung lernen, aber nicht der spirituelle Weg der indianischen Medizin.

Bei den Stämmen der Prärie geht man zum Beispiel auf Visionssuche. Und wenn jemand in seiner Vision die Botschaft erhält, er solle dem Medizinweg folgen, so wird er sein Leben danach ausrichten. Doch nicht jede Vision enthält eine solche Botschaft. Sich auf Visionssuche begeben, bedeutet nicht, daß man zu einem zweiten Crazy Horse oder Sitting Bull wird. Keine Vision gleicht der anderen. Selbst wenn ihr mit dem Wunsch auf Visionssuche geht, eine Medizinfrau oder ein Medizinmann zu werden, kann es durchaus sein, daß eure Vision nicht eure Hoffnungen erfüllt. Wunsch und Wille allein genügen nicht.

Die Visionssucher der Prärievölker folgen ihrer Vision, auch wenn sie unbedeutend erscheint. Eine Vision macht einen nicht automatisch zu einem Hüter der heiligen Pfeife. Ihr könnt die Berufung zum Medizinmann nicht beeinflussen. Bei meinem Volk, den Muskogee, gibt es gar keine Visionssuche. Wir kennen Visionen, aber in der Tradition der Muskogee ist es nicht üblich, sie durch geistige und körperliche Entbehrungen zu suchen. Ich kann auch nicht die Traditionen und Zeremonien meines Volkes plötzlich verändern. Aber derartiges geschieht bei euch. Fremde Zeremonien kommen zu euch, und ihr bezahlt einen hohen Preis dafür. Der Elder's Circle macht sich Sorgen um jene unter euch, die nach Spiritualität suchen und dabei schamlos ausgenützt werden.

Ich will nicht ausschließen, daß unter den Medizinmännern auf Europareise auch solche sind, die Gutes tun und Kranke heilen, aber wir Indianer in Amerika wären froh, wenn sie auch bei uns so wirksam auftreten würden.

Die Botschaft des Elder's Circle soll euch klarmachen, daß der Umgang mit den spirituellen Dingen Respekt, Verantwortung und Wissen erfordert.

In Kanada traf ich einmal einen jungen spirituellen Führer, er war

262

sehr jung, ich wunderte mich über sein Alter, aber er war ein spiritueller Führer der dortigen Bewegung der Ureinwohner. Dieser junge
Mann lud mich zu einer Schwitzzeremonie ein, die er leitete. In der
Schwitzhütte sprach er vom Sterben während einer Zeremonie und er
sagte, daß ihm das auch einmal widerfahren würde. Für mich als Muskogee klang das alles sehr fremd, aber er kam aus einer anderen Kultur und so schwieg ich. Einige Jahre später traf ich ihn wieder, 1977 bei
der großen UNO-Konferenz in Genf, er war auf dem Weg nach Israel.
Doch kurze Zeit danach erfuhr ich, daß er gestorben war. Und später
fand ich dann heraus, daß der Tod ihn in der Schwitzhütte ereilt hatte.
Ich denke auch heute noch oft über diesen jungen Mann nach. Warum
muß ein Mensch, der ein spirituelles Leben führt, in der Schwitzhütte
sterben? Es muß für die anderen in der Schwitzhütte ein fürchter-
licher Schock gewesen sein. Man trifft sich, um zu beten und sich zu
reinigen, und plötzlich ist einer tot. Ich war nicht dabei, trotzdem geht
dieses Bild nicht mehr aus meinem Kopf heraus.

Ich will noch von einem anderen Fall sprechen. Ein bekannter Medizinmann der Lakota, der in Kalifornien lebt, lehrte Leuten, die zu
ihm kamen, die Visionssuche. Und dieser Medizinmann wurde des
Mordes angeklagt, weil ein Junge während seiner Visionssuche gestorben war. Schuld an seinem Tod war jedoch nicht die Vision, sondern eine Nachlässigkeit: Der Junge war Diabetiker und hätte regelmäßig seine Medikamente gebraucht. Für einen Zuckerkranken ist es
gefährlich, vier Tage zu fasten, wie es die Tradition der Lakota vor-
schreibt. Alle dachten an die Visionen, keiner dachte an die Arznei
dieses Jungen. Immer wenn ich Leute meines Volkes in spirituellen
Dingen unterrichte, weise ich sie darauf hin, daß die menschlichen
Grundbedürfnisse über die Spiritualität nicht zu kurz kommen dürfen. Wer ißt, muß auch zur Toilette. Da führt kein Weg vorbei.

Der Medizinmann war zwar für den Jungen verantwortlich, aber es
war kein Mord, doch die Gerichte unseres Landes machen da keinen
Unterschied, sie verstehen nicht die Bedeutung unserer Zeremonien.
Viele Menschen aus allen Teilen des Landes schrieben an den Richter,
ich selbst schrieb auch einen Brief und machte klar, daß der Medizinmann zwar verantwortlich für das Leben des Jungen war, daß er die
Krankheit des Jungen nicht ernst genug genommen hatte, daß er das
Richtige lehrte, aber in der Spiritualität gewisse Bedürfnisse des Körpers übersah. Es war eine schlimme Geschichte. Der Medizinmann ist
jetzt wieder auf freiem Fuß.

Ihr werdet verstehen, warum sich der Elder's Circle Gedanken über die Vorgänge in Europa macht. Gleichzeitig will ich betonen, daß wir euch nicht bevormunden wollen. Unsere Warnung soll auch keine Heiler vom Heilen abhalten. Ich spreche ausschließlich vom leichtfertigen Umgang und Mißbrauch unserer Medizin und unserer Zeremonien. Bei euch gibt es seit Jahrtausenden Heiler, doch diese Heiler folgten immer ihrem eigenen Weg. Jedes Volk der Erde hat seine Heiler. Diese Menschen wissen, was sie tun, aber sie imitieren keine Indianer.

Es erscheint mir wichtig, noch einmal über das Leben eines Medizinmanns zu reden, denn darüber gehen die Auffassungen offenbar auseinander. Ein solches Leben ist nicht einfach. Ich weiß, wovon ich spreche, denn ich lebe ein solches Leben.

Wer den Medizinweg geht, darf keine Mitmenschen kontrollieren. Als Medizinmann hat man keine Macht über andere, man arbeitet dafür mit den Mächten der Natur. Ein Medizinmann soll ein bescheidenes Leben führen, bescheidener als das seiner Mitmenschen. Seine Hilfsbereitschaft muß andauernd sein. Einem neugeborenen Kind wird er mit dem gleichen Respekt begegnen wie den Ältesten seines Stammes. Er darf niemanden zurückweisen, der seine Hilfe sucht. Wenn dein größter Feind morgens um drei an deine Tür klopft, dann wirst du ihm öffnen. Ein solches Leben ist nicht gerade das bequemste. Du mußt auf vieles verzichten, was dir angenehm wäre. Manchmal mußt du sogar deine Familie vernachlässigen, um ein Diener deines Volkes zu sein. Du bist ein Diener und nicht der Boss! Manchmal bist du auch nicht der, dem besondere Verehrung entgegengebracht wird. Bei einigen Stämmen werden die Medizinleute als heilig bezeichnet. Nicht aber bei den Muskogee, da sind sie allen anderen gleich. Den Medizinmann unterscheiden lediglich seine Kräfte und die Fähigkeit, anderen zu helfen.

Ich sehe meine Besuche in Europa auch als Teil meiner Berufung. Ich komme zu den Europäern als bescheidener Mensch einer anderen Kultur auf der Suche nach Verbündeten für die Rettung unserer Zukunft. Ich komme nicht, um Befehle zu erteilen oder Anordnungen zu geben, ich will niemandem vorschreiben, was er oder sie zu tun hat, ich will auch nicht meine Macht demonstrieren oder eine Ein-Mann-Show veranstalten.

Ich komme hier herüber als armer Mann. Als Medizinmann hast du nie genügend Geld, für einen einträglichen, regelmäßigen Job bleibt keine Zeit, und die Arbeit für dein Volk wird nicht bezahlt. Du bleibst arm und oft auch einsam, oft auch hungrig. Du betrachtest deine Kinder, siehst, was ihnen fehlt, hast aber nicht die Möglichkeit, ihnen Schuhe zu kaufen oder den Mantel für den Winter. Medizinleute aber sprechen nicht über Geld, sie betteln auch nicht. Sie stellen niemals eine Rechnung. Ihre Zeremonien kosten nie Geld. Sie sammeln höchstens für andere, nie für sich. Wenn bei einer großen Zeremonie mit einigen hundert Leuten kein Cent übrigbleibt, so wird kein Wort darüber verloren. Es ist nicht immer leicht, ein Medizinmann zu sein.

Manchmal schaue ich auf mein bisheriges Leben zurück, und dann wünsche ich mir, ich könnte als einfacher Mann meines Stammes meinen Ältesten zuhören und wäre von der Last der Verantwortung befreit. Aber mein Lebensweg war mir bereits als heranwachsender Junge vorbestimmt. Ich konnte mich nicht frei entscheiden und nicht tun, was alle anderen taten.

Phillip Deere aus Oklahoma gehört wohl zu den bekanntesten Persönlichkeiten des indianischen Widerstands. Als Medizinmann der Muskogee hatte er seit dem «Marsch der gebrochenen Verträge» die Rolle des spirituellen Ratgebers innerhalb des American Indian Movement inne. Er gehörte zu den Gründern des «Elder's Circle», einem bürokratisch losen, aber spirituell festen Zusammenschluß von Stammesältesten aus Kanada und den USA. Phillip lebte in einfachsten Verhältnissen mit seiner Familie auf seinem Grund nahe der Ölboomstadt Okemah. Ende der siebziger Jahre begann er zu reisen und wurde bald zu einem Botschafter des indianischen Amerika. Bei UN-Konferenzen in Genf wie auch beim 4. Russel-Tribunal in Rotterdam lieferte er zahlreiche Beweise seiner Redekunst und politischen Weitsicht. Er starb im August 1985, kaum sechzig Jahre alt, an einem Tumor.

Seine «Warnung» stammt aus einer Rede, die er 1983 in einem Sommer-Camp bei Königsdorf in Bayern vor weißen Zuhörern hielt.

Dank:

Dick Bancroft
Stephan Dömpke
Peter Dörsch
Richard Erdoes
Andy Hertel
Klaus Humann
Hartmut Lutz
Milo Schmidt
H. P. Thiel
L. und R. Wittenborn

Legenden zu den vier doppelseitigen Fotos:

Das Schild des Mohawk Motor Inn entdeckte ich auf meiner ersten USA-Reise 1973 in Buffalo, New York.

Die Felsgravuren fotografierte ich im Sommer 1986 im Gebiet der Hopi westlich von Big Mountain in Arizona.

Die Wolke am Abendhimmel erschien während der Youth and Elders Conference 1982 auf dem Land von Phillip Deere östlich von Okemah, Oklahoma.

Der Berg heißt Bear Butte und gehört zu den nördlichsten Ausläufern der Black Hills in South Dakota. Ich besuchte den heiligen Berg der Tsistsista und Lakota im Herbst 1984.

Als Vorlage für die Vignetten dienten Felsgravuren und Lederzeichnungen.

Quellenverzeichnis

Geronimo: Der letzte Kampf
aus: Geronimo. Dianus-Trikont, München 1982³, S. 104–111

Buffalo Child Long Lance: Kuh und Kahlkopf
aus: Häuptling Büffelkind Langspeer erzählt sein Leben. List Verlag, München 1958, S. 156–158, S. 138–140

John Fire Lame Dear: Das Gewehr im New Yorker Museum gehört mir
aus: Lame Deer/R. Erdoes: Tahca Ushte – Medizinmann der Sioux. Paul List Verlag, München 1979, S. 22–27

Maria Campbell: Cheechums Enkelin
aus: M. Campbell: Cheechums Enkelin. Frauenoffensive, München 1983, S. 38–42

Mary Crow Dog: Ich haßte alle Weißen
aus: Unveröffentlichtes Manuskript von Richard Erdoes «Woman from He-Dog», deutsch von Ilse Wunderlich

Wilfried Pelletier: Frei wie ein Baum
aus: Pelletier/Ted Poole: Frei wie ein Baum © 1981 für die deutsche Ausgabe by Eugen Diederichs Verlag, Köln, Auszüge aus S. 187–189, 191, 202, 203, 206, 207

Basil Johnston: Das Wesen der Pflanzen
aus: B. Johnston: Und Manitu erschuf die Welt. Diederichs Gelbe Reihe Band 24. © 1979 für die deutsche Ausgabe Eugen Diederichs Verlag, Köln, S. 40–57

Leonard Crow Dog: Der heiße Atem der Steine
aus: John Halifax: Stimmen der Schamanen. O. E. Barth Verlag, München 1981, S. 99–110

Pete Catches: Das Herz der Schildkröte
aus: Lame Deer/R. Erdoes: Tahca Ushte – Medizinmann der Sioux, Paul List Verlag, München 1979, S. 143–144

Dick Mahwee: Die nächtliche Musik
aus: John Halifax: Stimmen der Schamanen. O. E. Barth Verlag, München 1981, S. 223–226

Rosie Plummer: Die Kraft der Klapperschlange
aus: John Halifax: Stimmen der Schamanen. O. E. Barth Verlag, München 1981, S. 133–135

Alfonso Ortiz: Die letzte Wanderung auf den Berggipfel
aus: Hans Peter Duerr (Hg.): Der Wissenschaftler und das Irrationale. Syndikat Autoren- und Verlagsgesellschaft 1981, S. 60–72

Brooke Medicine Eagle: Kinder der Regenbogenfrau
aus: John Halifax: Stimmen der Schamanen. O. E. Barth Verlag, München 1981, S. 112–117

Jimmie Durham: Geronimo liebte Kinder
aus: Columbus Day, West End Press, Minneapolis 1983, deutsch von Claus Biegert, S. 18

Simon J. Ortiz: Howbah Indians
aus: S. J. Ortiz: Dunkle Wolken am Horizont. Brennesselverlag, Wädenswil/Zürich 1985, S. 7–10

Lance Henson: Morgenstern
aus: Lance Henson: Selected Poems 1970–1983, Greenfield Review Press, New York 1985, S. 21 (deutsche Rechte: Hartmut Lutz)

N. Scott Momaday: Der Weg zum Regenberg
aus: N. Scott Momaday: The Way to Rainy Mountain, The University of New Mexico Press, Albuquerque 1969; deutsch von Mathias Schubnell (noch nicht veröffentlicht)

Roberta Hill: Grenzreise
aus: Roberta Hill: Schönheit strömt aus von der Schwelle meines Hogans. Frauenoffensive, München 1981, S. 53–60

James Welch: Yellow Calf
aus: J. Welch: Winter im blut. © 1974 by James Welch. Abdruck mit Genehmigung der Liepmann AG, S. 71–78

Leslie M. Silko: Zeremonie
aus: L. M. Silko: «Gestohlenes Land wird ihre Herzen fressen», Verlag Rogner und Bernhard, München 1981, S. 141–180, S. 198

Louise Erdrich: Das rote Kabrio
aus: L. Erdrich: Liebeszauber. Rowohlt Verlag 1986, S. 187–201

Peter Blue Cloud: Ein sanftes Erdbeben
aus: P. B. Cloud: Ein sanftes Erdbeben. Dianus-Trikont Buchverlag, München 1986, S. 114–120

Qöyáwaima: Die Pöqángs und das menschenfressende Ungeheuer
aus: HOPI – Stimmen eines Volkes. Hrsg.: Harald Courlander/Stephan Dömpke. © 1986 für die deutsche Ausgabe by Eugen Diederichs Verlag, Köln, S. 155–156

Janet McCloud: Die Knüppel der Polizisten haben mich aufgeweckt
Rechte: Janet McCloud und Claus Biegert (unveröffentlicht)

Leroi Little Bear: Kein Sonnentanz auf dem Mond
Rechte: Claus Biegert (unveröffentlicht)

John Mohawk Sotsisowah: Die Technik wird Euch nicht retten
Rechte: Claus Biegert/John Mohawk

Vine Deloria: Geschichte und Natur
aus: V. Deloria: Gott ist rot. Dianus-Trikont, München 1984, S. 11–19 (Rechte: Goldmann Verlag)

Jack D. Forbes: Winnetou ist gegen Raketen
(Rechte beim Autor) deutsch von Stephan Dömpke (unveröffentlicht)

Phillip Deere: Warnung vor falschen Medizinmännern
(Rechte beim Autor) Transkript einer Video-Aufzeichnung von Andy Hertel; deutsch von Claus Biegert

Erst wenn der letzte Baum gerodet,
der letzte Fluß vergiftet,
der letzte Fisch gefangen,
werdet ihr feststellen,
daß man Geld nicht essen kann!

Herausgegeben von
Monika Griefahn
224 Seiten
mit zahlreichen Abbildungen
Kartoniert

Herausgegeben von
Volker Lange
und Erdmann Wingert
224 Seiten mit zahlreichen Fotos
Kartoniert

Von Hans Schmit und Midas Dekkers
Deutsch von Erwin Peters
160 Seiten mit zahlreichen Abbildungen
Kartoniert

Rowohlt